Heibonsha Library

なぜ書きつづけてきたか
なぜ沈黙してきたか

平凡社ライブラリー

Heibonsha Library

［増補］
なぜ書きつづけてきたか　なぜ沈黙してきたか

済州島四・三事件の記憶と文学

金石範・金時鐘著
文京洙編

平凡社

本書は、小社が二〇〇一年一一月に刊行した『なぜ書きつづけてきたかなぜ沈黙してきたか』に、二〇一五年一月に新たに行なった金石範・金時鐘両氏の対談を増補したものである。ただし、既刊の対談部分においても、一部修正を加え、解説および資料編については、大幅な改訂を行なった。

目次

金石範

金時鐘

第Ⅰ部　「解放」から四・三前夜まで

文京洙　対談を始めさせていただきます。済州島四・三事件について、お二人の体験や思いを語っていただき、さらに四・三事件と文学といいますか、お二人の作家活動のなかに四・三事件をどのように位置付けておられるかをおうかがいしたいと思います。こういう言い方をしていいのか分かりませんが、四・三事件とお二人の作家活動との関係はまったく対照的で、金《キム》時鐘《シジョン》先生の場合は直接蜂起に関わられた体験について、昨年までほとんど沈黙を続けてこられ、[1]金石範《キムソクポム》先生の場合は、その場にいらっしゃらなかったことの無念さがむしろ創作のバネになって、四〇年以上にわたってこの事件について書き続けてこられました。[2]そうした対照を軸にお話しいただければと思います。

まず、四・三事件そのものについておうかがいする前に、一九四五年の日本の敗戦、朝鮮の解放《ヘバン》をお二人がどのようにお迎えになったか、その辺から、お話しいただきたいと思います。時鐘先生は、一六歳くらいの頃に、済州島で解放を迎えられたのですね。

「解放」をどのように迎えたのか

金時鐘　僕は言うも恥ずかしい若者でして、一六歳のころ終戦、うちの国ではヘバン、解放ですがね。ほんとに自分の国の文字では、ハングルではあいうえおの「あ」一つ書けない少年でした。それでいて教員になる学校に行ってましてね。四年生のおり、そのときは四年で卒業ですけどね、夏休みに家に帰ってて、済州島にはラジオのある家が少なかったんですが、うちの家にはラジオがあって、無条件降服を受け入れるという、天皇自らの「玉音放送」を直に聞いたんですね。ショックどころか、表現のしようがない、立ったまま地の底にめり込んで、落ち込んでいくようで。泣くといったものじゃなくて、まったくしゃくりあげて、肩震わせてしゃくりあげたもんですね。ほとんど一週間、一〇日、ご飯もろくろく食べられなかったね。僕の植民地人ぶりはこれは徹底したもんで、今に神風が吹くとほんまに信じてましたね。それが三日、四日たっても神風の気配はないし、これあんまり言ったことないですが、小学校の低学年時代から剣道やってましてね、かなりの腕のつもりだったんですが。進駐してくるアメリカ軍の二人三人刺し違えて死ぬんだと思って、ほんとに。だから、僕ほどの皇国臣民もあんまり聞かないんだよね。みんな自覚性があって偉いんだな。僕はそれがほんとになかった。

八月一五日の「玉音放送」が終わったとたんに済州島の街、当時は城内《ソンネ》って言いましたが、城内がざわめき出しましてね、もう夕方からはデモが始まるんですよ。大衆が集まって、一五日の夕方。僕はというとご飯もろくろく喉を通らないほどショックを受けて、家が海辺に近かったせいもあって、まぁこんなこと言っても恥ずかしいけど、防波堤で日本の歌ばっかり歌っていた。「海ゆかば」とか「児島高徳《たかのり》の歌」といった、天皇を慕う歌ばかりがこみ上がるように口をついて出た。街中では怒濤のような喊声《かんせい》が起きているんですよ。まずびっくりしたのは、どこにそんな旗を隠し持っとったのか知らないけど、今でいう太極旗、あれを打ち振ってうねっている、八月一五日の夕方くらいから。それで翌日、目が覚めてびっくりしたのは、どこにも記録がないから言っておきたいけど、民族反逆者*3リストが貼り出された。第一回分が一六日に。で、わーっと人が集まってるのよ。僕ひとりだけはぐれた犬みたいにぼーっと見てる。それも赤丸つけた奴はすぐ摘発せにゃならん奴だと言ってね。で、一六日には早くも青年学生保安隊という腕章つけた若者たちが、民族反逆者リストのビラ持って摘発を始める。もう捕まったらめった打ちにされるのよ。それで主だった者の多くが日本に逃げていった。民族反逆者リストは二回貼り出されましたが、二度目はね一八日。各辻に貼り出された。それは主に「徴用で同胞の油をしぼった奴」とか親日派の何だとか言って、名前がだーっと出されるの。そのかたわらで僕はますます打ちしおれていた。とにかくどんな組織があってああいう太極旗が津波のように波打っていたのか。そりゃ一七、八日ともなってくると、もうすさまじいですよ。あの当時ね、日本は沖縄が陥落したら米軍は済州島に侵攻してくる、済州島は日本本土を死守するための「最後の砦」だと考えていましたから、済州島には三万人からの重装備の軍人がおったんですね。警官もいっぱいいる。それだけの武力や強権、すさまじい力を持った連中がおるなかで、秩序だった動きがあっという間に出来上がってね、保安隊という腕章つけて、それが「朝鮮人民委員会」*4の前身だったんですね。そして警察や軍隊と折衝して、日章旗をおろして太極旗揚げて、交通整理まで、みんな保安隊の人たちがやって。この基礎だった動きとあの怒濤のようなデモと万歳《マンセー》のひびきが、ほんまに深夜まで山も揺れんばかりでしたから。どこにそんな組織があったのか、僕は朝鮮といったら何もない国とばかり思ってたのにね。ま、そういうことが自分の深いところで、自分の存在の惨めさと、あぁ何か気づかにゃならんなというように自分で思ってくるきっかけになりましたね。街中ではずっと潮騒のような、解放の歌がわきあがってる、朝鮮の歌がいっぱい歌われるのよ。こっちは何も知らない。僕はほんとにおいてきぼりのはぐれ犬だと思ったな。口をついて出るのはたくさん知っとった日本の歌ばっかりでした。

一週間くらいしたある日、親父と――親父は、日帝の時代、朝から晩まで釣りばかりしている人で、親父の正体も全然知らなかった。遊び人とばかり思ってましてね――、その親父といつも釣りをして佇《たたず》んどった岩場に来て、ふと何気なくあふれるように口をついて出たのが、自分がただ一つだけ知ってる朝鮮語の歌、朝鮮語の歌詞で歌われる「クレメンタインの歌」でしたがね。無口な父だったけど、僕に伝えてくれた父からの朝鮮語の歌があった。とりわけ「老いた父ひとりにしてお前は本当に去ったのか」という繰り返しの歌詞には今更のようにこみあがった。僕の蘇生というか、もう一度朝鮮人へと再生させてくれたきっかけは、日本の歌しか歌えなかった自分の口から、朝鮮語の歌がひとりでににじみ出たということだったな。*5

だから僕の終戦、僕の解放というのは、自分の国が奪われる時も自分の力の何ら関与することなしに奪われたし、国が返ってきた時もそうだった。で、一挙にこれがお前の国だという国を与えられる。僕には、押しつけられたようなもんだった、自分の祖国というのがね。それでまったく途方にくれた。文字一つ分かるわけじゃないしね、漢字以外分からないから。そういう、自分が何ら関与することなく出会った解放が、実際私にとって解放とは何か、つまり自分は何から解き放たれるべきなのかということが、自分の言葉の問題として今も引きずってるわけですね。自分の国が蘇ったという折、国についてまったく白紙だった、白紙というより「白痴」だった。しかも世代的には、蘇ったという自分の国の将来を担う最も輝かしい年代だった、何もない自分が。そういうことから、血が逆流するような思いに駆られて学生運動になだれ込むようになっていくんですけど。それは「社会主義や共産主義についての」理論的な深みが僕にあってのことではなくて、自分がそれほど無知だったことへの反動みたいなものだったな。それこそ僕は壁を引っかくような思いで、自分の国の文字と読み書きを二か月くらいで一応身につけました。本当に死に物狂いだった。崔賢《チエヒヨン》先生という世にも稀な人生の師匠、すごい先生に出会ってね。その先生に文字を習い歴史を知っていく喜びを教えてもらい、ようやく自分の国が分かってきた。僕はそれまで虐げられてきたはずの植民地人であった、植民地を強いたのは日本である、僕は被害者だった、というくくり方は、いとも簡単にできるけど、実際的には自分が何かやった解放じゃないもんね。僕のなかで解放とは何かというのは今も引きずってる問題。それは当時、故国の言葉すら知らなかった自分の、心に関わって自分の解放とは何かを今もって考えてます。

文京洙　それでは、次に石範先生の解放当時のお話をおうかがいしたいと思います。石範先生は生まれられたのは大阪ですが、一四歳の時に半年余り済州島に滞在され、いわば故郷の水を飲まれて、自分は「日本人」ではない、朝鮮人、済州島人であるという民族的自覚をもたれ、「皇国少年」の自分の内部が打ち壊され「小さな民族主義者」に生まれ変わるという経験をされていますね。その後、ずっと大阪におられて、四三年のたしか秋頃にまた済州島に渡られてますね。その辺りのことからお話しください。

金石範　四三年に済州島へ行ったのは、その前からずっと中国の重慶[*6]へ逃げようと思っとって、たいした計画とかは何もなかったけど。

金時鐘　いやぁ、それにしても僕とはなんと大きな意識の落差。

金石範　済州島に四三年の末頃に行って、亡くなった父方の叔母がおるんだけど、島の下の方におると強制徴用とかに引っかかって日本に連行されるんで、漢拏《ハルラ》山《サン》の中腹の観音寺というお寺に寄宿してた。そこに金商熙《キムサンヒ》という私より三、四歳年長の若者が先に住んでいて、彼の紹介で金運済《キムウンジェ》という若者とも親しくなるけども、彼らは抗日祖国独立の志の持ち主だった。彼らと一緒に夜中に二度ほど、城内《ソンネ》の済州無線電信局に行って、アメリカの短波放送を聞いたことがあって、李承晩《イスンマン》の「同胞に告げる」という朝鮮語放送も聞いたりしてた。それが、翌年の夏に日本に戻ってきたら、「無線電信局事件〔清津短波事件〕」というのが起こるんです。私と一緒にアメリカの短波放送を聞いた金運済が、一一月頃、ソビエトへ逃げようとして北朝鮮の清津で逮捕され、それが契機になって、済州島で一緒に短波放送を聞いたり読書会をしていた金商《キムサン》熙《ヒ》らの仲間が全員逮捕されて、清津の警察に連れていかれたわけ。だから私も済州島に残ってったらね、地下運動してるわけじゃなくても捕まったはずですよ。運がいいと言ったら運がいい。

明くる年の四五年に一九歳になって、とにかく日本を逃げ出そうと思って、三月に徴兵検査を受けるためにまた済州島に行きます。徴兵検査となれば故郷の済州島に行けるわけね。それは大変ですよ。警察へ行って、なぜ寄留地の大阪で徴兵検査受けないか、わざわざ済州島まで行く理由は何かと聞かれる。それでいろんな理由をつけるわけですよ。皇国のために身を献げるのに心残りのないように祖先の墓に詣でておきたいとか言ってね。徴兵検査と言えば、誰も文句が言えない。で、まず三月二一日に大阪からソウルに行って、安国洞《アングットン》、当時は安国町の禅学院というお寺に行って、そこへ荷物置いて四月一日の朝、済州島に入り、その日済州島で私は徴兵検査を受けました。体重減らして徴兵検査に落ちようと思ってね、二日前ぐらいから絶食してた。それで検査の時は、私は軽い近乱視だったんだけど、わざと眼鏡をかけないで行ったんです。そしたら、お前嘘ついてるって、ものすごく殴られたね。普通だったら合格しないんだけど、即席合格で第二乙種合格になるんです。

それからまたソウルの禅学院に戻って、そこで中国行く機会を探るわけ。ところが不思議な偶然でね、ソウルの禅学院というのが、あれは四四年の八月に呂運亨《ヨウニョン》たち六名が中心になって組織してできた建国同盟[7]のアジトなんだよ。で、その中の一人に李錫玖《リソック》先生という革命家が、お寺に坊主に変装して隠れていたわけ。当時地下組織の幹部だから変装して、そこがアジトになってたわけですよ。私にそんなこと分かるわけないじゃないですか。

金時鐘　それだけでも小説だな。

金石範　それも小説に書いたけどね[8]。で、その人が、なぜ今頃、日本から来たのかと聞き出すわけ。

金時鐘　そりゃ警戒しますよ。

金石範　お寺の事務所で電話番をやってたけど、お寺では朝鮮語使うんだが、一般的な電話とか公用語はみんな日本語でしょ。それなのに、ある日、「ハ・サンジョって知ってるか？」と聞いてくるわけ。河上肇《はじめ》のことですよ。それを朝鮮語で言うわけ。

金時鐘　ハ・サンジョ、僕も国ではあの人は同胞（朝鮮人）だとばかり思ってた。

金石範　知っていると答えると、『貧乏物語』を読んだことがあるかって聞くから、読んだと言ったところ、いったいお前は何しにここへ来たのって、急に話し始めるんです。それで、実は中国へ行くつもりだと打ち明けた。すると彼は、それはだめだ、ここに残れって。中国のことを知っているからと、詳しいことは何も話さなかったけれど、私が中国の重慶へ行くことには強く反対をした。それはただの青年の妄想だ、と諭すわけ。

　その時禅学院で、解放後一緒に住むことになる張龍錫《チャンヨンソク》という同年で李錫玖《リソック》先生の弟子の青年と出会うんです。彼が全羅道の黒山島《フクサンド》に行く途中に禅学院に寄ってね、李錫玖先生がこういう日本から来た青年がおるからって同じ部屋に泊めたの。それで同じ部屋に泊まりながら、朝鮮独立の話を張龍錫と一晩中やった。翌朝早く再会を期して彼は全羅道に行くわけね。彼もあの時分、建国同盟員だったと思うな。一切そういうこと言わないんだよ。

　それから一か月ほど禅学院にいたら発疹チフスになって、朝鮮総督府の西側の順化病院に入院した。もともと食べるものがない時だけど、皮と骨だけの状態になりながらも死にそこなった。一月《ひとつき》近く入院して、九死に一生を得て、禅学院に戻ってきたんだけど、どうも体も自信ないからね、李錫玖先生に私は日本へ帰ると言ったわけ。そしたら怒られたな、金剛山《クムガンサン》に入っておれとな。金剛山の寺に入っておれば、そこはお前みたいに考えてる若いのがいるから一緒におれと。そして時期が来れば、こちらから連絡するからって。おそらく彼らは、カイロ宣言とかヤルタ会談とかいろんな国際情勢を知っていたわけだからね。日本の敗戦と朝鮮の独立が何か月か後にあることを予見していたのだろうけども、でもこっちは分からんじゃない。中国行きを諦めて、六月頃に日本に帰ってしまった。

金時鐘　なんで戻ったんですか。

金石範　だから体がね、全然だめやもん。ソウルにいても、身寄りも誰もいない。禅学院のお寺しかないわけじゃないですか。それで日本に戻って、ちょうど八月一五日は、所用で東京へ来てたんですよ。今の荒川区の三ノ輪にある朝鮮人医師の三ノ輪病院にいたんだけども、そこにしばらく兄貴と一緒に来て泊まってたわけ。その時、日本は降伏したわけだ。

八月一五日のことは『虚夢譚』*9（一九六九年）という作品に、書いていますけど、重大放送があると言うんで、その時私は重大放送というのはね、これはもう敗北だって直感したんですよ。二〇歳前の、まだ一九歳だったけどもね。それで朝から散髪したよ。散髪して病院へ戻ったら、大人たちがたくさんいるじゃない。ラジオを囲んで。

金時鐘　日本人ですか？

金石範　いや、みんな同胞。

金時鐘　じゃあ、泣く人はいなかった？

金石範　いたんじゃないか？　みんなは日本が勝つと思ってたわけですよ。昨日はともかくとして、一か月前までは危ういと思いながらも、日本の敗戦は考えなかったんじゃない。それなのに急に重大放送になってね。ところが、玉音放送のラジオって、雑音入ってよく聞こえないじゃない、でもともかく日本が負けたって分かると、皆わーっと喜んで叫ぶんです。ところが私は全然感情が表現できないんです。心の中ではものすごい感情の激動があるんです。ほんとに嬉しくて仕方ないけれど、日本で解放《ヘバン》を迎えたという、片一方でものすごく何か情けない気持ちがあって。その時のショックというのはね、なぜ私は日本に戻ってきたか、まぁ恥ずかしいよりもさ、何か分からないんだよ。ソウルに残っていれば、心から「朝鮮独立万歳《チョソンドンリプマンセー》」って叫び、泣くことができたのに。ソウルで会った若い張龍錫《チャンヨンソク》は今ごろ向こうで「万歳《マンセー》、万歳《マンセー》」やってるはずだとかね。こっちはおっさんたちがわーって叫んで喜んでるけども、全然私は感情移入できないわけですよ。なんでこの人たち興奮しとるのか。みんなが知ってる人じゃないけども、このおっさんたち、だいたい今までどういう態度を取ってきたのか？ 私より歳上じゃないですか。五、六歳上とか一〇歳上とか、おっさんばっかりですよ。その前までは、日本人と一緒になって「日本、日本」と言っとったのがね、日本が負けたら、わーっと叫び出すじゃないですか。それで、あのおっさんたちと一緒におりたくなくなって、私は、そこから一人出てくるわけですよ。病院を出る時、病院の庭に背の高い大きな向日葵《ひまわり》が咲いていたのを今でも覚えてます。

それでどっかへ行って、一人で「万歳！」って叫びたい、という気持ちがあるんだけども、宮城（皇居）の前で日本人の軍人が集団で切腹してるって話があったので、それを見物してやろうと思って、三ノ輪から、三ノ輪は始発だからね、ガラガラの電車に乗るわけ。今の都電か何かに乗って、そしたらね、何人か電車に乗ってる人がいたけど、女の人は皆もんぺですよ。それでもう打ちひしがれてるんだ、完全に。まだね、戦争が終わったってほっとしたというような喜んだ顔してなかったな。私は真ん中の入口のちょうど右側の端に乗ってたらね、その前の席に、もんぺを着て風呂敷包みを持った女の人が座ったんです。私よりは歳が二、三歳上かな、綺麗な人でね。五〇年以上たつけれども、今でもはっきりその顔を覚えている。その人が、深刻な様子でね、それでその人が泣いてるんですよ。やっぱり日本が負けたから泣いてたんじゃないかな？

金時鐘　やっぱりね、何か気張って生きてきたのが無くなってしまったみたいでね。

金石範　それでね、その人がふと私を見たわけ。その時、私はもらい泣きかな、だーっと涙が流れました。そうしたら相手の人が私の涙に触発されて、急に声を出して泣きだしたじゃない。わーわーって大きな声で泣くんですよ。私は悲しくて泣いたわけじゃない、私のは嬉し涙にすぎない。なのに私の涙を見て、その女の人が大きな声で泣くもんだから、私は困ってしまう。立ち上がって吊革につかまって外を見ると、あの辺りは三ノ輪から上野に向けてね、全部焼け

天に向かって笑った。あれが私の解放や。（金石範）

跡で何もないんですよ。それでヘタしたらね、笑いが爆発しそうになったんです。涙は出てるんだけどね、一方で笑いが爆発しそうになる。それでともかくね、運転手にね、降りるから戸開けてくれって大声で叫んで頼んだ。

金時鐘　走ってる電車を？　走ってる電車を止めてくれるんですか？

金石範　うん、止めてくれたよ、ともかく。それで飛び降りたわけですよ。飛び降りてね、電車がばーっと行ってしまったわけ。それはね、ものすごい暑い日で、空はね、よく晴れてたんですよ。正午昼過ぎですからね。真夏の何もない無残な焼け跡。それこそ荒野みたいな電車道を歩いて行きながら、不思議だな、私は大きな声で笑ったですよ。もう天に向かって笑った。あれが私の解放《ヘバン》や。

しかし、その電車の中の出来事は非常に複雑だね。相手は私を日本人と見て、日本人で戦争に敗れたから、一緒に同じ気持ちで泣いてると思うじゃないですか。私は正反対の人間だったのに。時鐘とも正反対でしょう。悲しいけども滑稽で仕方なかったね。そういう八月一五日なんです、私のは。

その後もいろいろありますよ。昔「協和会」[10]っていうのあったんだよ。協和会の幹部しとった男が、今こそ私みたいな人間が出ていってやるべき時だって言うんです。人間が一夜で変わるんだ。考えたら日本へ戻ってきた私も情けない人間だったが、一晩で変わる人間を見るのも情けなかった。ほんとにね、涙出るね……。

金時鐘　今の解放前後の話を聞きながら、年齢的には石範兄《ソクポムヒョン》とはかぞえで四つ違うんですよね。実質、三つちょっとだけの歳の差だけど、歴史の転換期では、一年違いで決定的なんだね。例えば八月一五日を迎えるとき、石範兄が日本が負けることを、自分の生理で知っとったということとね。僕の場合は全然知らなかった。まったく天地がひっくり返った。しかも、八月一五日が解放の日だといっても、その日の正午までは、まだ僕は解放されない陰の中にいたんだよね。だから、半分の解放の日。と同時に、僕とまた三つ違えばね、僕の体験はもうないのよ。つまり解放後の世代になっちゃうのね。その「白痴」みたいな皇国少年が解放に出会って、自分は欲したわけでもない、自分の国という国を与えられてね、呆然とした。世代的には祖国の展望を担う最たる世代の一人であったのにやね。

「解放」直後——民族独立への動き

文京洙　時鐘先生に、解放後の済州島の様子をうかがいたいと思います。四五年の八月一五日にソウルでは、解放と同時に、呂運亨《ヨウニョン》が非合法だった建国同盟を中心にして、民族主義者から共産主義者まで統一戦線を組み、新国家樹立のために「朝鮮建国準備委員会（建準）」を結成します。この建準には八月末で各地にその支部が一四五もあったと言われています。そして九月六日には、この建準の呼びかけによって、ソウルで「朝鮮人民共和国」の樹立が宣言されるわけです。沖縄の制圧に手間取ったアメリカ軍がソウル近くの仁川《インチョン》に上陸するのはその二日後の九月八日です。この人民共和国の樹立によって、建準の支部は人民委員会に改編されることになりますね。済州島では、少し動きが遅れていて、建準が発足するのが九月一〇日、済州島人民委員会ができるのが九月二二日です。そうした建国運動の最中の九月二八日に、米軍が済州島に上陸していますが、初めて米軍を間近にされた時の印象はいかがだったでしょうか。

金時鐘　それはもう熱烈歓迎したもんでしたよ。国を解放してくれた解放軍だと本当思ったんだね。西洋人を目の当たりにするのも初めてだからね。物珍しさもあったんでしょうけど。彼らが来たとたん、闇物資って言うんですか、米軍から流れた物資が溢れ出してね、子供たちが米兵に群がるとか、夜の商売をする女が現われるとか、そういう大分眉をひそめるようなことがもち上がりました。

でも、米軍が来てすぐに、〔一〇月一〇日には、アーノルド米軍政長官が〕「軍政庁以外のいかなる政府も認めない」つまり「人民共和国」を否認する声明を出すでしょ、相次いで朝鮮総督府吏員復職令*11が出されると、総督府で働いておって民族反逆者リストが出されたら日本に逃げを打っていた連中が大手を振って戻ってきますからね。それでようやく、米軍に対して、これは解放軍ではなくて決定的な占領軍だ、つまり朝鮮人民の独立と祖国統一をさせまいとする奴らだ、というふうに分かってきたんです。

「人民共和国」が否定されて、親父は南（朝鮮）にはもうおれない、絶対今に戦争になるってね、親父の本籍地の元山《ウォンサン》（北朝鮮）に帰るべきだということで……。*12

金石範　解放前は釣りばっかりしとったお父さんはその頃は？

金時鐘　解放になってから親父は急に忙しくなって、当初は人民委員会の相談役みたいなことをやってましたね。とたんに名前までが変わった。それまで親父は「金文龍《キムムニョン》」だったが、本名の金鑽国《キムチャンクッ》に取って代わった。これも僕を驚かした「解放」の変化だった。

文京洙　お父さんと、解放後の朝鮮のあり方についてお話をすることはあまりなかったんですか。

金時鐘　僕はね、社会主義がすぐ理解できなくて、一種の民族主義的な自覚が先に芽生えましたね。解放後の親父は、青年期に出会ったロシア革命がよほど心を捕えていたのか、純粋って言ってもいいくらい共産主義志向で、特に北の体制に憧れていました。僕からすると、今までほとんど働いてなくてな、労働運動をやってたわけでもないのに、今度は若いもん動かしていい思いするつもりかって言い合いをしたこともあります。うちの国の済州島は農村共同体みたいなものが慣習のように残っとるんですが、*13 それでも民族主義者たちには共産主義は刺激が強すぎるんですよ。僕もその程度の意識者でした。三・一独立運動が失敗したのも自分の保身ばかりを考えた民族主義者たちが主導したからであったとか、ロシア革命が共産主義への道を開いたとかの話を聞いているうちにね、民族主義でない、今でいう社会主義みたいなものが正義なんだなぁって思うようになりましたね。親父はその時、青年文宣隊の民謡や曲調《チャンダン》、杖鼓《チャンゴ》、鉦《ケンガリ》の指導をしていましてね、後についてって、ガリ版きりやビラ刷りを手伝ったりしてました。僕の書体が楷書体になったのは、あの当時のガリ版きりのせいやと思います。それから、九月末に私はとりあえず学業のことがあって、光州《クァンジュ》の学校に戻るんですが、しばらくすると、親父から帰ってくるようにという緊急の連絡があってね、一時帰ったら親父は北に帰国するって言うのね、三八度線を越えて、北へ帰る、南はだめだって。家ももう売ってしまっていてね。お袋はしょげてるし、一緒に行かないのなら一人で生きなきゃならんって言うんでね。親父は、金日成《キムイルソン》将軍の神話みたいなものをよく知ってまして、早よう行って会いたいんだって言いながら、僕が光州へ行っている間に、今の開城《ケソン》まで行って、二週間くらいで戻ってきてるんですね。もう手はずができているからって、今思うと親父は北へ急がねばならない何かがあったようにも思うけど。祖父が北でまだ生きてらしたからね、思いせかれもしたとは思う。そのせいでか、とにかく強引だった。それで、あたふたと家を整理して母と僕も同道するようになる。一〇月のかかりくらいだったかな、三八度線の東豆川《トンドゥチョン》を渡る段になって軍政庁に再雇用された警察隊に捕まったんですけどね。僕と母はすぐ釈放されて、丸裸で済州島に戻りましたが、親父は四〇日くらい拘束されてね。僕はまたその足ですぐ光州に戻って、一二月末ちかく済州島に帰ってきますけど、親父はすっかりやつれていた。帰ってきてから親父はよく、北の金日成将軍というのはどうも腑に落ちないと言っていた。私が知ってる金日成将軍とはどうしても歳が合わないというんだね。[*14] 今の金日成は多分、歳格好からして金将軍の孫にでもあたるのかなぁと、強いて自分で得心しているようでした。それからあんまり金日成のことは口にしなくなったな。

そのあと光州に戻って「自分の在所探し《チェゴジャンチャッキ》〔自分の故郷探し〕運動」に参加するんだけど、米軍政に対する反感は全羅道一円でもすごかった。それと対立するように本土でも親日派だった連中の巻き返しが日を追って強まっていた。

もう学校へ戻るのもいやだったけど、半年すれば卒業できるわけですが、そのためには、速成の歴史と朝鮮語習わなきゃならんのよ。先生になる連中なのに何にも分からないんだから。そこで、迷ったけど、灯火《トウンブル》学習会というところに誘われましてね。解放になったのに、なぜ夜中の灯かと思ったけど、そこが、崔賢《チェヒョン》先生がやってる学習会だった。ほんまに自分が立ち直ったというんかな、ほんとに目覚めたきっかけでしたね。その先生を中心に、「自分の在所探し運動」、平たく言えば農村工作文化運動というのが始まりましてね。崔《チェ》先生に連れられて、在所探し運動で、学校からそう遠くない無等山《ムドゥンサン》の麓に点在している小さな村むらを訪ねる。それはそのまま、皇国臣民の尖兵たらんとつい先だってまで努めていた自分が、否応もなく点検される日々でもあった。まず行って驚いたのが、一一月の初め頃でしたかな、空気が澄んでまして、秋も深まった感じでしたけど。ほんまに瘡蓋《かさぶた》がへばりついたような藁《わら》ぶきの農家ばかりでした。それは家って言えたもんじゃないね。済州島の農家はね、ちゃんとした屋根、乾かしたすすきを分厚く敷きつめてずっしりと出来上がっている。縄もちゃんと四方八方に、網の目状にかかっていて、台風にもびくともしない。ところが無等山の麓の農家ときたら、瘡蓋がひっついている程度の屋根でしかない。そのような粗末な家を見るのも僕初めて。あのミルムン押し戸というのかな、粗い格子の桟《さん》に変色した黄色い障子紙を貼っただけのものが、家が傾いてるのか知らんけど、開けても自動的に戻ってしまうんですわ。中は真っ暗。飛び出した、子供がみんな真っ裸、お腹がパンパンに膨れている。布ぎれを継ぎ足したような布団が何枚かよじれてあるだけ。それにね、部屋がないのよ、土間に藁しいてあるだけで。それに、異臭がぷおっと鼻をついてくる。蓋がずり落ちたままのかまどには、一〇月も過ぎたっていうのに、真っ黒く蠅が飛び立ってるのよ。正《まさ》に植民地収奪の実態を見た思いがした。それだけに崔賢《チェヒョン》先生のお話は痛いばかりに心に沁み入った。小作農の収奪にも何段もの仕組みがあり、農村の疲弊がなぜ起きたかとか、植民地下の心ある朝鮮文学者たちがどんなに迫害に耐え、才能ゆたかな詩人、作家たちがどれほど多く体を傷めて早世したり、発狂して人生を潰したか。それでも民族遺産になる文学作品のほとんどはその人たちが残したものである、等のことをじゅんじゅんと教えてもらった。あの瘡蓋のような屋根のね、あの蝿のたかり、出っ腹の子供たち。それを知らずに、そんな事実も知らずに、先生になる勉強しとった。あと半年、速成の歴史と国語の勉強をすれば教員になるところでしたけどね、止めた。そういう自分だったことにまったく絶望してしまった。そのまま崔《チェ》先生について、チェゴジャン〔自分の故郷〕探し運動を四五年いっぱいまでやりまして、一二月に済州島に戻って、人民委員会の済州《チェジュ》支部の使い走りをやります。自分の「在所《コジャン》」を探さねばとの思いが芽生えていたからでした。僕が帰ってくるのが、ちょうど済州島警察署のできた頃でしたから……。

文京洙　済州島警察署はね、一二月二一日頃です。

金時鐘　そうでしょ。それまではね、人民委員会の青年学生保安隊という自主的に動く保安隊が、民政の治安・秩序を司ってたんですよ。それが朝鮮総督府吏員復職令が出されると、「民族反逆者」と言われて逃げ出してた、日帝時代に警官や役人をやってた「親日派」の連中がみんな大手を振って帰ってくるんですよ。彼らを復職させて、人民委員会の人間は全部駆逐されてしまう。それでつまり、人民委員会を強制解散させたことから、米軍政と民衆側との軋轢が

僕は今でもね、社会主義信じてるの。
（金時鐘）

日増しに険しくなっていく。アメリカにとっては米軍政と民衆が直接対立するのは政治的に困るわけよ。それで吏員復職令を出して総督府下の同族の警官たちを復職させるが、数が足りない。それで臨時の警官をいっぱい登用することで民衆と自分らの間に壁を立てたわけ。同族同士の抗争に入れ替え、作り替えていくの。日増しに守旧勢力が盛り返してきて、極右の暴力が公然化してくる。彼らは全部米軍に支援されてますからね、もう親方日の丸どころじゃないわな……。

僕は今でもね、社会主義信じてるの。働くことで収奪されず、子供の教育に金を使うことなく、年老いて不安に駆られない社会体制がね、悪いとはとても思えない。もっとも地声で語れる体制でなくてはならないけどね。人民委員会につながったのも、南労党に関わったのも、それはそれまで無知だった己への反動だったとも言えるけど、蘇ったという祖国の、あるべき姿への僕なりの自覚が駆りたてたものでもあった。

文京洙　石範先生も、解放後朝鮮に戻っていらっしゃいますね。

金石範　うん、あの四五年一一月に朝鮮に引き揚げていく。

金時鐘　ヘバン〔解放〕なった年？

金石範　そうそう。向こうへ行けば、張龍錫《チャンヨンソク》や李錫玖《リソック》先生に会えるし、私みたいなもんでも新しい祖国の建設のために何かできるかと思ってね。おそらく日本に戻ることはないだろうということで、母《オモニ》と別れて行くんだけども……。まあ、何よりも八・一五以前のことは忘れて、愛国者面をしてる連中の顔見んのがいややった。

金時鐘　済州《チェジュ》にですか？

金石範　いやいや、ソウルだよ。済州へは年末頃だったと思うけど一〇日足らず行ってきた。最初はソウルに行って、まず禅学院のお寺に行ったんだよ。行ったらそこの小坊主が、李錫玖《リソック》先生はいないと。どこ行ったら会えるかと聞いたら、人民党＊15の組織部長をやっとると言うんだよ、李錫玖先生が。今の仁寺洞《インサドン》の入口辺りに、あの辺りの小学校の跡に人民党の事務所があって、そこへ先生探しに行ったわけ。坊主だと思っていた先生が、ゴマ塩頭で毛は短いんだけど、鳥打ち帽をかぶってネクタイしていた。先生がお前日本に帰ったらあかんと言うのに私は帰ってしまったもんやから、今頃何しに来たのかと怒られると思ったけどね。そしたらよく帰ってきたと言うわけですよ。で、自分は禅学院で、僧に扮して地下運動をしとったと言うの。どんでん返しみたいなもので、びっくりしましたよ。この時になって、ようやく彼が日本に帰るのに反対して、金剛山《クムガンサン》に入っておれって言った意味が分かった。それで、南山《ナムサン》の麓に、張龍錫《チャンヨンソク》とかみんな仲間おるから、そこへ行けって。それで南山の麓の三坂通りで厚岩洞《ファムドン》の社宅の跡でね、何人と一緒にいたかな。龍錫と全羅道出身の金東午《キムドンオ》と金永善《キムヨンソン》という全評*16の専任の活動家と四人くらいおって、そこでね、共同生活することになった。明くる年、鄭寅普《チョンインボ》、知ってますか？　李錫玖先生の同志だけど、朝鮮であの時分、李光洙《イグァンス》、崔南善《チェナムソン》、鄭寅普の三人が、朝鮮総督府の親日工作の代表的な対象になったんやけれど、結局、鄭寅普ひとりが総督府に屈しなかったという国文学者で、漢字の泰斗だったんだが、その鄭先生が四六年に国学専門学校を創立した。そこへ李錫玖《リソック》先生が入って勉強しろとなって、張龍錫《チャンヨンソク》、金東午《キムドンオ》と一緒に入学をして、しばらく勉強しとった。ところが、あの当時、とてもじゃないけれど、あそこでは生活できない。それで学費を稼ごうと思って、夏休みを利用して、一か月のつもりで、四六年の夏に日本に戻ってきた。夏だけ日本で過ごそうと思ってね。それが結局、そのまま今になった。

金時鐘　朝鮮に戻らなかった理由は何ですか？

金石範　なんとなく帰れなくなった（笑）。やっぱりこっちが良かったんじゃないかな。四六年になると、ソウルは物価が高騰するし、失業、乞食、飢えの街になって暮らせなかった。ただ問題なのは、私がソウルからこっちに来なかったらね、今の私の存在はないですよ。一緒に死ぬんじゃないかな。これが情けないところね、私の幸運と言えば幸運だし。そこを質《ただ》されたら私は言うことないです。さっきちょっと涙流したけど、今まで七十何年生きて、〔四五年の末から四六年の夏まで〕同じ下宿で共同で生活してた仲間が、龍錫《ヨンソク》も死んだやろ、金東午《キムドンオ》も多分銃殺され、永善《ヨンソン》たちも殺されたんじゃないかな。日本へ来てから、これも小説[*17]に書いたけども、龍錫《ヨンソク》が、月に一回手紙を寄こして、その手紙が今でも三〇通近くあるわ。あの時分、向こうから手紙来るのに一か月かかるんですよ。それでね、最初の頃は、なんでお前は祖国へ帰ってこないんかと。それから、四八年の五月一〇日の単独選挙のソウルの情景を手紙に書いたのがあるんです。四九年まで続くかな。そのうち、彼も祖国の統一独立に絶望したのか自分も勉学のために日本へ来たいと言ってな、私も受け入れの準備をしたりしたけども、四九年の五月頃の手紙が最後になって切れるんだけど。あの時分ね、葉書とか手紙にね、「大韓民国」って書くんだよ。もちろん大韓民国支持じゃないんですよ。みんな検閲した跡があるから、そう書かないといかん。

金時鐘　四六年段階でも、そういう体制はもうできてた。

金石範　だから「大韓民国」の青年としてね、建国のため猫の手も借りたい時にね、私は日本に戻ってしまったわけ。それでその龍錫からの最後の手紙にね、渡日のために手配をしてくれてありがたいけれど、「数多くの同志たちを置いて、僕一人がどうして行けるだろうか」って日本に来るのを断念することが書いてあって、その代わり俺の愛する恋人が、国民学校からずっと首席で今音楽学校行ってるんだけども、その彼女が俺の代わりにお前のところへ行きたいと言っているから考えてくれと言ってね。でも困っちゃったな。あの時分の私に人を寄食させる余裕がないからね、なんと返事を書いたかな。それから返事がない。それっきりですよ。だからその時点で、四九年頃に多分殺された。それで、また金東午《キムドンオ》というのは、四八年頃に龍錫《ヨンソク》の手紙の中で、「東午十年」と書いてある。だから逮捕されて十年刑という意味ですよ。検閲を恐れて省略して書いているけれど、まもなく殺されたと思う。それから、「鉄棒」というあだ名の金永善《キムヨンソン》も殺されたんじゃないか。

日本の戦後は文学者たちにも、戦時中にたくさんの人が死んだけど自分は生き残ったという、そういう負い目みたいなものがあるだろうけども、私は私なりの、そういう引け目というのかな、私はこっち来て酒ばっかり飲んでさ、贅沢したり楽をしたわけじゃないけども、そういう引け目は完全にありますね。まぁそうじゃなくても、私の場合は社会主義的な思想もあるけども、一方でニヒリズムの影響が非常にあってね、その相克みたいのがあるんですよね。そういう所へね、向こうへ二回行って、こっちへ来てしまってさ。解放後に行ったのは、四五年三月に行った時の尻拭いのために行ったんじゃないかな。それが一か月のつもりで日本に来て、布団から何からみんな持っていったきり日本に残ってしまった。それで、四八年の秋頃になって済州島から、いろんな人が、いわば〔四・三事件の弾圧から〕逃亡してきているけどね。まぁ私だって同じようなもんですよ。そういうね、特に、龍錫《ヨンソク》のような友人に対してね、今でも手紙が、そのままあるんだけども。彼は平壌出身で済州島出身の友達じゃないですけど、そういう祖国の、向こうにいる、そういう仲間だった人間に対するね、まぁ後ろめたさ。それが結局四八年の四・三事件を聞いた時に、爆発するじゃないですか。だから解放にも祖国建設にも居合わせなかったという負い目と結びつくわけですよ。しかも、こちらにいて限られた話を聞いたものだから何も分からない。蜂起というだけじゃなくてね、むちゃくちゃな虐殺という話だからね。

信託統治問題と米ソの対立

文京洙　一九四五年八月一五日の「解放」から四六年にかけて、お二人のご体験をうかがってきたわけですが、ちょうどその頃、戦後の朝鮮半島の分断を招く重大な問題が起こります。それが、いわゆる「信託統治問題」ですね。四五年一二月二七日にモスクワで米英ソの三国外相会議の決定（「モスクワ協定」）が発表され、戦後の朝鮮について五年間の信託統治を行うことが明らかにされます。植民地支配から解放されてようやく民族独立を獲得したと思っていた朝鮮人はこれに反発し、三一日にかけて各地で大規模な信託統治反対（反託）のデモが行われます。[*18] 金九《キムグ》は民族主義の立場から反託を主張しますが、李承晩《イスンマン》など米軍政に近い保守派は、信託統治がソ連による発案であると歪曲して宣伝し、反託を反ソ・反共に結びつけて国民運動の高揚を図ります。これに対して当初反託を表明していた朝鮮共産党が、四六年の一月二日突然、信託統治賛成（賛託）を表明したため、賛託《チャンタッ》と反託《パンタッ》の対立は左右の対立になり、南北で独立政府を目指す主導権争いを激化させることになります。

二月に入ると、北では、民族主義の立場で反託を主張した曺晩植《チョマンシク》が排除され、金日成《キムイルソン》が「北朝鮮臨時人民委員会」を成立させ（八日）、後に「民主基地確立論」として定式化されるような北独自の「民主改革」を実施していきます。南では、米軍政が李承晩《イスンマン》ら右派を中心とした「大韓国民代表民主議院」を置き（一四日）、これに対抗して、米軍政から否定された「人民共和国」のグループは、朴憲永《パクホニョン》（共産党）や呂運亨《ヨウニョン》（人民党）を中心に「民主主義民族戦線（民戦）」を結成します（一五日）。こうした主導権争いのなかで、信託統治による臨時統一政府樹立の実現を追求する米ソ共同委員会が、三月二〇日から始まるわけです。

金石範　私も記憶あるのはね、四六年の正月に、デモに行くんだけど、その前は「反託」のプラカード持っていたのが、明くる日もう一回デモに行くというと、今度は「賛託」やった。

金時鐘　僕たちも動員かけましてな、住民や学生たちに外に出ましょうって言って、反託プラカードを僕たちが取り上げて賛託に変えたりしてた。反託を表明しておいてね、賛託に変わるというのは、ものすごいしんどいことでしたけど。つまり賛託というのは理解しにくかったんだよ。今ようやく日本帝国主義の三六年の統治から解放されたばっかりなのに、また余所《よそ》の国の統治下に入るのかっていう、そういう国民感情を右翼は突くわけ。そうすると国民感情としては、俺たちは今すぐ独立したいんだ、なんでまた余所の国に統治されねばならんのや、という説がすぐ流行るのよね。組織路線として変わったというけど、それはね、共感を得られないのよ。済州島の細胞でも賛託のビラを出したりしますけど、民衆はね、心情的についてこないの。

文京洙 そうすると済州島ではいわゆる左派勢力への民衆の支持があついのに、信託問題に関しては共産党、後の南労党が賛託を選ぶと、そこで民衆と党との間にギャップが生まれたのですか。

金時鐘 そう。ギャップが生じてきますよ。ところが実際は僕が所属している細胞の誰もが、中央の方針だという「賛託」を優先する課題だとは思ってなかった。北朝鮮で築かれた「民主基地」を南朝鮮でも一日も早く作り上げる、民主基地を南で確保することが党の最大の任務だと言われていたからね。それが北と有機的につながる実践目標だった。信託統治を受け入れるとなると、一日も早い民主基地確保っていうのはできないわけよ。五年なら五年の信託統治の間は、民主基地確保運動は頓挫することになるんだから。民主基地確保というのは行政機関まで党の側で握っていくということだわな。党の息のかかった者が行政機関に入り込んで、それでちゃんとヘゲモニーをとるということですからね。そういう活動の方が、運動の目標がはっきりするし、緊張もあるわけよ。だから、朴憲永《パクホニョン》委員長が賛託の談話を発表しますけど、それは多分に外向きなんだろうなって、僕らそう思ったね。

文京洙　でも時鐘先生ご自身は賛託という立場。

金時鐘　うん、僕は賛託（笑）……。それは委員長の朴憲永《パクホニョン》先生（実際は書記長だったのに、なぜか党員はみな「委員長」と呼んでいた）を本当に神様のように尊敬していたから、委員長の言うことだから間違いない、朴憲永委員長は北に行っても（四六年秋）、賛託を進めてる、と思ったけど、でも一般的な国民感情を説得させるのは非常に弱いなと思った。それで、委員長が言うことはそうだと思いながらね、日常の活動は民主基地確保のための党内学習が拠り所でしたからね。だから形の上では南労党は賛託声明を出しながら、日常活動は賛託というより、むしろ逆のことをずっとやったんですよね。

金石範　ちょっと待って、それだと北の方では、四六年の頭に賛託に変わりながら、また後では反託になるの？

金時鐘　北はね、実際的には賛託派を排斥するんですよ。つまり北の方針はソビエト式の国家体制をつくることであってね、信託統治を受け入れることじゃないの。北の〔社会主義〕体制にすぐ呼応すべきだというのですから、信託統治を受けるというのは五年間その委任統治を受けるわけでしょう。北はそれ許さない、反対なんですよ。

文京洙 〔公式の方針は賛託でしたが、済州島がちょっと遅れるんですよ。済州島では正月初めに反託の大きい集会を持って、五日か何かにやっと賛託の集会があるんですよ。ちょっと遅れる。だから混乱があって、表向きは賛託なんですけど、その信託統治はいやだという動きがその当時強くあった。

金時鐘 だから細胞活動内部で軋轢になっていくのは、直接的には北の〔社会主義的な〕施策が早めに実現されるべきだ、北の施策を受けるというのは反託じゃないか、と。

金石範 それいつ頃から?

金時鐘 いや、もう四七年段階すでにそうだった。だから一番厳しかったのはね、党内の今まで一緒だった党員同士の軋轢が激しくなっていくことだった。

金石範 実際に時鐘が南労党にいた時に、組織内部で、その賛託、反託の確執があったわけだ。

金時鐘 賛託の立場であると言いながら、だんだん賛託と反対になってくる。つまり、北の〔社会主義の〕形態を受け入れることはね、信託統治は受け入れる余地がないということになるんですよ。

金石範 それは北の方では理論的にはどのように説明してるわけ? 北が表向きの賛託はさておいてね、一つの指令として、いわゆる反託の方向へ行ったというのは。

金時鐘　つまりね、北の体制を、ソ連式に整えていくことで朝鮮統一の橋頭堡《きょうとうほ》にする。それで金日成を担ぎだすけど、それはそのままソビエト式の体制をつくることなんですよね。党活動する者にとっては、北のその体制は不動の拠り所ともなっていた。それだけに「信託統治」は絶対矛盾に近いものだった。

金石範　だからそれまでは、共産党、後の南労党は、賛託が方針だったわけや。一般の国民感情としては反託で、そうした国民感情を、李承晩《イスンマン》政府が利用し、〔信託統治を提案したはずの〕アメリカがそれを後押しするんだけども、当時の共産党の組織路線としては四六年の一月から賛託に切り替えている。四五年の一二月二八日に朝鮮に伝えられた当初はみんな反託やった。その雰囲気、私も知ってるけどもね。それで、あの白南雲《ペクナムウン》の有名な演説が出てくるんだ。朝鮮民衆を、大金持ちの地主の家の門につながれた太った番犬ではなく、山野を自由に走り回る痩せたヌクテ（朝鮮狼）に喩えてね、「わが民族はアメリカ人の食べ残したビフテキがいかに栄養価値があろうとも、またソ連人の食べ残したボルシチがいかにうまかろうとも、われわれはそれを欲しない。われわれにはキムチとカクテキがある……」とぶったわけや。朝鮮共産党も信託統治に反対していたのに、その明くる日に賛託の緊急動員がかかる。それは一日の差なんですよ。一か月ぐらい時期をおいて討論してから変わったんじゃなくて、反対と賛成は一日で変わった。だから一九四六年の正月から賛託になってるわけだ。そうなった上で、三月からか米ソ共同委員会が始まるわけでしょ。それが途中で潰れた経緯はいろいろあるけれども、その経過を見ると、われわれ素人が見ても、ソビエト側の方の主張がやはり正しいんですよ。ソビエトは、反託の勢力は米ソ共同委員会の対象にする団体に入れない、そしてそういう団体は新しい民主主義朝鮮臨時政府に参加することができないということを、ちゃんと主張するわけです。

文京洙 それをソ連側が主張したわけですね。反託の団体は臨時政府の諮問機関に入れないと。

金石範 そう、その前提があったわけだよ。でもそこでアメリカと決裂して、三月からの米ソ共同委員会が五月にだめになって、「精版社偽札事件」[19]で米軍政がスパイ事件をでっち上げてアメリカは公然たる左翼・共産党弾圧を始め、一〇月には「一〇月人民抗争」[20]が起こる。するとここで信託統治問題がこじれてくるわけだな。それでも、明くる四七年五月にまだ第二次の米ソ共同委員会が開かれるじゃない。それは一〇月に決裂するわけだから、現実にはそれを見通したかどうかは知らないけれども、南労党の方で反託路線を出したとするなら、米ソ共同委員会の決裂を見通した上でのことであって、現実にはアメリカとソ連が、第二次会談をやってるし、そして一九四八年に米ソ両軍が撤退しようという方針をソビエトが出すじゃない。朝鮮の統一政府ができる前に両軍が撤退して、朝鮮人に任せようと言うんだよ。それをアメリカは全部蹴ってから、国連で単独選挙を決めるわけよ。だから結果としては、反託が実現する。だから反託は、アメリカと李承晩のやり方によって、彼らが成功するわけだけども、しかし四六年三月から始まった米ソ共同委員会は、信託統治を前提にして新しい統一朝鮮政府をつくるための土台をどうするかという議論を、実際にその会談を四七年の夏くらいまで開いてやったわけだよ。

金時鐘　賛託へと路線転換を組織的にするんですが、実際的には民衆の意向から協調は得られない、まして北に金日成体制ができてくると、ソビエト式の社会主義体制を早くつくることが明確化されてくる。後の海州《ヘジュ》会議*21でも済州島の問題が論じられるんだけど、それを待つまでもなく済州島の革新勢力としては、北で強化される金日成体制に影響されて、それに呼応することがますます望まれてくる。当然のようにね、五年間の信託統治はいらないという意見が出てくるんです。われわれも一緒に闘わなければならないと。

金石範　それは結局、北だけの単独政権という目論見はあるわけよ。その場合ね、これは専門家に聞かないとならないけど、例えば北の権力機関は人民委員会でしょ。南の人民委員会も、アメリカ傘下になって機構は違うけども、ほんとはこれも権力機関に移行すべきもんなんですよ、将来ね。だから四五年九月に人民共和国の樹立を宣言した時は、一か月二か月でね、国が出来るもんじゃないけど、しかし人民委員会というのは、本来アメリカが弾圧しなかったら、権力機関に移行すべき性質のもんなんだ。それに北の場合は、ソ連がやったにしても、人民会議の執行機関としての人民委員会そのものが権力機構に移ってるわけでしょう。

だから南では、すでに出来ている人民委員会が権力移行するだけの下地を作るという。同じだけど、まぁアメリカが入ってきて、将来各地方人民委員会の中央執行機関となるべき人民共和国を解散さして、その途中で共産党解散と同じように否定していくわけだ。そうするとね、北が単独政権を目論んでいたという見方ね、それはありうるさ。文京洙《ムンギョンス》が言ったように、四六年の二月にすでに北で臨時人民委員会の結成もあるけどね。そうすると李承晩がアメリカに行って南の単独政権構想をアメリカに認めさせ、朝鮮に戻って井邑《チョンウプ》で、そのことを話すでしょう。あれはいつだっけ?

文京洙 四六年の六月三日です。全羅北道の井邑での演説で、李承晩が現状では統一政府は無理だから、南だけの単独政権を樹立しようと言うわけですね。

金石範 だから李承晩もすでにね、ちょっと分からんけども最初からね、南だけの政権樹立案を持ってるわけ。それは三八度線で分断されて米ソが占領してきたんだから、そうなる可能性はあるわけ。しかもアメリカとソビエトだけじゃなくて、その下の金日成や李承晩も、そういう考えを持ちうるわけよ。そうした分断の歯止めになるのがね、やはり信託統治なんですよ。アメリカも中国もソビエトもイギリスも、信託統治することによって分断の歯止めにしようとする。そうするとね、私の考えでは、南における人民委員会の形態と北における人民委員会の形態とほんとは合致すべき性質のものであった。ところがその後の政治的なメカニズムによって、南の人民委員会が潰されて、北はソビエトの天下り式に人民委員会に権力移行していくわけだけどもね。その場合に、賛託、反託の問題は、賛託というものの限界性にふれながら、やはり〔統一政府を作る〕最善の方法ではなかったかと思うわけよ。信託統治というものは戦後の南北朝鮮を通して〔あり得た統一朝鮮の可能性として〕最も大きく出さなきゃいけない。仮に実際北に賛託から反託という方針変更があったのなら、それは歴史的事実としてもね、どこまでも原則は信託統治〔の可能性〕というものをおいて、批判する形に持っていかなきゃならない。

金時鐘　だから北はね、まず北朝鮮を民主基地にして、それから、南にも広めていこうと考えてたと思う。南に民主基地を広める中心が南労党だと。北が南に民主基地を広めるためには、賛託、信託統治派は、むしろ阻害要因になっていった。そのせいもあって海州会議以後も組織のなかでは賛託、反託の感情的対立は続いた。今だからこそ打ち明けられるけど、殺された者も二人いる。賛託派でね。これは全羅道から来たオルグでしたけど。

文京洙　それはいつ頃ですか。

金時鐘　四七年の一二月頃だった。それはね、死体が海に投げられて、あがったんだけどね。本土から来た工作員が溺死したというくらいに処理したと思うけど、僕らには分かった。それは反託派にやられてる。だから同じ細胞の中でもね、賛託派はごく少数になった。北の民主基地を南に広めるため、済州がその拠点であるためには、賛託ではだめだというわけ。

金石範　そういう専門家たちの研究はあるの？

文京洙　四七年ですと、第二次米ソ共同委員会が開かれるのが四七年の五月なんですよ。ですからその前までは、その第二次米ソ共同委員会を早く開催しろというのが、おそらく公式の運動方針だと思うので、デモの一つのスローガンも共同委員会を早く再開しろと。要するに賛託ですね。信託統治が公式の方針でしたけども、実は今、金時鐘先生がお話しになったことによると、内部にはかなりその方向ではやっていけないんだという、むしろ北の民主基地を中心に革命を実現しようというのが出てたわけですね。

金時鐘　僕がずっと負い目でものが言えなくなってきたのは、四八年の海州《ヘジュ》会議以後、明確に北との直接のつながりができちゃう。四・三事件を「共産暴動」だとする韓国政府の断定は、殺戮を言いくるめるための宣伝とばかりは言えないものがね、私なら私の小さい経験からでもあるわけですよ、実質的に反託だったんですよ。勢力的にはね。

文京洙　時期的には非常に微妙で、第二次米ソ共同委員会は四七年七月には事実上決裂し、アメリカはモスクワ協定に基づく統一朝鮮の樹立を断念して、九月に国連に朝鮮独立問題を提訴するわけですから、四七年の末になると、この信託統治によって統一的な連立政府を作るという方向を諦める動きが出てくる。

金石範　もうその可能性がないとなってきたわけだ。

文京洙　ただ、そのことはなかなか公式的には言い出せない。例えば、米ソ会談が決裂し、アメリカが問題を国連に持ち込んだのに対抗して、北側で臨時憲法制定の動きが出ますが、ソ連はこれにブレーキをかける。要するに、分断の方向を南に先立って進めるのはまずい、南側やアメリカが分断を先に進めるような形にしなければならないというわけです。

金時鐘　組織内部では実際賛託を口にすることすらはばかられる。ほんとに少数になってました。北の民主基地確立を方針に立てるとね、賛託できる余地がなくなるの、実際。

金石範　まぁ「民主基地統一論」やからね。何か分かるような感じするなぁ。

金時鐘　済州島というのは本土から離れているせいもあって、人民委員会もかなり遅くまで活動していた。人民委員会の名前は使えなくなるんだけど、実際的に人民委員会の構成メンバーの活動はかなり続いてました。その中で、実際的な賛託とは言えない風潮は早くからありました。

文京洙　四八年の二月には、アメリカは国連を利用して、南朝鮮だけの単独選挙を五月に実施することを決めています。つまりアメリカは、信託統治じゃなくて、分断政府樹立の方向でやっていこうというようになってました。にもかかわらず四八年当時も賛託、反託ってまだやってたんですか。

金時鐘　やってますよ。四七年の冬休み前にも五賢《オヒョン》中学、済州中学の教室に火炎瓶が投げ込まれたりしている。賛託だった学生がいるというだけでね。前の年の同盟休校のしこりもあってのことだけど、学生たちを最も感情的にさせたのはやはり賛託、反託のいさかいだった。四・三事件直前までも感情的対立は続いた。その対立をあおるように、大韓青年団の連中が学生の摘発をしたり、火炎瓶を投げ込んだりした。島支部のなかでも路線理論として、賛託でありながら、実際的な活動をする勢力分布では、実質的に反託であった軍事部の幹部たちがヘゲモニーを握っていた。特に若手の軍事委員たちがそうだった。細胞のG（グループ）会議で拠点（民主基地）づくりに発破をかけていたのもその委員たちだった。

文京洙　済州島は特にそういう状況が強かった？

金時鐘　いや、時期的にね、政治運動として見るとき、北の方はソビエト式の社会主義体制を作ること、あの時は「民主基地確立」といったわけですね。南はアメリカ主導で、社会主義を排除して右翼的な政府を作ることを明確にしてきたから、反米運動は南に民主基地を確立することだと。民主基地を確立するためには、信託統治というのは、アメリカ主導で、ルーズベルトが提起して、スターリンが受け入れた形だけど、ルーズベルトはすぐ死んじゃうでしょ。スターリンは受け入れながら、北の民主基地のためには信託統治を受けない方がいいと考えた。信託統治は国際政治の関係、つまり南北の米ソの関係からすると、朝鮮を統一しうる唯一のも

仮に、この「臨時政府」が成立していれば、…（文京洙）

のだったんだけど、北が民主基地の立場に立とうとするとね、南にも早く民主基地化をしようとなって、そんなの受け入れられなくなる。

文京洙　話をそもそもの出発点にまで遡って整理するとこういうことだと思います。

まず、朴憲永《パクホニョン》は、四五年の一二月に密かに平壌を訪れて信託統治問題でソ連の指示を受けています。彼が推進していた民主主義民族戦線（民戦）は、信託統治が想定する「朝鮮臨時民主政府」の基礎づくりとしての意味も持っていますから、全国的規模で民族統一戦線の組織作りをして、これを新しく作られる「臨時政府」の基盤としようとしたわけです。

ところが、一九四六年二月八日には北朝鮮に金日成《キムイルソン》のイニシアチブで「北朝鮮臨時人民委員会」が出来る。これは、朴憲永が推進する全国的な民戦構想を実質的に拒否するという意味を持つと同時に、朴憲永と金日成の主導権争いがそういう形で表面化したことを意味しています。すでにこの時点で金日成は曺晩植《チョマンシク》など民族主義勢力を排除して北朝鮮での指導権を確立しています。その金日成は、いわゆる「民主基地路線」、つまり、ソ連軍政を背景に、まず北朝鮮で社会主義革命の基盤を固めて、これを「民主基地」として全朝鮮に広めるという戦略をとり、早速三月五日には地主小作制度を廃棄する土地改革法令を公布します。しかし、この考え方は、本質的には、信託統治構想とは相容れないわけです。信託統治というのは、全朝鮮の様々な勢力のいわば民主的な妥協のもとで成り立つ「臨時政府」の樹立を目指すわけですから。仮に、この「臨時政府」が成立していれば、金日成は、その臨時政府の指導者たちの one of them にすぎない立場に転落する。実際、ソ連は、モスクワ協定に基づく「臨時政府」が成立した暁には、金日成は朝鮮全体の指導者というよりも軍事指導者あたりが適当だと考えていたようです。

一方、朴憲永は、民戦を強化することで「臨時政府」の中での左派の地歩を、さらには自分の主導権の基盤を固めるという、つまり文字通りの「賛託」の路線を推し進めた。つまり、左派勢力の中での賛託か反託かという問題は金日成と朴憲永の主導権争いの意味合いをも持っていたわけです。ソ連からすると、アメリカとの駆け引きを通じて「臨時政府」がソ連に有利な形で作られれば信託統治の方向を堅持するけれども、そうでない場合は北だけでも自らの勢力圏としてとりあえず確保したいという、いわば二股をかけるような姿勢をとっていたと思います。

いずれにしても、四六年当時、全体的な政局は左派＝賛託、右派・民族主義者＝反託という構図をとったけれども、左派の内部に、朴憲永＝賛託と、金日成（民主基地路線）＝事実上の反託という微妙な軋轢が当初からあった。国民感情からしても「植民地から解放されたのになぜ信託統治なのか」という気運があって、南朝鮮の左派勢力の中にも、事実上は、アメリカや右派と妥協して統一国家を作るという方向よりも、北朝鮮の民主基地を前提とした南の革命路線、反米路線と言ってもいいですが、そういう方向を支持する「反託派」が多かったのかもしれない。党内のそういう反託派の影響力は、おそらく、四七年から四八年へ時がたつにつれて強くなる。時鐘先生のお話は、信託統治をめぐる米ソの話し合いが決裂して、反託・賛託が意味を失った段階でも、「反託」という言葉は、党内の急進派を表わす代名詞のように一人歩きして使われていたということじゃないでしょうか。その場合の「反託」という意味は、北の「民主基地路線」という意味合いと、南での「反米革命路線」という意味合いの両方を持っていたと思われます。

そういう反託派の影響力は、四七年の三・一節発砲事件以後、米軍政や右派との対立が厳しくなり急進派の若手が台頭しつつあった南労党済州島支部の中で特に強かったでしょうし、時鐘先生の話にあった、本土から来たオルグが殺されたという話も、そう考えると合点がいく。それに、四・三蜂起自体、南労党の中央の指令によるものではなく、済州島支部の独自の判断で起こしたらしいということも、反託派が済州島では主導権を握っていたことと関係していたのかもしれない。ただ、蜂起の段階では、「反託」の意味は、さっきの二つのうちの後者、つまり反米路線としてのそれが強かった。それが海州《ヘジュ》会議の段階になると、「民主基地路線」つまり北と結びついた革命路線としての意味が全体の公式路線として確定してしまったということじゃないでしょうか。

金時鐘　文さんの見解で僕も整理がついた。事実、島党内での勢力分布ははっきりと反託だった。実質的にそうだった、と言うべきだろうけど。南朝鮮における統一路線は民主基地確立こそが一番の方法だという同意がすっかり行き渡っていて、パンミクグッ（反米救国）の先頭に立つとなると、信託を受け入れる余地はまったくなくなる。着々と民主基地化を確立している北に合わせて、僕たちも一緒に行動しないと統一はできないという論理で。これはこれで正統論なんですよね。僕は雑魚の賛託派でしたけど、僕らなんか息もできないくらいの存在でした。僕の記憶だと四七年の春くらいから、一番厳しい時代だったですね。それと賛託派はね、大衆間でも少数派になっていきますし、組織でも絶対少数派なんですよ。北との連携がそれだけ強かった証明とも言えましょうか。とにかくね、党内のクホ（スローガン）は南の民主基地化でした。済州はその先鋒に立つべきだと。だから四・三と結びつくとね、僕は後ろめたくなる。「共産暴動」と言われるだけの素地がやっぱりあったのかなと、ずーっとそれがしこってましてね。

文京洙　ちょっと話を四六年当時に戻したいんですけど、四六年の五月六日に第一次米ソ共同委員会がいったん決裂し、信託統治案を基にした統一朝鮮臨時政府樹立の動きが暗礁に乗り上げると、南では、米軍政＝右派と共産党＝左派との対立は、決定的な局面を迎えるようになります。五月一五日には、米軍政が共産党を弾圧する「精版社偽札事件」が起こりますし、六月三日には、李承晩が井邑《チョンウプ》で南だけの単独政権樹立を主張する演説を行います。こうした米軍政＝右派の攻勢に対して、左派は九月二四日から、米軍政に抗議する大規模なゼネストを行い、さらに一〇月に入ると、慶尚北道の大邱《テグ》で起こった反米軍政の大衆闘争が朝鮮半島南部に連鎖的に広がり、いわゆる「一〇月人民抗争」という反米軍政運動が頂点を迎えます。

済州島でも、米軍政への批判は強く、四六年末から四七年初めにかけて、学生を中心とした「洋煙草《ヤンダンベ》・洋菓子《ヤングァジャ》反対運動」という反米デモ運動がありますね。これはどういった運動だったのですか。

金時鐘　この反対運動の直接の動機はね、解放後、公設市場に入る権利のないおばちゃんたちが道端で籠を並べて商売するわけ。種芋をふかしたものとか家で取れた野菜や柑橘類などを売ってね。そういうところへ、ヤミの商人たちが米軍の煙草や洋菓子なんかを大量に流して売って、おばちゃんたちの商売ができなくなるの。子供たちが米兵にたかってね、煙草《タンベ》、ガムをねだる。それもらって集めて商売するわけよ。それを買い取る人がおり、させる親がおりね。まったく植民地風景の最たるもんですね。そういうのに反対して、まず人民委員会の宣伝部から洋煙草《ヤンダンベ》・洋菓子《ヤングァジャ》を排斥する運動を組織するように言われて、済州農業学校《ノンオプ》と出来たばかりの五賢中学校《オヒョン》の学生、一番主力を果したのは農業学校でしたけど、そこへ本土から学生のオルグたちもかなり入って、そうした学生たちと、ビラ書きをしたりデモを組織したりしたんです。僕はたいした力もなかったけど、本土にいたことがあるからって、主に光州《クァンジュ》や木浦《モッポ》から来た学生オルグたちとのつなぎ役の仕事をちょっとやりました。あの運動は、実質的な「反米救国運動」となって、大変な盛り上がりようだった。

金石範　あれは何年くらいから始まった？

金時鐘　四六年の五月が最初の反対運動です。示威デモも一番大きかった。四七年二月という『済州新報』の報道[*22]はその後散発的に動いたうちの最後のデモ、たしか三次くらいの動きを報じたものではないのかな？　それにあの立ち上げはね、早かったですよ。記憶がわりとはっきりしていますが、提起されてね、二か月くらいでもう大デモになりましたね。あれは本当に全住民あげての歓迎でした。

金石範　どれくらいまで続くのかな。

金時鐘　それが単発で、持続的な運動とはならなかったの。恥ずかしいけれど。その後ね、成果争いが起きてくる。この成果は、わが方の力によって得たということのね。人民委員会のなかで民族派、自分らは民族派と言うけどね、よく言って良心的民族主義者と言えなくもないけど、そうじゃない人も多かった。なにかと利権にからむねん。だから洋煙草《ヤンダンベ》・洋菓子《ヤングァジャ》運動の成果問題でね、仲間割れもしていったんですよ。ものすごいまでに民衆に受けたのに、それが持続できない。人民委員会内で割れていって、そこに賛託《チャンタッ》、反託《パンタッ》の問題がからんでくるんですよ。

入党と党活動

文京洙　ところで、「一〇月人民抗争」は、左派の敗北に終わり、本土の左派勢力は大きなダメージを受けますが、その後、体制の立て直しを目指して、北朝鮮で金日成によって創設された北朝鮮労働党にならって、四六年の一一月に朝鮮共産党と人民党と新民党が合同[*23]して南朝鮮労働党（南労党）が成立します。「一〇月人民抗争」には参加せず勢力を温存した済州島の左派勢力もこれを受けて一二月に南労党になりますが、済州島の場合は、共産党以外の勢力は微弱ですから、これはもう看板替えただけですね。ただし、朝鮮共産党はそれまで非合法だったんですけど、南労党は米軍政権に登録する合法的な大衆政党として、米軍政に対立する左派の大同団結を方針としています。その方針から、南労党に変わってすぐに党員倍加運動というのがあって、とにかくたくさん党員に入れます。さらに四七年の五月頃から今度は党員五倍加運動ということで、さらに大衆化の動きが出てきます。

おそらく時鐘先生はその五月頃からの、五倍加運動の頃に南労党に入党されたのだと思うのですが、そのあたりの経緯と、南労党に入党された時の先生の思いなどの話をおうかがいしたいと思います。

金時鐘　僕は済州島に戻って、人民委員会の下働きみたいな形で、よく知られている世界名曲の歌詞を書いたり、演劇の戯曲を作ったり、まぁビラ書きが主でしたけどね、そういうことをやってたことで、早く南労党に入党するように勧められたけど、何しろ唯物史観とか弁証法について白紙だったからね、そういう自分の弱さもあって、入党手続きを渋っていました。けれども、党員拡大運動のなかで、お前自身が勧めにゃならんのやと言われて入ったんですけどね。僕の予備党員としての入党は「五倍加運動」よりやや早く、四六年も暮れかかっていた頃でした。

しかしそういう事情よりも、解放後に、他の政治団体や結社もたくさんあったのに、皇国少年だった僕が、よりによってなぜ社会主義、共産主義と呼ばれる側に、傾斜を深めたかということです。

先に言いましたが、僕は光州で崔賢《チエヒヨン》先生に連れられて、「自分の在所探し運動《チエゴジヤンチヤッキ》」に、四五年いっぱいまで関わって、植民地統治下の小作農のね、言葉に出来ないような悲惨な生活ぶりをつぶさに見て、体の芯が震えるような驚きを受けます。済州の街中で母がちょっとした料理旅館をやってたこともありまして、ま、恵まれた少年時代をすごしはしました。済州島の特徴とでもいおうか、周りも半農半漁の人たちで、それなりの生活やってるわけですよね。それに皇民化教育も今を盛りでしたので、植民地統治の惨めさを全然知らないまま皇国少年になっていった。それだけに本土で見た零細な、小作農にすらあぶれがちな人たちが土にへばりついて暮らしているようなところへ行って、ほんとに棍《こん》棒で殴られたというか、大地がひっくり返ったような衝撃を受けて……。南ではアメリカ軍に頼る軍政が敷かれますけど、北では、金日成を首班とする北朝鮮臨時人民委員会が一切を取り仕切り、四六年の三月には、北朝鮮では土地改革法令が公布されて、同じく困窮の極みにあったであろう朝鮮の小作農たちに土地が与えられますね。土地改革をやってのけたということはね、僕にはこれは絶対的な正義でしたね。祖国統一は社会主義しかないと思うようになりました。

もう一つは、済州島へ戻ってみるとね、すでに本土での運動のなかでも悲憤慷慨してたことだけど、民族反逆者リストに載って日本なんかに逃げとった連中が、みんな戻ってきて偉くなってるんです。具体的には私がもし小説家ならこれを書きたい。小学校五、六年時の学級担任だった日本名「豊田」という「恩師」であるべき先生がいるんだけど、もう本名言ってもいい頃かな、「金達行《キムダルヘン》」という代用教員上がりの教育者だが、とにかく生徒たちを殴るのよ、めったやたら。貴様それで天皇の赤子か！　と、なにかにつけ平手打ちをくらわす。そらぁ、すさまじい植民地下の皇国教員や。この人が解放になったら一時行方をくらましとったけど、四六年の秋口に済州島が「道」に昇格するでしょう。

文京洙　済州島に道制が実施されるのは、四六年八月一日からですね。*24

金時鐘　その時なんと、金達行《キムダルヘン》先生が済州道の学務課の課長さんに座っとるのだよ。今で言えば、都道府県の教育課長といったところかな。僕は、彼の下で、四・三事件が始まった六月のかかりまで嘱託やるんですわ。普通なら追放されて当たり前の連中が、ほとんど行政の中心に座ってふんぞりかえっとんだね。

これは在日の問題を考えるうえでも是非とも話したいことなんですけど、僕は四九年の六月に日本に来て、〔済州島の四・三事件から逃げてきたという〕自分の罪滅ぼしみたいな、いてもたってもおれない気持ちから、あくる年の五月、集団入党の一員として大阪市生野区の南生野町から日本共産党に入ったんですけど、五三年に栄養失調がたたって肺炎と結核で倒れて、生野に戻って猪飼野《いかいの》の生野厚生診療所というところに入院したのよ。大家《おおや》という同胞の先生がそこの院長だったけど、その嫁さんがなんとこの忘れられない金達行先生の長女や。

金石範　で、金達行はどこに行ったの？　死んでたの？　その時は。

金時鐘　その診療所でばったり出会った。

金石範　じゃ、日本に来てたわけか。

金時鐘　そう、四・三事件が激しくなって、彼は民族反逆者リストに載ったこともあるんだから、〔統一独立を唱える左派勢力を虐殺する側にまわるのだけは避ける〕そのくらいの良心はあったのかな。日本にはとうに来ていたみたい。彼は、僕を見て、ほんまに震えましたよ。

金石範　近くに住んどったの？　大阪に住んどったのか！

金時鐘　済州島から逃げてきて、自分の娘と一緒に住んでおったようです。いつか出会ったら、一、二発くらわしてやろうと思っとったけど、人間て、いや俺なんか何もできないな（笑）。さっき石範兄《ソクポムヒョン》が電車の中で女の人が泣いたの見て笑いたいのに泣いたのと同じや。

それだけじゃないねんな。解放になる前の済州邑事務所で労務部長というんだったかな、つまり徴用調達の責任者をやって袖の下を取っていた韓なにがしの長男が、僕の小学校で一期上の男だったけど、これがまたすさまじい極右で、国防警備隊が出来る前から反共なんとか報国隊の訓練隊長とかで、日本軍の軍刀吊って肩いからせていた。その彼とも五八年頃大阪で出会った。なんと地域商工会（朝鮮総連）のいい顔に収まっていた。彼の親父はもちろん済州邑の幹部から道に昇格後の道庁でもたいそう偉い人になっていた。局長クラスだったんちゃうかな。見渡すとな、あの民族反逆者リストに載っていた連中の大方がそのままや。その連中がアカ狩りをするわけや、そいつらが。

金石範　そういうことや。「親日」が「反共親米」にすり替わっただけ。日帝下で、そして今度は米軍政下で、「親日派」は民族と祖国に二度も背いたんだ。

金時鐘　僕は、ほんとに実感をもって思った、もう主人が替わっただけ！　日帝の主人が替わっただけや！　と。米軍が占領敷いてまず布告出したのが、朝鮮人民共和国否認と朝鮮総督府吏員復職令でした。逃げを打った連中が大手を振って帰ってくる。解散させられた人民委員会側もじっとはしていない。米軍と直接軋轢生じとった間にあの連中が入ることで、同族同士でぶつかるようになる。だからなーんにも変わらなかった。民族意識がなかったから日本の酷い統治を知らなかった僕だったが、日本が敗れ去っても、同じようにその下でいい目をした奴らが取って代わっただけだ。僕は心底義憤に震えた。理論的に唯物弁証法の培《つちか》いがあったわけでもないし、文献なんかも組織が編んだパンフレット程度の教宣資料を読むのに追われる始末で、理論武装にはほど遠かった。でもようやく自覚を持ちはじめた自分が朝鮮人として正直に生きようとすると、こんな輩《やから》を許すわけにはいかない。やっぱり解放は正しくあるべきだ、南労党へはそうして入党しました。

僕は予備党員だったけど、入党できて本当に感激したな。自分がね、ほんまに生まれ変わるんだなぁと。国を奪われる時も返ってくる時も何の関与もできなかった僕が、今は確信を持って祖国の命運に関わっていけるのだと。僕の青春がここから始まる。僕はひとり息子でね、それでも親父は僕の動きに対してね、ひと言も反対しなかった。家も、ほとんど破産状態、活動どころか、本当はどこでもいいから働かねばならない僕だった。それでも誇らしかった、感激でしたよ。

入党した当時、本当に何も分からなかったけれど、よく言われたのがね、改良主義は絶対だめだと、何をやるのでも、よく分からなかったら、とにかく「右」でないこと考えろと。支部の集まりなどで会議に出向く時な、道を「右」には曲がらずにそこに行こうとする（笑）。どんなにしてもそこに行き着けない時はな、自分に「俺は右翼偏向じゃないんだ」って言い聞かせてから、「右」に最小限曲がるようにする。まこと子供じみた話だけど、その程度の選ばれた前衛だった。純情だったんだなぁ。右曲がらずに左だけで行こう思ったら、ものすごい苦労すんねんで。

金石範　それはアホや（笑）。

文京洙　予備党員になられて、どのような活動をされていたのですか。

金時鐘　私の細胞はだいたい八人から一二人くらいの集まりでありましたけどね、それ以外は知らない。なかにはオルグが名前さえ分からないペンネームで呼ばれる人たちがいたくらいで。僕は動くのは精一杯動いたけど、周りとのつながりはほとんど分からないのよ。例えば南労党のね、済州島支部といったって、名前覚えてるの二人か三人くらいかな、カンギュチャン、それから青年部の責任者でカンテギュかな、その程度やな。私の場合、連絡員（レポ）でしたからね、連絡員というのは事務所出入りもだめですし、細胞以外はつながりません、捕まっても自白しようがない状態で動いている。ここに（『図書新聞』二四八七号）郵便局のこと書いてるけどね、細胞というのは、そういう点では実務訓練は実に的確でしたよ。あの当時は電話もそんなにあるわけじゃないし、いちいち電報打つわけ。郵便物でもね、切手の貼り方によってね、連絡の取り方が違ってくる。一番オーソドックスなのは、封筒の上一・五センチくらい空けて切手が逆さに貼られていると、その手紙は集配課が集めて私たちにくれる。電文を打つ時でもね、あの時は鉛筆書きでしたけど、頼信紙（電文を書く用紙）の上の左右のどっちかがちぎれてるか、左右どっちかの端を折って、発信を依頼するか、誰それが死んだとか、結婚式がいつだとか、ごく日常の電文なんですよ。それも数字をアラビア数字で書くか、漢字数詞で書くかでも違うし、電文の文字が書き違えてあったり、消しゴムあるわけじゃないからペケをして横に書くんですよ、ペケをするか線一本で連絡先が違うんですよ。つまりそれが暗号なんです。それでどこに打つかが決まってんのよ。右欠けた分は誰それの住所が書いてありますけど、それは別の所へ届けるものであるというように。

金石範　あー、組織関係の別の届け先があるわけだ。

金時鐘　だから郵便局は連絡の重要な拠点でした。済州郵便局には逓信学校を出た友人たちでしたけど、細胞につながってるメンバーがシンパサイザーもいれて五人ばかりおった。切手の貼り方で行き先が違うし、本土から来たものを僕が受け取るのもね、捕まったところでどうってことないほど、連絡の方法がよく練れて、実に訓練が行き届いてました。僕は検問にも何回かかかりましたし、家宅捜索も受けましたが、捕まったところで何も怪しいもんなんかあらへんもん。だけど普通の本でも何気ない落書きがあって、それが連絡なんですよ。自分の持ち物の名前をどこに書くかも連絡ですし。そういう形を誰が考えだすのか知りませんが、新入りの僕が当初受ける指令は至って簡明で、単純な方法の連絡でした。頼信紙をたくさんもろて来いと。あれは窓口に置いてあるものですので、誰でももらえるわけですから。鉛筆書きの訓練から、切手の貼り具合ちぎり具合、細心の注意がいります。ぴたっと合うんですわ、二枚重ねて耳ちぎっていますからね。頼信紙をわざと書き違えて、向こうも書き違えた、同じ字数を書き違えた頼信紙を持つことで身分が確認できる。それが合わなかったら指定された場所で会っても絶対渡さない。

これほどの組織力だったにもかかわらず、四・三事件、人民武装自衛隊の武装蜂起以後、ものの三月《つき》そこらで支部活動は混乱に陥った。その時はもう武装自衛隊は人民遊撃隊に組織改変された後でしたが、軍事委員会が党をも動かしている感じになっていて、四八年のね、六月段階ではもう細胞の同志同士でも疑心暗鬼に駆られることが多くなっていた。五月の中頃でしたかな、僕の所属している細胞から党員名簿が監察庁に渡ったという疑いが起きて、なおのこと僕の動きは難しくなりました。僕は道立病院の結核病棟に外戚の院長の計らいで擬装入院して、その後は、なんと米軍基地で月極めのハウスボーイとして住み込んで隠れていました。上部との連絡は病院や指定場所が〝定点〟となりましたが、もはや党支部はやたらと「決定」ばかりを押しつけてくる指示機関でしかなかった。

文京洙 ちょっと話を戻しますが、四七年の三月には、三・一独立運動を記念した島民大会で、「三・一節発砲事件」が起こりますね。四六年の「一〇月人民抗争」では、比較的平穏だった済州島も、この頃から一気に米軍政・警察・右翼と左派勢力との緊張が決定的なものになるわけですが、時鐘先生は、この事件の時はどうしていらしたのですか。

金時鐘 僕は殖産銀行の石段に折り重なるように民衆が撃たれて倒れた、まさにその現場にいました。抗議デモの整理員をしてたんですが。

金石範 何に対する抗議デモ？

金時鐘 直接的には米軍政警務部長、趙炳玉《チョビョンオク》の肝煎りによって台頭してきた西北《ソブク》青年会、大同青年団のような右翼反共勢力の横暴と、それを公然と支援してやまない米軍政に対する波濤のような抗議でした。「米軍政はただちに南朝鮮から撤退せよ！」と真正面から反米スローガンが掲げられたのも、この第二八回三・一節記念集会が初めてです。

もともとの起こりは、いち早く作り上げた右翼団体「漢拏団《ハルラ》」の島人民委員会襲撃事件（四五年一一月五日）の一方的な処理をめぐって、米軍政への不満が全島的にくすぶっていたことです。何しろ済州島全域の自治行政機構として、事実上唯一の政府的存在であった島人民委員会を襲った漢拏団の横暴は追及されずに、五十余名の人民委員会幹部を拘束して軍事裁判にまでかけ、これを口実に島人民委員会の非合法化を強引に推し進めた。そして翌四六年五月には遂に島人民委員会を強制的に解散させるのですね。もはや公然と米軍政は右翼勢力の助成、強化を押し出します。報国独立党、非常国民会等を積極的に支援して大韓独立党の済州島支部まで結成させる熱の入れようでした(七月)。澎湃とうねっていた済州島の民主勢力、今では「左翼勢力」と言うのだそうですが、その民衆基盤の運動勢力との対決に彼らを使い、彼らは権力を笠に着た暴力でもって民主勢力への攻撃を開始しだしたわけ。済州監察庁が新たに設置されるのも四六年の九月だし、一一月には国防警備隊第九連隊が結成され、海岸警備隊までも済州近海に配置して「左翼勢力」を圧迫します。

これに対抗して南労党済州島委員会も一一月に結成された。四六年を通して、済州邑内の学生らによる軍政庁前の抗議デモや同盟休校が断続的に続き、学園への軍警の干渉も日増しに強まっていきました。四七年の三・一節二八周年記念済州島民大会のスローガンには、当然「学園への警察干渉絶対反対」が叫ばれ、もちろん「三国外相会議決定、絶対支持」、「米ソ共同委員会再開促進」は「米軍撤退」と対をなすスローガンでした。

この三・一節記念デモには、とにかくものすごい人が集まった。済州市、当時は済州邑だったけれど、その人口のほとんどがデモに参加してるんじゃないかと思えたくらい。デモ隊が北国民学校の校庭から出て市内を一遍回っても、まだ最後列は校庭に残っていたほどだった。

発砲は、デモ隊の先頭が市内をぐるっと回って、出発した小学校に戻る手前で、北国民学校の東側に金融組合っていうのがあってそこまで来た時、五、六人の米兵が後ろにカービン銃を構えた警官を横一列に並ばせて、それ以上進めば発砲するぞと道の真ん中に機関銃を据えて立ちはだかっている。先頭の婦人たちが特に強固で、ここでひるんだら何もかも失ってしまうとデモの続行を主張していたが、ここで血を流すことはないという慎重な意見も飛び交ったりで押し問答がしばらく続いた。その頃、後ろの方の隊列はまだ殖産銀行の前、警察署の前あたりで押しとどめられていたんですよね。いったん退散することが決まり、整理班の何人かは後ろの隊列の方へ回れとの指令で僕もそこへ駆けつけ、解散するよう告げたのですが、観徳亭《クァンドクチョン》を背に米兵が戦闘態勢で道を塞ぐように並んでいて、その前に警官たちがカービン銃を構え、二機の機関銃を地面に据えてデモ隊の解散を迫っている。押しとどめられたデモの後に続いている隊列の人たちはそれでも動こうとする。デモの途中であり、民主的な平和的な行進だからね、解散しろと迫られてもすぐには応じられない。そこへ威嚇射撃……、もう直接撃ったな。

文京洙　それは警察の方が。

金時鐘　そうそう。機関銃の引金を引いたのは伏せて構えていた朝鮮人警官たちだった。これは威嚇だったが警官たちのカービン銃が一斉に火を噴いた。そのすぐ後ろには米兵が横一列に立ちはだかっている。あの布陣からして発砲命令は米軍がした。

金石範　それを目撃したわけや……。

金時鐘　まともに見た。四散する群衆の何人かが脇へ外れようとして殖産銀行の階段に折り重なるようにくずおれた。この発砲事件に対する抗議が各職場のストから中学などの同盟休校に及び、三月一〇日すぎには済州島総罷業委員会の呼びかけに呼応して官公吏、警官の有志たち、ひいては米軍政庁の職員すらも参加する南朝鮮初めてのゼネストとなる。もちろん戒厳令が布告され通行禁止も実施されました。それでも三月二二日になるとゼネストは済州島全域を巻き込んで全民衆のストライキに広がります。その間三・一記念式典実行委員会の幹部たちや、とりわけ済州島民戦（民族民主戦線）の活動家たちのほとんどが逮捕されて、三名の青年活動家が拷問によって殺害されます。僕もこの時、二週間に及ぶ留置場体験を生まれて初めて味わいました。

だけど感激でしたよ。立てこもっているところへ地域の婦人たちが手分けして飲み物や蒸しパン、なま卵などを連日差し入れてくる。町中はしんかんとして本土からの応援部隊、特殊隊とも呼ばれていた警官たちがアゴひも掛けて目をぎらつかせていたが、住民たちの共感はひしひしと伝わっていた。

なにしろ一〇〇〇名近くが検挙、拘禁されたからね。裁判も受けずに行方不明になった人たちも少なからずいる。裁判のため本土へ移送したというのが、警察当局の説明だったのですがね。このような経緯、背景からして四・三事件が起きる必然がね、全島的基盤で渦巻いていたのよ。だから四・三事件というのは、アメリカのいう正義とか自由とかの本質を明かす歴史的事件でもあるんですよね。第二次世界大戦以後のね、米ソの二大超大国が角突き合わせる中で、アメリカ軍と民衆の側がね、限られた地域で衝突したのは済州島しかないんですよね。それも一月《ひとつき》や二月《ふたつき》のことじゃなくて、実質二年近くもかけてね。これはもうそのまま、アメリカの戦後政策というのかな、うちの国をめぐっての戦後処理、これ日本も含まれますが、「反共」という「大義」のためには手段を選ばないアメリカの、残忍な体質を最も露呈した事件だと思いますね。それに日本とのしがらみもアメリカの占領政策とからんで四・三事件をより残酷なものにしている。僕たちは当然、帝国主義日本の植民地統治から解放された戦勝国に準ずる国民であったにもかかわらず、国を分割されたり、思想信条を規制されたり、拘束されたり閉じ込められたりね。民族受難を強いられたのは戦争犯罪国の日本ではなくて、僕たち朝鮮人の方なんだよな。それは日本が天皇陛下のお声ひとつでどうとでもなるという、反共布陣への信頼がそうさせたことなんだ。その裏返しが「朝鮮」の占領政策だった。守旧勢力はこうして復活し、右翼勢力はこうして米軍政によって作られていった。この勢力は何をしても捕まることはないんだから。捕まるのは決まって民衆の側。そのほとんどが解散させられた人民委員会に関わった人たちで、この人たちがアカとして処断される。だから抗議をし、デモを組んだ。

文京洙　この三・一節発砲事件の後について、警察は責任を認めるどころか、逆に前年の「一〇月人民抗争」の後、人民委員会を徹底的に弾圧した趙炳玉《チョビョンオク》警務部長を済州島に迎えます。趙炳玉は、人民委員会の勢力が残る済州島を「アカの島」と決めつけ、四〇〇名以上の応援警察と、北朝鮮から南に来たいわゆる反共右翼の青年組織「西北《ソブク》青年会」を大量に済州島に送り込むわけです。応援警察は、一部ゼネストに参加した地元警察に代わって、一月《ひとつき》で五〇〇人逮捕という強引な検挙と取り調べを繰り返します。四・三蜂起へと島民を追いつめていった拷問や白色テロは、彼ら応援警察と反共右翼組織がこの時、済州島に持ち込んだと言えるかもしれません。時鐘先生、三・一節以降に西北《ソブク》青年会が入ってきて、島の雰囲気が変わるとか、そういうのありましたか?

金時鐘　昔はよく、子供が泣いたら、巡査くるって言ったけど、「西北がくる《ソブギオンダ》、西北がくる《ソブギオンダ》」がそれに取って代わっていったほどだった。天下に恐いものなし、の彼らだった。「愛国歌」の折り返しも西北《ソブク》会によって言いかえさせられた。それまで愛国歌の折り返しはみんな「朝鮮の人は朝鮮にてながく栄えあれ」と歌ったものだった。それを「韓国人は韓国でながく栄えあれ」と、西北青年会が集会場などを棍棒持って歩いて歌わせるんだから。

西北青年会が結成されて、暴力が茶飯事なら、婦女暴行も目に余った。僕もお母さんの姉さんの孫にあたる、つまり外戚の姪になる子が、日本から引き揚げて間もない従兄の長女だったけど、西北青年会の顔役のひとりに強姦されて、強引に妻にさせられた。
金石範　うーん……。
金時鐘　一七くらいの娘さんだった。設立されたばかりの済州高等女学校の三年生だったから、まだ卒業してなかった。連れていかれたまま何日も帰ってこないので、警察へ行ったが、そんな事実はないとか言って取り合いもしない。そういう婦女暴行とか、タカリなどはお手の物だった。
文京洙　それは別にアカだとか、そういう理由じゃなくても……。
金時鐘　あいつら頭から済州は全部アカだと決めてかかって。そういうことで金が入るようになってるんですね。何か警察沙汰にさせといて、自分らが身柄を引き取る。そして家族には引き取ってきてやったといって金を要求する。そういうのがそれこそ日常化していましたよね。四六年の秋ごろからそうでした。
金石範　四六年ぐらいから？
金時鐘　趙炳玉が右翼反共組織を作るために初めて済州に来るのが四六年の七月だったでしょう？　済州の右翼青年団はそのときはもう出来ていました。日本でいう軽犯罪程度のことを警官に摘発させといて、家族からは協力金を取る。そういうことがもう散々日常化されていったね。それに街中での飲食も大方はただだった。

四七年、それまで小グループの任意団体だった済州西北青年会が大見得きって済州道支部を結成したとき、うちの親父が北の元山出身で済州島に長く住んでいることもあって、年輩者でそこそこの知識人ということもあってね、西北青年会結成準備委員会の人が顧問か何か役職に就いてくれって頼むのを、親父は熱烈な北支持派でしたから、それを断ったんですよね。結成大会にも親父は行かなかったな。人が連れに来たけど親父は身体が悪いと言って断っていた。邑内といっても小さい町で北〔朝鮮〕出身者は何人もおれへん。うちの親父は、植民地下でもちょっとした顔役みたいな存在でしたから、彼らにしたら結構役立ちそうな人間だったんですね。よく家に出入りしてましたけど、僕が多少助かった面もあるし、「以北出身」者の息子だということもあって多少動きやすいこともありはしましたが、父が西北会での役職就任を断ったものですから、何かにつけて難しい問題が起きるんですよね。親父がより長生きできなかったこととも兼ね合っている気がするんですけど、僕が日本に逃げてきたために、これも非人道的な警察処置ですが、「代理拘留」というのがあったわけですよ、近親者を本人出頭まで拘留するの。親父が僕の「代理拘留」で一月《ひとつき》近く留置場に入って。そのことが祟《たた》ったのか、そのあとずっと床に臥す日が多くなって、八年後の五七年に亡くなりました。西北会の顧問でもしとったら、床に臥す体にはならなかったかもね。四七年に済州島支部が結成される頃(一一月)は本土からの「脱北者」が大々的に移ってきたこともあって、西北青年会は済州島で一番強力な右翼御用団体にのし上がってました。

　僕は解放になって初めて祖国の小作農の悲惨さを知りましたから、北で成し遂げたという土地改革というのには共感以上の熱い思いを持っていたけど、北の急激な変革のために、その彼らが意趣返しのように暴れまくって、臨時政府側のお先棒を担ぐことをやっている姿を見るでしょう。僕の家が北出身だからか、西北会の若い青年たちがその日暮らしもできなくてよく家に来てたんですよ。で、その話を聞くのよ、なぜ北を離れて来たかということをね。僕は日本に来てから距離ができたんで、考え直すようになったけど、北の改革がもう少しゆっくりした変革だったならね、あれほど「共産主義」を嫌いにはならずにすんだかもしれないね。あの改革は問答無用に民族反逆者を処断し地主を追放したわけですよ、土地を没収してね。たまに若い青年が親父を訪ねてきたら、ご飯を食べさせたり、故郷の話をしたり、二〇代の若者が多かったけど、聞くと切実なものもあるのです。親をほったらかして来て、今親の行方が分からないとか、離れては来たがやはり帰りたいという話を聞くと、うーん、あの時は、僕は党員になりたての頃でね、アメリカによる軍政が正義であり、民主主義だと言いふらされていた時代でしたから、誤って米軍政のお先棒を担ぐ暴力団のような奴らだと思っていたけど、個別的に会うと悲哀もあるし、流離、故郷を離れた者の陰りもあるわけよね、個別的には。その分、粋がって、強がっている面もあるしね。西北会を、僕は、呪詛、呪いみたいに思っていますけど、個別的に知っている若い何人かの思い出を考えると、悲哀、憂いもただよってくるのよ。それだけに金日成体制の性急さも考えさせられるね。

でも、まず土地改革やって、貧農の、僕は解放なってから初めて全羅南道の寒村の農家を歩いて、その惨憺たる言葉がないほどの生活実態を見ましたからね。その人たちに土地が当たるということがどれだけすごいことかと、実感でもって賛同した。四七、八年、四九年まで、五〇年にかけてもいいけど、朝鮮戦争を通してでもね、北は僕の共感、いや生きていくための拠りどころだった。まさに正義の象徴だった。

日本での四・三の衝撃

文京洙　石範先生はその頃……？

金石範　まぁ、聞いてる方がいいよ（笑）。

文京洙　同じくらいの頃は、日本でも大変だったじゃないですか、四八年四月には阪神教育闘争[*25]がありましたね。

金石範　私も大阪府庁にデモに行ったよ。NHKの前の交叉点の方から何発かの鋭い銃声が轟いた。今でも、パン、パン……、耳に蘇るよ。デモ隊に警官隊がものすごい放水をやってる最中やった。まもなくデモ隊の人波のなかから金太一《キムテイル》少年が殺された……という叫びがあがった。

私もへタして逃げそこなったら、後ろから棍棒で頭を割られるところやった。まぁともかく、組織に入ったのが四八年の……四月か五月か。半年くらいしか学校行かずに。

文京洙　四八年の春に、京都大学の文学部美学科に入学されて、すぐですか？

金石範　そうそう、大阪の在日朝鮮学生同盟のフラクションで。その時に、共産党の京大細胞に入って……。当時の、まぁ意識のある若者なら、党員になろうという気持ちは、誰にでもあるんですよ。

金時鐘　日本でもな、天皇のせいで、あれだけ犯罪的な侵略おかしたこと分かったらな、若者みんな共産党に入るわな。

金石範　だけども、観念としていろんな考えはあっても、ひとつの組織に入った以上は、そこでいわゆる革命のための実践的な課題にぶち当たるわけや。実践の中に入るわけですからね。いずれにしても社会主義の実現という普遍的なものを求めるわけじゃないですか。やることは個々人違うけどね。だから党員になるというのは、実際に活動でも、著述にしてもね、自分を律する革命の実現が客観的な原則としてあるわけですよ。そこに自分を統合するわけね。へたしたらそこに自分が溶けてしまう場合もあるけどね。教条主義がそれ。革命政党の課題というのは、革命を実現するための実践的な課題として突きつけられるからね。だからこそ、革命の実際の具現のために自分もその仲間として貢献するというか、歴史につながるという、非常に漠然としたものだけど、新しい社会変革の中に自分も入りこむという充実した気持ちもあるわけね。そういう意味では、孤立感みたいなものはなくなるわけ。革命政党に入るということは、普遍の中に自分を置くことだからね。ただ、そういう中に入りながらも、別の孤立感も、いろいろ出てくる。

ちょうどそうして悩んでいる時に、四八年四月に四・三事件が起こって〔日本の〕新聞にも小さく出てたよ。でも私にはどういう意味か分からないじゃない。それが四八年の秋以後になると、虐殺なんかで逃れて密航する人間が入ってくる。

私の親戚の、叔父さんいうても、九寸《クチョン》か十一寸《シビルチョン》（九親等か十一親等）くらいの遠い親戚だけど、その叔父さんが四八年の末か四九年くらいかに済州島から逃げて来た。その叔父さんの妹さんが猪飼野にいてね、私が住んでいた長屋の並びの二階に住んでいた。前から顔は知ってたんだけど、そこに済州島から来たわけや。向こうの体験話ね、最初は言わない。絶対そんなの話さないけれど、ほんとは喋りたいんですよ。喋ることが解放になるの。その叔父さんという人も最初は喋らないんだけども、済州島から来たんだから、いろんなことがあるじゃない。でも、誰にも喋らないわけですよ、喋っても嘘言うたりね、みんな恥部や苦しいことをたくさん抱えてるわけだから。あの叔父さんもいろんな秘密があったと思うけどね。いずれにしても向こうでの話聞くわけ。例えば彼が容れられていた済州島警察の留置場での話ね、二、三坪のところに五、六〇人放り込まれるわけですよ。ともかく立錐の余地がないから、横になって寝るわけにいかないでしょ。みんなもたれ合いながら座って寝てるわけね。そして、ふと目がさめて気がつくと肩のあたりが冷たいわけや。隣の一緒にいた人が死んどったとかね、そういう話を聞くわけですよ。

金時鐘 それ、ほんとですよ。四七年の三・一事件。そのあとゼネストが起きました。あの時捕まった人たちは行方不明者が多いんですよ。四・三起きてからは、留置場がもう満杯で、監察庁というのができて、そこにも収容したんですけど、それでも足りなくて倉庫を徴発して容れたの。倉庫に容れられた人は、次の逮捕者、なにしろ村ごと引っぱってくるんだから、その大量の次の〝囚人〟が来るまでの命。収容するところがないから、先に捕まった者から処刑せなあかんねん。その人たちが小さい窓開けてな、一日何十分か日光に当たらすの。自分で分かってるの、次に捕まった者が来るまでの命やと。その人たちが佇んで、ほんまに次までの命や……、次々村人捕まえてくるんだから。容れるところがないんだよ、あいつら。

金石範 そういう話聞くわけですよ。そのショックが大きい。留置場の地図を書いてもらったね。いや、ほんとに私は何も知らないんだ。当時、こちらで共産党に入っとったけれども、学生同盟なんか悪く言うと教条的な連中が多いんだよ。私にニヒリズムあるというんで、批判されたりする。だから共産党に入るというのは、そういうニヒリズムを克服する意味もあるわけで、私の生涯のテーマ、虚無から革命への入口やった。だけど、私には依然としてニヒリズムというものがあって、その当時に四・三事件のことを最初に聞いた時のショックは大きかった。その話が、私のニヒリズムの後頭部をしこたま打ちつけたんだよ。結局、例えば済州島の虐殺のああいう状況のなかに一人のニヒリストがいるとする、彼はどうするか。そういう問題設定をするわけですね。例えばそこで、目の前で子供が虐殺される時に、私はどうするのか。虐殺者に立ち向かうのか、逃げるのか。その時ニヒリズムはどのように存在するのか。それはそのまま文学に結びつくわけですけども。そのショックが非常に大きかった。

それから何か月かして、四九年の早春だったと思うけど、私が対馬に密航者を引き取りにいくんですよ。密航者というのが、あの叔父さんの奥さん。叔父さんは結核で動けないの。戦前日本にいたんだけど、解放後に済州島へ帰っていたその妻から対馬に来てるって手紙が来るわけよ。それで汽車賃もらって対馬に行くとね、船降りてバス乗ってずっと北の方へ行って、あるところで降りて、炭焼き小屋の倉庫みたいなところに叔母さんがいるんですよ。もう一人二六、七歳の綺麗な女の人がいたわけ。

金時鐘　乳房を抉られた人?

金石範　そうそう。なんであれだけ済州島の女が強いのかね。三畳ぐらいかな、狭いところに、夕方に着いて。横になったとたんにすることないから寝るじゃない。電気はつけられない。それでね、真っ暗じゃない。一番奥にその若い女の人がいて、隣に叔母さんがいて、私が寝て。その前に叔父さんから四・三のことをちょっと聞いてたので、その叔母さんにね、何か済州島であった話を……、ほんとに甘いんですよ、私は。済州島の話聞かせてくれって頼んだんだ。今考えたらね、そういう甘いものじゃないんだけど、ただ日本におって体験してないとそうなるわけですよ。そしたら話をしてくれたよ。済州島の方言で話してたんだけど、隣にいる人は乳房がないんだよと叔母さんに言われたんです。暗いじゃない。それで何の話ですかと、聞いたら、隣の女の人には乳房がないという。それで乳房を拷問で抉り取られたという話をするんや。本人いるんですよ。私が、それほんとですかって、その女の人にまた聞くわけ、暗がりで顔見えないけどね。すると、乳房のないその女の人がね、そうですと答えた。また淡々たるもんですよ。もう……ほんとにね。

それでその女の人が自分のことは言わなかったけれども、自分が留置場にいた時の話をしてくれるんです。同じ監房に、白いタオルを大切に隠し持っている若い女の人がいて、病人がいてもそのタオルを絶対に隠して使わなかったので、村八分みたいにされてた。それが名前を呼ばれて死刑に送られる朝、看守に頼んで、墨汁と筆を持ってきてもらって、真っ白のタオルに、自分の氏名と年齢と出身の村の名をね、それに書いて、自分の太腿に結びつけるわけです。まぁこうチマ（裳）で隠したんでしょうけども。それで同じ監房の仲間に、それまでの態度を詫びながら、どうしてタオルを隠していたか、そのわけを話して、死刑に連れていかれるわけです。殺されて、多くの死体と一緒に穴に埋められてしまえば、やがて自分の体は腐ってしまって、誰のものかも分からなくなるだろう。だから、もし親や親戚が自分の死骸を探しに来た時、せめてそれを見たら自分だと分かるんじゃないのかと。そういう話をして、名前呼ばれた時に、監房から出ていったという話を、乳房を抉り取られた彼女が話すわけですよ。その話を聞いたらね、もう言うことない。翌朝彼女の胸元みたら、ペッシャンコやね。

それでまぁ大阪まで連れて帰ったんですがね。だからあの時には乳房を抉り取られて人間が生きてるというのが不思議でならなかった。これも小説に書いたけどね。[*26] 済州で四・三の五〇周年のシンポがあったじゃない、あの時の証言集にもあったけどね。拷問について女性に証言をさせるというのは、それ自体が性拷問ですよ。女を逆さまにして、足から吊るすとかね。そういう証言するのは男や。女性は言わない、女性自身は言えないの。あの時分聞いたのは、拷問道具は焼きゴテ。

金時鐘　はい、おおいにありえます。

金石範　証言集を見たら鉄の道具となってるけどね。焼きゴテでこうやってるわけだから。そういう証拠があって、小さい証拠みたいやけどね、それを敷衍していくと、大きいんですよ、私にとってはね。

それからね、今度はその叔父さんの息子が来るんだよ。息子が密航でやってきて逮捕され、大村収容所に収容されてから、出所して父母と同居することになるんだけど、後に立命館大学土木建築科を出て北〔朝鮮〕へ帰ることになるの。お父さんは間もなく亡くなったけどね。お母さんも七〇年の前半か、北へ帰るんですよ。で、さっきの乳房のない女性も北に帰ったというんだ。私はすごく分かる。自分の故郷、自分の乳房を抉り取った済州島、あれが故郷ですかね。だから北へ帰る、それにはすごく納得したね。そして、母親と息子が帰る前に、私が川口にいた時に、息子が挨拶に来たんだ。一晩泊まっていったんだが、どういう話をするかというと、今度北へ帰るということで、置き土産と言わんばかりに、一つの秘密の話をした。昔、親父が死んだ時に後で遺品を調べてみたら日記帳が残ってたというの。日記帳に何が書いてあったかというと、自分が留置場に容れられてる時に、目の前で自分の妻の下半身を裸にされたわけですよ。そして局部に、自分の妻ですよ、局部に火をつけて陰毛を燃やす。それを目撃したわけだ、夫がね。それを、日記にそういうことがあったと書いてあるんだ。その後どうなったか。強姦、犯されたんじゃないだろうかと。それがずーっと頭にこびりついとるわけですよ。強姦されてるわけですよ、それ。当たり前の話ですよ。わざわざ夫にそれを見せに連れていってね、それは一人じゃなく、いわゆる輪姦ですよ。それ何もな……、現場を見てるわけじゃない。でも想像でそれがずっと頭にこびりついて、妻に対する何か不信感みたいなもの持ったという、それが日記に書いてあるというの。だからその叔父さん、日本に来て、死ぬまで四、五年か、一〇年もいなかったかな。そういう気持ち持ちつづけてね。私は長い間何回も会ってるのに、そういう話は聞いたことはなかった。[*27]
金時鐘　その「乳房のない女」については、似たような話を私もよく聞きました。乳幼児を引き離された若妻のほとんどが、留置場で乳腺炎を患っていたという話です。メスを入れて膿《うみ》を出すという応急処置を施すんですが、なかには乳腺炎がこじれて乳房を切除した例もあったように思います。
金石範　いや、それは同じだよ、証言集には焼いた鉄の道具で……と出てくる。小説はさておいて、そういうことがね、あの頃日本にいる私としては、分からんじゃない。そりゃ日本へ連れていくのは大変ですよ、密航だから。昔、植民地時代は関釜連絡船に乗る時、軍人、特高や水上警察やらがずらーっと並んでてね、それはアリ一匹入れない厳戒態勢なんだ、朝鮮独立などの不穏思想分子摘発のために。だから、対馬に行く時ね、タラップ上がってくじゃない、船員たちの姿を見るだけで、かつての関釜連絡船を思い出してね。ものすごく心臓が高鳴ったもんや……対馬は別に渡航証明なくても行けるところなんだよ。ともかくまぁ大阪駅へ着いてもまだ安心できずに、ようやく猪飼野の家へ入ってから安心できたけど。
金時鐘　『火山島』の下地の話や……。

金石範　それがね、あのおばさん、おばさんと言ってもまだ若い、三〇にもなってないじゃない。全然暗いところがないの。

金時鐘　それが済州のおばさんたちや。

金石範　いや、これはね、乳房のない女の人の声もね、明るい。明日どうなるか分からないのに、密航船でやってきたわけですけどね。そりゃ密航船乗るのに、いろいろ苦労もあっただろう。でもこれはね、徹底して死に直面して、生死の境を越える……。悟るとかいうじゃない。しかしこれは悟りを開くとかそんな偉い人じゃない、一般の庶民。センチメンタリズムみたいなものも何もない。言葉一片一片にもね、そりゃもう淡々と、私が言葉を挟む余地がない。

金時鐘　もう通り越した……。

金石範　おお、そう、それがもう……。私はいったい何だろうと思いましたね。連れに行ってね、暗い陰も何もない。私は日本で生まれてるわけでしょ。時鐘の場合は、済州島に長くいたわけだよ。私にとっては済州島といったら観念の上の故郷なんだ。だから強烈なわけ。昔は済州島＝祖国なんだから。済州島というのは単に地域的な地方の一つってものじゃないんだよ、これは朝鮮、我々が解放して独立を勝ち取るべき朝鮮の代名詞みたいなもんでね。それが戦後分断されて、その故郷の島で虐殺が起こったわけですよ。それが私の中にあるものを……なんというのかな、こちらから何も虐殺しかけたわけじゃない、われわれは受身の抵抗なんだから。

そういうのが、まぁ、四・三の実際の体験者はみな沈黙しとるし、これは是非とも私自身がやらねばならない。結局『鴉の死』なんかは、私のニヒリズムの克服の一つの方法でもあった。まぁ共産党に入っとるけど、観念の問題は違うから、共産主義で片づくわけではない。で、『鴉の死』を書くことによって、ニヒリズムを克服したわけじゃないけど、現実を肯定できるようになった。だからもし『鴉の死』書けなかったら、私は生きてるかわかんない。それは作品が認められるとかそういうのじゃなくて、作品自体がね、あれを書くことで生を一歩前へ進めることができた。だから生きることの土台になってね、『火山島』を書いたわけだけども。そういう意味で私の受け止め方は、観念的なもんですよ。これは仕方ないですよ。そこにいたんじゃないから。観念的にしかならないじゃない。そして、小説では観念が実体を超えるものとなる。だから文学ということかもしれない。

単独選挙反対から四・三へ

文京洙　またお話を戻すことになりますが、四七年五月に一年ぶりに米ソ共同委員会が開かれます。しかし協議は相変わらず不調に終わり、九月一七日、ついにアメリカは国連に朝鮮独立問題を提訴します。ソ連はこれをモスクワ協定違反として厳しく批判し、この時点で、モスクワ協定による統一朝鮮政府の樹立の可能性はなくなります。国連総会では、四八年三月中に国連監視下での南北朝鮮統一選挙を行い政府を樹立するというアメリカ案が一一月一四日に可決され、これに基づいて翌年一月に国連臨時朝鮮委員会が朝鮮に派遣されますが、北朝鮮人民委員会（四七年二月に「臨時」が名称から外された）の金日成《キムイルソン》は北への立ち入りを拒否します。そこでアメリカは、国連監視の可能な地域、すなわち南朝鮮だけの選挙実施案を二月二六日に国連に提案し、可決させるわけです。

　こうした国連でのアメリカの単独選挙実施への動きに対しては、李承晩《イスンマン》・韓民党を除く、ほとんどすべての政党・団体が反対を示し、南労党や民戦は南朝鮮単独選挙を阻止するため、二月七日に全国的な規模でゼネストに取り組み、約三〇万人がこれに参加します。

金時鐘　だからアメリカの罪業というのがね……僕が南労党の下っ端の党員であったとして、四・三事件の「共産暴動」のそしりの受け皿のようなものを担っているとしてもね、四・三を起こさせた要因に、徹底的にアメリカの役割があるっていうことをね、言いたいの。アメリカの役割に比べるとね、四・三の主力は、たしかに、南労党済州島委員会の実質的な反託組なんですが、南朝鮮における民主基地確立のために、彼らが、僕も関わった者ですけど、済州島のあの無残な事態を引き起こした大きい要因だったにしても、アメリカが果たした役割に比べると、これは……、少なくとも単独選挙反対、うちの国が分割されるの絶対反対だったんだから、それを分割せざるをえなくしてるのがアメリカ軍政でしたからね。

第Ⅱ部　四・三事件とその意味

四・三蜂起当日と直後

文京洙　四・三蜂起の当日、つまり一九四八年四月三日の様子をうかがいたいのですが。

金時鐘　四月四日から一週間、済州道学務課の主催で「済州島学生文化展覧会」が開催されることになっていました。会場はかつての農業学校です。僕は、その展示準備員をしていました。武装蜂起が起きることは、前月の末には聞いてました。細胞の責任者から武装蜂起の火ぶたは禾北《ファブク》で切られると聞いたのですけれども、後から見ると四月三日の蜂起はわりと広範囲で起きた。

文京洙　全島二四の警察支署のうち一一の支署と右翼団体要人宅が襲撃されています。同時に、①警察・右翼の暴力的な弾圧への抵抗、②祖国の分断を招く南朝鮮単独選挙への反対、③米軍政の占領政策への批判、の三つを訴えたアピールを発表しています。蜂起に対する一般の人の反応はどうでしたか。

金時鐘　四・三が起きた日は、先ほどの展覧会が開催される前日で、武装蜂起を知らせる伝単（ビラ）の配布手順ももうできていました。そのためもあって、展示準備を早めに切りあげて家に帰りました。辻々にはもう近所の人たちが集まってましてね。「たいしたもんだ。よかった。すごい」とみんな手放しで賛同してましたよ。初日から早くも神話が出回っていましたよ。

山に入って蜂起した「山部隊《サンブデ》」が、四・三の初日にはもう、自分らの思いを晴らしてくれる「救いの兵士」のように、神話になっていました。後で追いつめられて分散して孤立した時が「山の人《サンサラム》」、それまではずっと「山部隊《サンブデ》」と呼んでいました。彼らは、足首に砂袋巻いて、一年間漢拏山《ハルラサン》の起伏を走って、訓練をしてた。だから風のように駆け抜けると見てきたように山部隊の神出鬼没さを賛えていた。四月いっぱいは、神話が神話を生む期間ですよ。警察や討伐隊が来て制圧に血道をあげても、民衆たちは山部隊はたいしたもんだと、どこかで狼煙《のろし》があがったら、みんなで見上げて、自分らの思いを晴らしてくれていると思ったものでした。

　四月の段階では、僕は、四・三蜂起は、最大限半年で終わると思ってた。城内《ソンネ》は二か月で解放区になる、済州邑も三か月で解放される。「われらが解放区」という歌まで作ってな、そう聞かされていたし、本当にそうなると思ってた。ちょうど八・一五の時、神風が吹くと信じたように、四・三のときも本土からすぐ援軍が来るとずっと信じておった。だが、細胞活動の情報は日に日に限られていった。

文京洙　援軍というのは北から来るっていうふうに？

金時鐘　いや、南労党支部の軍事委員会が本土国防警備隊とつながっていて、呼応した軍隊が反乱を起こして援けに来てくれるとの説明だった。実際一〇月に、南朝鮮の麗水《ヨス》で、済州島へ鎮圧に向かう部隊が、出動を拒否して反乱を起こした事件があったでしょ。[*1]後で韓国の軍事独裁の大統領になった朴正熙《パクチョンヒ》もその当時は、南労党の軍事委員でした。間違いありませんよ。あれは日本の職業軍人だった男だから、寝返ってもしょうがなかったかもしれないけど。でも、本当に反乱起こして援軍に来る動きがあったし、大田《テジョン》でも警備隊の一部隊は山側に入った例もあるんですよ。だから、僕はほんまに本土から援軍が大挙して来ると幼稚なまでに信じてました。とにかく最大限半年ねばったら済州島は解放される。済州島を解放して「民主基地」の拠点にしてね、南だけで単独政府を作る側と戦うというふうに……。

金石範　城内《ソンネ》には〔山部隊は〕入ってないんだよね。

金時鐘　入ってない、入ってない。

金石範　時鐘はなぜそれを知ってる?

金時鐘　つまりね、僕が聞いてる限りは、城内包囲作戦と言って、周囲を平定すると、城内は無血解放区になる。四・三事件勃発時は済州島の警備は警察官が主でした。特攻警備隊は後から入ってきましてね。禾北《ファブク》から吾羅里《オラリ》あたりを固めて道を遮断して、城内の民衆の蜂起を待って、無血で行政機関を接収すると聞いておったんですけどね、城内には入ろうと思えばいつでも入れる状態でもあった。たいした警察力があったわけじゃないですから。

いろんな説がありますけどね。だけどあの動き、状態から考えてもまず城内は包囲による無血解放区の対象であったことは間違いないですね。本土から援軍の国防警備隊が城内に入ってきて、城内は民衆たちの示威行動によって行政権が民衆側に移るという。だから一種の心理作戦で脅迫をかけて、新作路《シンジャンノ》、島一周道路を遮断しちゃって、港湾労働者組織が港を制圧すると、城内の軍警は無力化して、一切の行政権は人民委員会の後の組織、つまり南労党軍事委員会の手中に入るという、そういう計算だったと僕は聞いてます。

文京洙　時鐘先生ご自身は四・三直後はどうされてましたか？

金時鐘　四月四日からの学生文化展に従前どおり務めていました。郵便局への出入りもいつもと同じで、情報の受け渡しの役を受けもっていました。五月一〇日の単独選挙を控えて、緊迫した連絡が続いていました。後でお話しする五月末の「郵便局事件」後、僕が関連者であることがばれて、指名手配を受ける身になるのは九月に入ってからです。チョントルに脱出した直後でした。それまでは道立病院の長期通院患者を装っていました。道立病院の院長が、外祖母の孫に当たる人で、姓も祖母と同じ文《ムン》といいました。身内だということで便宜を図ってくれて、病名は、神経衰弱ぎみだから「多発性神経胃炎」ということにしておけ、これなら誰も分からないからと言って、カルテも半年前からのものを作ってくれました。それまでの僕の任務は郵便局からの情報、電信や電話交換台で傍受したものを中継する役目でした。五月末の「郵便局事件」の後、一週間ほど道立病院の結核病棟の中に隠れます。

金石範　そこの院長は南労党との関係はあったの。

金時鐘　少なくとも僕の協力者ではありました。党員だということを打ち明けたことはありませんが、よく呑み込んでくれている様子でした。討伐特攻隊や警官の負傷者を主に治療していたということもあって、病院にはそういう警察や監察庁関係の連中らが出入りしますからね、わりと情勢の情報は得やすかったんですよ。

最近になって四・三事件真相究明集会の講演で、済州から来られた道議会副議長の金榮訓《キムヨンフン》さんが、道立病院の院長は、質が良くなかったって話をしてましたが、僕が、実はあの方は私の姻戚で、私はそこに隠れさせてもらってたと言ったら、「あぁそうですか。人は分からんもんですなぁ」って。済州邑内でただ唯一の総合病院でしたからね、どうしても権力機関にある連中の処置が先になるわけですよ。民衆は怪我しても院長自ら出向くわけでもなかっただろうし。とかく悪く言われてたようですけれど、僕の知る限り、いい兄さんだったけれどね。

五月一〇日の単独選挙ボイコット

文京洙　四・三蜂起に対して、襲撃を受けた警察と右翼はすぐさま本土に応援増派を要請し、武力弾圧を強化しますが、警備隊（後の国軍）は、比較的冷静に平和的解決を追求します。その結果、四月二八日に、第九連隊連隊長の金益烈《キムインニョル》と武装蜂起隊のリーダーの金達三《キムダルサム》が会見し、いったん和平合意が成立します。しかし、五月一日に吾羅里《オラリ》村の放火事件、三日には山から下りてきた武装隊が襲撃されるという事件（おそらく右翼と警察の犯行であるとされている）が起こり、和平合意は水泡に帰し、金益烈は突如解任され、後任に徹底討伐を主張する朴珍景《パクチンギョン》が任命されます。そして、五月一〇日の選挙を迎えるわけです。その結果は、本土では九〇パーセントを超える投票率で右翼政党が圧倒的多数の当選者を出しますが、済州島の二選挙区だけは投票率が低かったために無効とされ、南北の分断を決定的にした五・一〇単独選挙を、済州島だけが拒否したことになります。

金石範　聞いた話ですけどね、五月一〇日の単独選挙の時、みんな投票をやめるように呼びかけるわけです。するとね、今も上野におる、あるおばさんが言っていたけど、みんなね、山登るんですよ。あの日雨が降ってたって言ってたな。布団かついでね、村を空っぽにするわけですよ。病人たちは仕方ないけど。そのようにして、あとで秋くらいからゲリラ（武装隊、山部隊）が銃を持って山から下りてきて、住民を追いたてる場面が出てくるけど、最後になると、ゲリラも暴徒化するわけですけどね。最初は五・一〇選挙に反対して、黙々として、「投票紙持って、山に登りましょう」と、子供もみんな連れてね、投票しないつもりで山へ一緒に入って、村を空っぽにしたんです。それが、ほとんど島中で起こってるわけ。山に入ったのは、何百人かの南労党員をも含め、おそらく二、三〇〇〇人くらいじゃないですかね、それでもって長期のゲリラ闘争が続くもんじゃないですよ。おしまいに、追いつめられると、食べ物なくなって山から下りて、食糧を略奪したりするけど、それまで長い間、全部家族が一緒に行ってたんですよ。

金時鐘　こういう事実を知ってますか。秋口になると、山部隊の食糧の調達が困難になって、村で略奪したりするようになりますけど、それまでは村のお母さんたち、主には山部隊に係累がいるお母さんたちですが、「オジュンホバク」、肥料用の尿を籠に入れて運ぶ素焼きの丸い壺ですが、そこに麦や粟を入れて、警備隊の監視の目が光っている中を通って、尿とともにばらまいて帰るの。それを夜中に〔山から山部隊が下りて〕来てかき集めていくんですよ。そこまでやった。よほどのつながりがないと、そんなことを命かけてやれるもんじゃない。山部隊への共感はそれほどにも強いもんだった。食糧の道が絶たれて、組織がばらばらになってくると、否応無しに〔山部隊が〕村を襲うようになるわけですよね。村を襲うのも、最初は村の官憲か、警察特攻隊に協力する連中だけを襲うという建前でやってたけど、そこに今度は討伐特攻隊たちが来て、村で残った人間はゲリラに協力したとして、連累で皆殺しにする。そうすると今度は殺し合い。だから惨《むご》いというよりも他愛ないまでの惨さだった。

文京洙　時鐘先生が体験されたいわゆる「郵便局事件」は、この五月一〇日の選挙ボイコットの後ですね。どうして郵便局に出入りするようになったのですか。

金時鐘　前にも言いましたが、四七年の暮れに済州道学務課の嘱託になって、教員養成所の事務職に就きます。解放後、分校みたいな小さい小学校や中学校が出来て、学校は出来るけど教員が足らんのです。速成の教員作りということで教員養成所が出来たんです。各学校に送る教材とか、参考資料、紙類などの事務用品を発送する役を僕が買って出て、郵便局へ出入りするんです。出来たばかりの学校にはどこも教育資材がほとんどありませんから、副読本が一つ出来ればそれを刷って、たくさんの学校に発送するために郵便局に行くわけです。

金石範　郵便局は、済州市街の今の郵便局か。

金時鐘　中央郵便局です。同じ場所に今もあったかな。建物が全然違っとったけど。当時、済州郵便局にもセポ（細胞）の同志が二人とシンパが三人ほどいました。うち二人は小学校の同窓生でした。その彼らを介して、済州郵便局の若い従業員を集めて、日本で言えば、歌声運動みたいな文化サークルを作って郵便局に出入りしてたんです。歌を歌うのにもよく知られている名曲は日本の歌詞しかないから、僕は随分たくさん〔朝鮮語の〕歌詞を書きました。今でもその時の歌詞で歌われてる歌、わりとありますよ。歌詞をつけてやる度に出入りして、一緒に歌う練習をする。歌唱指導と歌詞作りを兼ねて、郵便局に合唱サークルができるんですわ。中における人たちも協力しあってね。学務課付きの嘱託だということもあって、〔郵便局に〕普段に出入りできとったんです。

トンツー（電信）を打つ成りたての技師の一人と、集配課の二人が、同じ細胞の同志でした。

前に説明したようなやり方で切手を貼って違った分だけは集めてそれを全部僕に渡してたんです。今だったら、政治的な意図や捜査のために郵便物を捜査してはならないっていう国際郵便法か何かがあって、大変な犯罪になるらしいですけど、当時はそういうこと構っておれない状況でしたからね。僕が「四・三について」表だって言いたくないということの裏には、このような違法行為への後ろめたさもある。でもあの頃はまだそんな取り決めもなかったんじゃないかな。

郵便局には交換手《キョファンス》っていう、綺麗な娘さんが当時八人くらい昼夜交替でいました。交換手っていったらあの当時はモダンな職業女性で、若者たちのものすごい憧れやねん。キム○○という、名前だしていいのかなぁ。彼はいち早く少年の身で北に行った。支部幹部の随行員としてでしたが、選ばれた党員でした。やはり名前は伏せるとしましょう。彼は僕の小学校の四年後輩で、その少年のお姉さんが交換手の手長、つまり責任者でした。よう助けてくれました。緊急機密連絡なども、あれはほんと命賭けですけれどもね、漏らしてくれるんです。どこからの指令で今どの機動隊がどこへ向かってるとか。交換手は通話をつなぐ業務ですから、聴こうと思えばいくらでも盗み聴きができる。

だから郵便局というのは情報収集と連絡の一番の拠点でした。道立病院と一緒で、表は警戒厳しいけど、中はわりと動ける場所でした。そういう点ではかなり無防備な中心地点だったともいえます。
　連絡と言えば、郵便局の西裏側が小さな空地を挟んで、済州警察署の留置場とつながっていました。その留置場には、前の年の三・一節事件の係累で捕まっている拘留者たちがまだ残っていて、僕はその〔拘留者の細胞と〕連絡も取りました。
金石範　どうやって？
金時鐘　昼前に一五分か二〇分くらい、拘留者を、壁に沿った狭いところに横に並ばせて、日光浴、日向ぼっこをさせるの。その時間に合わせて、僕は仲間とキャッチボールをするんです。そして、ボールをわざと取り損ねて、そのボールを草むらに拾いに行く格好をして、小さく丸めたもの（メモ紙）をこっちが投げたり、留置所におる人たちも、煙草の吸いさしみたいなものとか、鼻をかんだ紙とかをバッと放るわけ。僕はボールを拾いに行ったついでにそれを拾って持って帰る。
金石範　塀はないの、留置場とこっち側との間に。
金時鐘　塀はないねん。一・五メートルほどの段差があって、草ぼうぼうのくぼ地でつながっている。もちろん留置場への入口はくぼ地に沿って有刺鉄線が張られているけど。そこは当時の島司、のちの知事官舎ともつながっている空き地ですけれどね。そこにしょんぼり並んで日向ぼっこするんですよ。郵便局からなら、飛び降りたら草っぱらだから。ボール拾う形で二人一緒に降りたりなんかして。あの時はボールがなかなか手に入らない時期で、念入りに探すだけの貴重品でしたから、怪しまれることはなかった。

郵便局事件――一九四八年五月末

金時鐘　集配課には、僕と同じ細胞の同志が二人いました。一人は僕の小学校の一年先輩で、もう一人はクラスメイトでしたが、その二人が処刑されてしまいます。ある日突然引っぱりだされて、公道で撃ち殺されてしまうのです。

その復讐をするということが、僕の所属した機関において決まりました。当時は特攻警備隊たちも、自分の家族に宛てた手紙や家族に送るお金などを郵便局から送っていました。そうした郵便物や為替は毎日集荷され、午後三時頃には山のように郵便局に集まるんですね。そんな大きな郵便局ではありませんでしたが、階段を上がって三つのドアを開けて入ったら、窓口があって、その後ろに郵便物が積みあげられていました。

その郵便物を燃やすという直接行動の任務を、僕は最初に受けたのです。それを実践する火炎瓶は、ただのものではなく、小さな段ボール箱にガソリンを詰めたものと、もうひとつの小さい瓶には塩素でしょうか、空気に触れると紙がぱっと燃えるものが入っている。それをぶつけたら、ガソリンに引火して爆発する仕掛けになっていました。

その前に僕の属していた細胞から党員名簿が特攻警備隊に渡ってしまうという事件がありました。そして、名簿の名前を明かしたと疑われている仲間に、この直接行動で火炎瓶を投げる役になるようにという決定が下ったんです。僕は彼にその危険物を渡す役割だったのですが、郵便局には入口にも中にも警備員がおりますし、それを持って入ることなど普通ならできません。僕は、教員養成所の実務担当として、教材を学校に発送するために郵便局に荷物を届けていましたから、一抱えの郵便物に潜ませて、火炎瓶を通じ合っている窓口業務の細胞の同志に小包として受け付けさせる。その窓口係は外からでもすぐ手の届くところに、受け付けた小包を置いたまま、次の用事をしている。

郵便局の入口の階段は五段くらいあって、表のドアは奥へ観音開きに開くんです。真ん中のドアは押しても引いてもどちらにも開くようになっていました。一番内側のドアは外に開くようになっているんですね。

僕と入れ違いに、火炎瓶を投げる役目の仲間が切手を買うと言って入っていきます。そして窓口の脇に置いたままの火炎瓶をぶつければいいんですが、ちょうど窓口の奥に彼の従兄がおったんです。彼は火炎瓶を持ち上げたまま、わけも分からず絶叫したもんですから、警備員がカービン銃を発射しました。火炎瓶をぶつけたけれども、逃げながら力なく放ったのでさほど発火もせず、白い煙と臭いだけが立ち込めました。

脳味噌がガラス張りのドアに散りました。（金時鐘）

よく打ち合わせてはいたんですが、人間、恐怖に陥ると分からなくなるんです。彼は、一番奥のドアは押して出ました。警備員二人が迫ってきましたけれども、真ん中のドアを開けてそこまで出たのですが、一番表のドアは引かなければ出られないのに、必死に押すわけです。

それこそ、人間の目があれほど大きく見開くものだろうか。まざまざと、あのこぶしほどの真っ白い目が、僕の脳裏に焼き付きました。瞬時にして、頭を外からも中からも撃たれましたから、脳味噌がガラス張りのドアに散りました。人間の脳味噌というのは大きいんです。豆腐を握り潰したようなものが滴って、そして彼は、そのドアにしがみついたまま絶命しました。

僕はそれを見届け、逃げを打ちましたが、文化運動も教員養成所の嘱託もできなくなり、地下に潜りました。[*2] 郵便局事件の後、僕の級友のほとんどが惨殺されました。

金石範　その事件は、新聞には出なかったのかな。

金時鐘　いや、ああいう市内で起きた事件はニュースに一切取り上げてないはずですよ。郵便局事件みたいな事件は方々にありますよ。ですからそういうことは当時の『済州新報』を探しても統制されとって出てないと思いますよ。

郵便局事件の後、城内《ソンネ》はものものしい警戒態勢に入ってますけど、道立病院に一週間ほど、僕は結核を装って隔離病棟に隠れていました。あの時分までは結核は嫌われ恐れられる病気でしてね、結核と言えばわりと無防備でした。僕は日本に来て民戦の文化関係の常任活動して腸結核で倒れますけど、あのとき感染したんかなぁと思ったりもしました。本当は栄養失調が祟ってのことでしたけどね。それに結核患者のほとんどが日本からの帰国者たちであったことも、妙に鮮やかな記憶です。その後、仲間の手筈で米軍基地のハウスボーイとして四か月ほど住み込みで働きました。それから九月末から年末までは、親父の縁故をたぐって、城内では名家と知られるC氏宅に隠れました。郵便局事件以後は、かえって米軍基地くらいしか安全なところがなかったんですわ。道はすっかり遮断されていますしね。警戒はすさまじい状態でした。さらに済州空港の西北にあった村（道頭里二区砂水洞《サスドン》）、そこに母方の親戚の人がおって、体制側に思し召しのいい人なのでそこに移ったんです。親の家もしょっちゅう踏み込まれたりしたから、まぁ一人息子を助けようとして、親父、お袋はあるだけのコネもカネも使いきったはずです。

金石範　隔離病棟や基地に隠れておった頃は、全体の状況だとか、外の情報は分からなくなってたの？

金時鐘　全体的な動きというのはほとんど分からないですね。まず自分がどこに今つながっておるのかどうかすら不安になる。
金石範　党との連絡はもう取れなくなっとるの？
金時鐘　基地にいるうちは連絡は受けてました。まず合い言葉が変わったら通知を受けますから。合い言葉がないととても動けません。殺されちゃいますからね。どっちからも殺されることがあります。合い言葉は、基地におった頃までは一つだけだったんですけどね。後から月単位に変わって……。

南北分断政権の成立――一九四八年八月・九月

文京洙　本土の情勢、例えば、済州島では五・一〇の単独選挙はボイコットされますが、南朝鮮全体では、この選挙で当選した議員が国会を開催し、八月一五日に李承晩《イスンマン》を大統領とする大韓民国が成立しますね。この動きに対抗して、北朝鮮でも独自の政府樹立の動きがありますが、こちらはあくまで南北統一政府を作るという建前ですから、公開選挙ができない南朝鮮でも各支郡ごとに代表者を地下選挙で出させ、八月二五日に海州《ヘジュ》に集まって人民代表者大会（海州会議）を開いて代議員（国会議員）を選出します。*3 北朝鮮で選ばれた代議員と合わせ最高人民会議を開いて、九月九日に金日成《キムイルソン》を首相とする朝鮮民主主義人民共和国が成立する。

先ほど、信託統治についてお話した時に、海州会議のことが出ましたが、そういう大きな動きは、耳に入ってくるんですか。

金時鐘　僕のような末端の連絡員には、そういう大きいことは分かりません。海州会議があったことは、じつは僕知らなかった。それは日本に来て知った事実です。ただそうすると、済州島の南労党がね、どうして口を開けば、「民主基地確立、先進体制獲得」を叫んでいたのか、なるほどそうだったのかと思いました。

金石範　ちょっと待ってね。それは四・三の後ですよね？

金時鐘　いや、賛託、反託の抗争はその前からあります。賛託、反託は四七年が一番熾烈でしたよ。済州島の四・三蜂起を指導したのは、南労党のなかで、民主基地確保を前提にした「反託派の」若手軍事委員たちが主力だったわけですからね。

文京洙　その問題は、とても難しい問題で、四・三蜂起の時点では、あくまで米軍政と李承晩の南朝鮮単独選挙、すなわち南北分断に反対し統一政府を樹立することをスローガンにしていたわけですが、四八年の九月九日以降、南北にそれぞれ独自の政権ができると、済州島の蜂起勢力は、米軍政や大韓民国に対峙しているわけですから、自動的に北朝鮮と連携した反政府勢力の「共産暴動」と見なされることになります。事実、秋からのジェノサイド的な流血弾圧は、米軍政や大韓民国によってそのように正当化されるわけです。

それが、南北に分断政府が樹立されたためそうなったのか、あるいはそれ以前から蜂起そのものが北朝鮮との連携によって企てられたものであったのか、四・三事件そのものの評価に関わる重要な問題ですから、後ほど改めて議論していただきたいと思います。

時鐘先生は、ちょうどその九月頃まで道立病院に隠れてらして、その後は……？

金時鐘　五月終わり頃に郵便局事件があって、それから逃げて道立病院に四か月ほど隠れておって、九月か、秋の初め頃かな、親父のツテで渡りのついた現職警官が二人来ましてね、警官の間に僕が挟まれて、検問があっても移送中だという形にして、ジープでチョントル近くまで連れられて逃げたけど、摘発がしらみ潰しに始まって、チョントルはたかだか四日しかおれなかったのと違うかな。チョントルは拡張まえの済州空港の東の端でもあって、何百人単位で赤《アカ》容疑でひったてられた村民たちを処刑したところです。それも埋められる壕を横一列に自ら掘らされて、そこに立たされて撃ち殺されたのです。今でも体が震えてくる記憶です。その海辺の村からすぐ西隣が砂水洞《サスドン》ですが、そこの叔父（母方）の金達元《キムタルウォン》氏、かの金達寛《キムタルグアン》氏の実弟ですが、その人は道頭里砂水洞、今の済州空港のゲート近くですが、そこの区長で、母親の実家の家系が代々世襲制みたいにここの区長やっとるんですね。道頭里一帯では一目置かれている家柄でしたので警察も直接踏み込んだりしないわけ。その叔父の家の馬小屋の裏から回っていく、離れの種芋など埋める穴蔵に隠れることになりました。その種芋の奥の壁の周りに古い種芋の穴があって、昼間はそこに潜んで、何かあったら入り込むというようなことをしていました。済州邑の中心街に一番近い村里でしたので、警戒も特に厳しいところでしたが、それでも夜ともなれば山部隊が食糧徴発などで出没します。その度にしょっちゅう警備隊がしらみ潰しの捜索をしますが、区長の家だけは踏み込んだりしないんです。叔父貴の区長も心して愛想よくもてなすものですから、討伐特攻隊の先発隊とか、私服の刑事とかが日常的に出入りするわけですよ。それが山部隊からすると、敵に通じて村人たちを売った裏切り者というように見えたんでしょう。四九年二月の夜更け、山部隊に竹槍でわき腹を突かれ処刑されるんですよ。かなり大きな家でしたが、前庭で刺されたのが、腸をたらしながら板の間をよぎって、裏の石垣を越えたところで、村の石垣は高いんですよ、それを越えて落ちて倒れていたといいます。人間の腸は長いものでしてね。わき腹からはみ出た腸が、ずっと板の間を引きずって、石垣に掛けられたまま落ちていたのです。それもすぐには死ななくて、それから三日ぐらい七転八倒して……。警察の衛生士あたりが応急処置を施した程度でした。

金石範　しばらく生きとったの？

金時鐘　うん、すぐに死なないわけよ、腸がはみ出てながらでも。たしか、僕は現場を、自分の自責の念から死に場は葬式が済んでから垣間見たけど。庭一つ隔てて、馬小屋の裏の奥に僕が隠れておるわけだよ。その向こう側でわめきやアイゴーが何日も呪わしくひびいていた。

金石範　それが、秋？

金時鐘　いや、今度済州島に行って確かめたら、僕はなぜか冬の初めと思っとったのに、一九四九年、二月の一六日でした。

金石範　寒いときや。

金時鐘　そうです。五か月近く潜んでたん違うかな。その間にももちろん何度か町中へ出向いてはいます。連絡を取りにね。それは危険ですよ。それだけにここは身を潜めるのに一番の場所でした。その叔父貴は、僕を匿ったことで殺されたような気がして……今もってしこっている。

僕がまだ塔洞《タプトン》に隠れていた頃に「道頭虐殺事件」というのがあってね。この人も僕の母方からの従兄にあたる人で、〔解放後〕日本から引き揚げてきた人でしたけどね。磯の近くでイカを釣っていたんです。特攻警備隊の一隊がそれを見つけて、お前はゲリラの食糧を調達してるんだろうと言って、それはほんとに酷い殺し方です。右腕は付け根の皮一枚でぶら下がっていたといいます。目玉もくり抜かれていた。十人ばかりが一緒に虐殺されたのですが、その中の一人がまだ息があって虐殺のいきさつが分かった。にらみ返したといって目玉をくり抜いたのだそうな。これは従兄の子供たちから聞いた話ですけど、その子供たちは……、それはショックを通り越していますわ。上の子がね、中学二年生ぐらいの子だったけれど、どんなことがあっても絶対に親父の復讐をすると言って肩震わしていた。
その子が、何年かして徴兵で朝鮮戦争に行ったんですよね。その頃、手紙を寄こしてきましてね。「おじさん、親父《アボジ》を殺した敵《かたき》が誰であるかがはっきり分かった。アカ《パルゲンイ》どもが親父を殺したんだ」と書いてあるんです。特攻警備隊が、お父さんを殺したことは歴然としているのに、しかも惨殺されているのにね。あの子は、日本から引き揚げてきて中学校もろくに行かなかったぐらいの年齢で徴兵に行って、馬車馬のように目隠しされて反共思想の訓練を受けると、アカのためにお父さんは殺されたんだと、思い込むようになったんです。朝鮮戦争の時代ですから。

金石範　時鐘、ここ二、三年で言いたいことみんな言ってしまえよ、そしたら目をつぶって、あの世へ逝けるよ。喋りたいことみな喋ってしまえよ（笑）。

金時鐘　こういう風に気楽に言ってるけどな（笑）。

金石範　ともかく喋らんといかんな、〔心中に〕あるものを。

金時鐘　組織も四八年末頃はもう支離滅裂になって、みな疑心暗鬼になって、同志がお互いを信じられなくなって、ほとんど殺されてゆくっていうか売られちゃう訳ですよ、直接に関わってないことでも捕まったらお終いですからね。〔日本でも〕連合赤軍の連中が山に籠って自分たちの仲間を殺したでしょ。*4 あれとそっくり同じ。日本の赤軍の「総括」に耐えられなくて心臓を指さしてここを刺せいと言うてな、アイスピックで刺してくれと言うから刺したと供述してますね、捕まった幹部の女性がね。それを聞いて「ああ、日本の若者は［なんと酷いことを］」などと僕は言えない。それに類する、ほとんど同じようなこと、俺は見てる。追いつめられたらほんま、ああなる。もう信じられなくなるんですわ。上部とは全然連絡取れませんしね。そこら中で、捕まったら殺されるだけで、もう誰を信じていいか分からなくなる。

自分の身内、親でもお前殺してこいと言うんだから。二つ例を知ってますけどね、いずれも自分のお父さんを殺しに拳銃を持たせて行かさせた例です。二つとも成功はしないで、結局その息子の若者が死ぬだけでした。僕は見届け役で、通りの角で事の成否を確かめる役だったけど、あいつ捕まえろ！　というわめき声がひびいて、決死行の若者はその場で警護員たちにぶち殺された。なんぼ肉親しか近づけないということがあっても、親子の間で、思想が違い立場が違って悪辣なことをやっても、お父さんを殺させるっていうのは……組織自体が極限状態だったんだ。

組織っていうのは、動いているうちが強いんで、一度停滞して内部が割れ出すとまったく無力です。最もおぞましいことになる。誰もみんな信用できなくなる……。もう九月の段階でこれは見通しのない闘い、はなから目論見が外れた闘い、だと思った。援軍もどこからも来なかったし、［警備隊の］反乱も起きもしなかった。だから南労党、済州島党委員会の軍事委員会がしでかしたと言ったら失礼になるけど、四・三事件のある中核的な役割を島支部の軍事委員会が担っていたとすれば、僕は末端におったからそういう考察も評価もできる立場になかったけど、今でも蜂起が辿った無残な成り行きが「人民蜂起」という四・三事件の正当性をおびやかす影となって、僕の気持ちを暗くしている。

済州島脱出・日本へ——一九四九年五月

金時鐘　四九年の春ともなれば僕はどこからも連絡が切れて、完全に孤立します。親父のあらん限りの奔走があって、五月の二六日だったかな、僕はまずクァンタルという無人島に逃れます。ちょうどチュジャ島と済州島の間に富士山みたいな岩山だけの白い無人島があるんですよ、それをクァンタルと言います。クァンタルまでは三〇キロ余りあるんじゃないかな。〔その島には〕水があるからといって。それも親父と古いつき合いの港湾庁の、今でも名前は明かせません、とあるお方のおかげで渡りがついたと思いますが、特攻警備隊のおかずを取るための漁船が、夜、警備のサーチライトを浴びながらクァンタル近くまで出漁するんですが、その漁船にもぐって。舳先には現職警官が立っている。クァンタルの手前二、三〇メートルのところで、泳ぐように言われて、クァンタルまで泳ぎました。着替えは油紙の風呂敷にくるまれてあった。

文京洙　島を離れられる時に、最後にお父さんお母さんにはどういうふうに話をされたんですか？

金時鐘　お母《オモニ》さんには会えませんでしたけど、お父《アボジ》さんは船を仲介する所まで、真っ暗闇の中を僕を従えて警官と一緒に連れだって移動したけどね。これお前の母からのものだと言って竹筒に入った水と炒り豆（「大豆」を砂糖で固めた非常食）のアルミ弁当箱を渡してくれた。もうひとつ別の包みも入っていた。五〇銭紙幣を束ねた日本のお金と着替え用の学生服が油紙に密封されてあった。とにかくお前はここを出ろって、出たらクァンタルまで行って、明後日《あさって》には船が来るから、その船を待てって。その船で日本に逃げろと。死んでも私の目の届く所では死んでくれるなって、それだけです。これはお母さんも同じ願いだ、と言って顔を背けた。

金石範　自分の見てる前で死ぬなということやな。

金時鐘　とにかく酷《むご》い死に方をたくさん見てるからね。

金石範　船には警官乗ってたわけ？

金時鐘　警備する警官がどの船にも乗ってるんですよ。

金石範　警官以外に魚取りのおじさんも乗っていたわけか。

金時鐘　そうそう。漁師の皆にも金をにぎらせているわけですわな。船からクァンタルまでの三〇メートル余りを泳ぐのが大変で、服着てますし。サーチライトがねめまわすし。

　どうにかあっぷあっぷしながら岸の岩場にたどり着いたら、船はすぅーっと漁場に退いていって真っ暗闇の静寂に戻った。小高い山頂まで裂けたように喰いこんでいる崖の岩かげへ、這いつくばって身を潜めましたが、五月ももう明けようというのに寒さが襲ってきて、震えがかたかた歯を鳴らして止まりませんでした。しかも、その島には水があると、くぼみがあるかち雨水があると言われて来たんだけど、からからに干上がって一滴の水もないのよ。あったとしても飲めるような水にはなってない。小島全体が岩の固まりのように海鳥の糞で真っ白になっている。明後日回ってくると言われた船も来ない。気が狂いそうなぐらい、一日が長い。それが四日も続いた。

生ガニからちょろちょろの草までなんでも食べたし、根っこまでしがんで口をうるおした。とにかく暑い。ちょうど五月だったから、例年なら梅雨にかかって雨は多い時期ではありましたけど、あのときは何日も雨が降らなくて、ほんとに口を湿らすぐらいで耐えた。四日目には夕方から天の助けか、かなり大きい雨が来まして、真夜中、その雨の中を船が近づきましてね。

金石範　その船はどういう船？

金時鐘　これは日本への密航船ですわ。闇船が現職の警官を舳先に二人乗せて、僕を拾い上げました。

金石範　それはちゃんと時鐘がクァンタルに行く前から、そこに迎えに来るはずだったの？

金時鐘　明後日来ると言った船が日本への密航船だったわけ。

金石範　いずれにしても乗るよね（笑）。

金時鐘　［そうしなければ］もうそこで飢え死にですわ。飢え死にしなくても喉が渇いて死んでる。サーチライトがさーっと照らすなかで、現職警官が旗持って舳先に立って、午前三時ごろ済州島東端の城山浦沖を越えたが、舳先にいた警官もそのまま密航に加わったようだった。夜が白みはじめた午前四時過ぎ、五島列島の灯りを見た。五島列島が見えるっていうのは、日本の領海に入ったってことで。

金石範　それは何トンぐらいの船や？

金時鐘　その密航船には、僕ら入る余地がないくらい人が乗ってたから、たかだか半畳ぐらいのところにね、五、六人入っている。魚を入れる、蓋付きの枡目の仕切りが三つある古びた小さな漁船だった。多分四、五トンくらいやったろうね。とにかく立錐の余地なく人が詰まってるのよ、だから僕らは入るところがなくて、煙突にバンドで胴をくくって波かぶって……お金も払ってない手前、闇船のおやじは、つっけんどんや。みな甲板の上に体くくって、入るところがないねん！……それで五島列島の灯りが見えてほっとしたときに、だぁーと波かぶったら、甲板の上の一人はいなくなった。……真っ暗闇で助けようがない。辛かったけど、これで日本の警察に捕まっても処刑はないと、惨殺されることはないと。

金石範　殺されることはないと思ったわけや。

金時鐘　いや殺されてもひと思いに死ぬんだったら運命だと思うけど、もう〔拷問や虐殺の〕酷い死に様をあんまり見て知ってるからね、とにもかくにも捕まって死ぬんだったらもう即死で死にたい。

金石範　日本の警察に捕まった方がかえっていいという、そういうところまで来たわけや（笑）。

金時鐘　ほんと、そう思った。捕まっても日本警察だと虐殺はされないと思って、肌身はなさず持っていた油紙に包んだ自殺用の青酸カリらしい赤い小さな薬包を海に捨てたんだわ。

それで助かったと思ったのも束の間、風雨が嵐になって機関室が水びたしになり、エンジンが止まっちゃった。日本の領海だからといってもそのすぐ向こう側を韓国の警備艇が走っている。船は木の葉のように揉まれて、流されようでは韓国の領海にだって入ってしまう。エンジンは全然かからんし、日本に行ける保証はもう何もなかった。鹿児島のはるか南の方まで流されて、天運のように最後の一発の焼き玉が発火して、ぽんぽんぽんぽんと船が動き出した。ようやくのことで六月五日の昼間、紀伊半島の内海に入ったと言われた。

金石範　何日かかったことになるの。

金時鐘　そう。僕はだいたい一二日目に着いたような気がするんだけど、とにかく長かった。日にちももう混濁しちゃってるけど（笑）、何日過ぎたか、夢遊病みたいなもんですわ。一切ものは食べられんし。

金石範　よう記憶しとるよ、それ（笑）。

金時鐘　われわれ以外はみんな終戦直後済州島に引き揚げてきて、もう生活できない言うて日本に戻る人たち。ずいぶんたくさん金払ったようだった。

それで、〔六月〕五日の昼過ぎか、明るいうちに和歌山湾に入ってしもうて。人の上にかぶさるようにして僕らも穴ぐらの箱に入った。息苦しかったけど、夜まで待たなくてはならないとかで、息を殺してがまんした。それからずぅーっと神戸の方に向かって北進して、神戸沖で何時間もうろうろしました。音をたてたら音波探知機で捕まるというので、皆がみな黙りこくっている。魚の臭いがびっちょり染みついている狭い船倉でのむれ具合といったら、それだけでも十二分に、生きながらえるということは辛いことだった。沖走ったら目立つからと、真っ昼間岸沿いにぽんぽん揺れて行ったけど、横には警備艇が走っている音が聞こえたりしとったわ。それから五日の真夜中に、後から分かったけど、大きい松が茂ってる浜辺だったから、須磨じゃないかと思っていたんだけど、のちのち舞子の浜と分かった。そこへ上陸した。

金石範　それまで船にはまだ何十人かおるわけか。

金時鐘　そう。僕の親を知ってる人がおって、鶴橋まで行けば同胞がたくさんおるからそこまでは連れていってくれるというので幾分心丈夫だったけど、船が渚近くに着くや否やはぐれてしもうた。お母さんが、日本の五〇銭紙幣だったんですけど、その見たこともないお金を二〇

○○円ほど束ねて、三つのゴムの水枕に詰めて届けてくれていたので、クァンタルの時も浮き袋みたいになって泳げたんですけどね。

金石範　それで大阪までどうやってきたの？

金時鐘　僕は生まれてあんだけ涙あふれたの……。あれだけ命いつかき消えるか分かんない状態のなかででも涙流したことなかった。船が浅瀬ぎりぎりに着いたら、とたんに蜘蛛の子を散らすように、乗ってきた人たちがわぁぁぁと散ってしもうてな。堰を切ったように涙があふれた。二人ほどが渚の砂浜の浅瀬にへたり込んで肩震わしていたわ。どこへ行けばいいのか分からないみたいで。放心したように座り込んでいた。僕にどこ行くかとも聞かないし、自分もどこに行くとも言わない。ただ残ったひとりは、「カコガワ」はどの方向だろうかなと自分で呟《つぶや》いとった。座り込んでた二人は、ようやく気を取り直して「気をつけて、とにかく同胞のいるところまで行きなさい」と、僕を諭すように言い残して松林の茂みへ消えていった。

金石範　時鐘、初めてじゃない？　日本は。

金時鐘　生まれて初めてですよ。東西南北も分からないですよ。

金石範　だからそこが須磨海岸か何かさっぱり分からないんじゃないか？

金時鐘　後から何年かたって、五年、一〇年してみたら、俺どこに着いたんかなと思って行ってみたら、松林があって、その松林行ったら犬がものすごく吠えおってね、別荘らしい大きな家がそここ茂みの中に建っていた。

金石範　時鐘、それ何時頃やった？

金時鐘　午前四時過ぎで、白んでおったけど。うかつにも松林の茂みにしゃがんだままで寝てしもうて、三〇分くらいかな。空が明るんでましたわ。電車の音が聞こえたから、線路に沿って歩けばどこかの駅に行き着けると思ったの。あれは始発なんだろうね、電車が左をゴーと走ったから……。

金石範　あまり遠くはなかったの？

金時鐘　線路から遠くなかった。どこにいるのか分からないけど、ともかく今でいう須磨だと思う。それで駅のある方へ行ったんや。行ったら、我さきに船から逃げた人たちが、どう見ても只今〔密航で〕来ました、と言わんばかりの人たちがそこらじゅうそしらぬ顔しておるねん。それでもなかの一人が呟くように梅田までの料金をささやいてくれたので、切符は買えたけど、先ほど別れたばかりの二人組は見えない。それがよかったようにもあとで思った。列車に乗ったとたん、私服の警官が三、四人ばぁーっと乗ってきて検問が始まった。それでほとんどが捕まった。

金石範　私服は最初から、密航者《ミルハンジャ》の摘発のために？　すると上陸したっていう通報か何かあったんだろう。

金時鐘　そうだと思う。住宅地に近いところだったから。へたくそな日本語で喋ってるしな、顔見たらなぁ、誰が見ても密航者だと思うよ（笑）。終《しま》いなど喜劇や。朝鮮語訛《なまり》の日本語でな、「ワタシチガウ」って一生懸命で喋っとったわ。それでも日本の警察官もなかなか民主的で、にーっと笑みを浮かべながら、いいから降りぃ降りぃと連れていった。僕の前も私服が行ったり来たりだわ。僕は、登山帽かぶって、昔はプチブルの育ちで、セルという生地の詰襟を着とったもんだからね、風呂敷の包み、油紙で包んであったけど、もう塩を吹いていてな、一見して塩水浴びた服やねん。それでもただ一冊しのばせてきた阿部次郎の本『三太郎の日記』を下向いて読んどった、というよりも目を落としていた。

私服がのぞき込んで、挙動をうかがっている。なにしろ本まで塩吹いていたもんな。胡散臭そうに見つめながらも、塩水で汚れてはいるけど仕立てのいい詰襟の服といかにも程度の高そうな『三太郎の日記』を読んでたことで、しぶしぶみたいに向こうへ行きよった。僕はほんま運がよかった。それで大阪には着きました。大阪っていうのが梅田駅だというのにも迷ったしな。行き暮れちゃったよ。

金石範　大阪へ着くまで電車に乗ってかなり時間かかって乗り換えなしに着いたわけやな。

金時鐘　そう。大阪が「大阪」でなくて「梅田」だったのには大分迷ったけど、あのときは環状線でなくて城東線やった。鶴橋行ったら同胞が多いと教えられていましたからね。城東線の切符買うのもいくらか分からんから、あのときは一〇円だったはずだが五〇銭紙幣を束ねて出した。それもじっとりしめったやつ。それでも親切だった。多すぎるといって、一〇円分取って切符くれよった。あとで分かったけど、その時分はもう五〇銭紙幣は金融市場から姿を消したあとだった。知らなかったとはいえ、本当によく受け取ってくれたもんだ。国鉄労組サマサマや（笑）。鶴橋に降りはしたけど、行くとこないし、お腹はすくし目まいはするしな。どこが同胞の家かも分からんしな。

金石範　ちょっと待ってな、それが四九年五月頃……。

金時鐘　いや、六月六日ですわ。国際マーケットがある時期です。疎開道路沿いにトラックが焼けたままあって、その運転席で一晩過ごして、翌日はもうこのまま死ぬなと思うて、疲労困憊、お腹はすいてるわ。

金石範　あの達寛《タルグァン》のおるとこ、住所持ってなかったの？

金時鐘　いや、親父があたふたと何人かの住所を渡してくれていたけど、メモ類は証拠になるからって同志がいうもんで、海に流してしまった。それで一晩と翌日、もうこのままでは死ぬなと思う。自首しよう思うてな。自首して僕は北朝鮮に送還を願い出て。僕はわりと簡単に考えておったんや。日本行ったら北行けるとほんとに聞いてましたしね。

金石範　あのときは捕まったら、大村収容所か、もう一回韓国行きや。

金時鐘　韓国行ったら……。須磨に一緒に上陸した二人連れは二人とも捕まって、韓国に送還されて処刑されたと、半年くらいしてから、逃げ延びた連れのひとりから聞いた。彼は頑健な身体の持ち主で、どういうツテをたどってかパチンコ店の用心棒に雇われていたが、三年ほどのち、刺されて死んだ。会えばよくご馳走してくれていた。気前のいい男だった。

それで、ふらーっと夢遊病のように表通り出てきたら、「お前まだどこも行くとこないのか」って聞く人がおるから、見たら同じ船で来たおっさんやった。

金石範　連れていったるっと言ったおっさんか？

金時鐘　いや、違う人や。そのおっさんとも何年かたって猪飼野《いかいの》（大阪市生野区）で会ったわ。もう見た目がたまらなかったのかな、とにかくうちのところ来なさい言うて、ご飯食べさせてもろうて、あんまり食べられなかったけれど、とにかく寝なさいと言われた。そこがなんと大成通りの梁石日《ヤンソギル》の家との背中合わせぐらいのとこやね。二階建て。そこでご飯を食べさせてもらった後、とにかく寝込んだんですけどね、寝られへんね。もう悪夢に襲われて、三週間くらいカンカンカンカンと体が、船の震動で揺れるねん。寝てもカンカンカン。とにかく表通りが恐い。それに暗がりが恐い。なにか警笛らしい音でも聞こえたら、もう身が立ちすくむ。そういう状態は二年ぐらい続きましたね。緊張いうのかね、角もすぐには曲がられへんかった。誰かがそこで待ち構えてる気がして、いつも大きくカーブを切って曲がっていた。特に警官が恐かったしね。それが日本の警官という気がせえへんねんや。そういう状態がほんと二年ぐらいも続いた。

共産党入党と二人の出会い――一九五〇～五二年

文京洙　時鐘先生が共産党に入られたのはいつでしたか。

金時鐘　僕は五〇年の四月に共産党に入党しました。苦難の郷土を見捨ててきた後ろめたさもあって、共産党入党だけは一番早くしました。今の生野区南生野町で入党しました。共産党党員拡張運動の時代で熱気があった。みんな集団入党しとった時期です。特に朝連[*5]関係者はみな集団入党してました。予備入党というのがあって、ビラ貼りと『赤旗』配りを一定期間やって党員にさせてもらうんだけど、僕は国での〔党活動の〕経験が多少あるというので、ビラ貼り、『赤旗』配りはやらずじまいでした。朝連が解散して非合法組織の「民戦」[*6]に組織替えをしていたさ中だったが、その当時から僕は文宣隊活動と、文化サークル作りが任務だった。文宣隊活動の相棒はかの文将熙《ムンチャンヒ》だった。五一年には主に関西大学を拠点に寝泊りしながら、二課程（夜間部）の同胞学生らを中心に、朝鮮文化研究会作りに精だしました。各私学に及ぼしていくための拠点作りで、半年にいっぺんの文化祭をわりと持続して大手前会館で打ったりしました。文宣隊活動はお手のものでした。高晋三《コジンサム》氏をご存知ですか。

金石範　はい、はい。

金時鐘　亡くなりましたけど。それから康承石《カンスンソク》氏。高晋三氏はかなり年輩でしたが関西大学の二課程にいたんです。非常に謙虚なお方で、よく協力してくれました。その折、石範兄らが立ち上げた「在日大阪朝鮮文化協会」ができるんで、お前そこで下働きせい、手伝えということで、有力なシンパサイザーであった韓鶴洙《ハンハクス》氏を介して、手伝うことになりました。

金石範　内定しとったわけや（笑）。

金時鐘　ちょうどあのとき、文化協会の最初のデモンストレーションに朝鮮戦争での「米帝の蛮行を暴く」という写真展をやったの。写真は外国通信社や各新聞社から借りだした。僕はその展示の解説のコメントを受け持った。文化協会の先輩方から、さすが詩人や、名文句や言うて褒められて、各大学の集会に持ち込んだり、何かの集まりにも主に僕が動いて展示したりした。

文京洙　文化協会っていうのはあの五一年だと民戦ができるときですか。

金石範　民戦ができて、その後に文化協会というのができた。この二つは関係はないんだけれどもね。

金時鐘　いや活動の時期が皆つながってる。僕は文化協会の思し召しがよくて、先輩たちから可愛がってもろうた。

文京洙　その頃、先生方お二人はお会いになったんじゃないですか。五一年くらいですか。

金時鐘　石範兄と出会ったのは、金鍾鳴《キムジョンミョン》氏を主幹として、文化協会が『朝鮮評論』という雑誌を発行するんですが、あれが五一年でしょう。僕が入党した翌年だったから。

金石範　そうです。

金時鐘　僕の記憶が間違いでなければ、最初の集まりは、当時、大学を出た人たち、年輩の順からいうと、石範兄、姜在彦《カンジェオン》氏、共和国に早く帰った呉在陽《オジェヤン》氏、韓鶴洙《ハンハクス》氏、高昇孝《コスンヒョ》氏など、在日の知性の先端のような錚々たる人たちが集まっていました。ほとんどは社会科学系の人たちですが、石範兄だけが文学をやっていたわけだ。

金石範　文学なんてやってないよ、僕は。大学もほとんど行ってない、出ただけ。

金時鐘　僕は社会科学に弱い身だった。創刊号の編集実務は石範兄がやったでしょう。僕は四号から実務を受け持った。だから日本に来て最初に出会った、文学をする先輩が石範兄だった。これは僕には摂理みたいなものだった。

石範兄の印象が強烈だったのは、とかく周囲は錚々たる社会科学者たちだから弁舌は堪能だけれど、石範兄は今もあまり話はしない人だけれど、あの時から済州弁丸出しで、本当に演説をしない人だった。短い作品をいくつか発表されていたけれど、ニヒリスティックな、非常に鬱屈した作品でした。僕は本能的に、この人は本当の文学者だろうな、と思いました。

金石範　創刊号に時鐘の最初の詩が載るんだよね。「流民哀歌」っていう短い詩なんだが、それが非常によかった。傑作ですよ。

金時鐘　創刊号出したころ、僕は党指令で、四九年の朝連の解散と同時に閉鎖された朝鮮学校の復校任務を帯びて、中西朝鮮小学校（大阪市生野区巽町）を開校させるために、韓鶴洙先生を校長にたてて、僕が裏方の責任者になって中西小学校に泊まり込み、その運動を始めました。恥ずかしいけど、党の指令でした。中西朝鮮小学校を復校するために、大方二年かかりましたかな。僕一人、草ぼうぼうの朽ちた寺みたいなところにベッド代わりに机並べて、一人寝泊まりしながら活動しました。開校の日は機動隊に囲まれて、開校したんですけどね。

金石範　あれ、いつ開校した？

金時鐘　五二年ですわ。それが閉鎖以後、最初に復校した学校です。一年後に第一回卒業生を出してから、僕は配置転換で「大阪朝鮮文化総会」を作れといわれ、そこの書記長に回されて職業常任活動をやります。大方一年余りかけて、各地域に青年たちの文化サークルを五〇ほど組織したんですわ。その五〇余りの文化サークルを協議体にして、文化総会というのを組織しました。

文化総会は民戦の五五年の路線転換直前に、全国組織になって「文化団体連合会」になる、その発会式のとき北の共和国から熱烈なメッセージをもらったりしました。

文京洙　五四年ですか。

金時鐘　正確には五三年です。休戦協定が成る直前に、文化団体連合会が全国組織となった。僕が東京に上がって事務局長になる予定だった。しかし結核と栄養失調で倒れて、それで入院したんですが、闘病はかなり続きました。路線転換のときも、まだ病院の中におりましたから。

『ヂンダレ』の創刊と路線転換——一九五三〜五五年

金石範　時鐘が「ヂンダレ」[*7]を始めたのは何年だったの。

金時鐘　五三年二月。朝鮮戦争が休戦になる年です。

文京洙　『ヂンダレ』っていうのは個人的な文学者のグループなんですか。

金時鐘　いやいや、それは党の指令によって作ったものです。朝鮮戦争期に在日の若者たちが集まれる拠点作り。そして意識の集積体を作ると。

文京洙　でも文学が中心なんですよね。

金石範　文学のオルグたちのサークル雑誌だよ。

金時鐘　僕が責任者になったけど、名前がすごい！「大阪朝鮮詩人集団」っていうもので、ソビエトが掲げる社会主義、写実主義を標榜して、共和国の存在をもっと身近なものにする意識改革を起こす場にするという、まぁ大時代的なことをやらされて、そこに梁石《ヤンソ》日《ギル》らを呼んだんだ。五五年の路線転換[*8]で、『ヂンダレ』をやってたことで、僕は批判を受けるなどしました。しかし路線転換とはいっても大衆討議ひとつあって変わったわけでなし、民族対策部（日本共産党）の幹部たちと対立した親労働党、北朝鮮派の、中央クーデターのようなものだった。それだけに大衆的な支持基盤は非常に弱かった。だから総連側としては、衆目が集まる何かを作りだす必要に迫られていた。『ヂンダレ』はそうして格好の「思想悪」のサンプルとして槍玉に上がった。なにしろその当時、一定以上の読者を確実にかかえて、持続的に活動していたのは僕たちがやっていた『ヂンダレ』以外になかったからね。

金石範　路線転換するにおいて、路線転換賛成派が自分たちを、先駆者という意味で「アッタリ（前足）」と呼び、その反対派を「トィッタリ（後足）」と呼んで、後ろの足の方の文化戦線を叩くためのサンプルに『ヂンダレ』がされた。私はそういうのに関係なかった。ちょうどあの時分は組織を離れて、仙台、東京と放浪しとったからね。

金時鐘　おまけに僕は在日の日本共産党党員で一番最後に党籍離脱したんですよ。僕は六一年度ですから。

文京洙　えっ、六一年ですか。

金時鐘　そう、愚にもつかない批判にさらされて、総連から排除されていたからね。半ば腹いせもあって〔党籍を〕そのままにしてあった。文芸同（在日本朝鮮文学芸術家同盟）の大阪支部も結成されることだし、この辺で「本来事業」に戻ってはどうかというとりなしが許南麒《ホナムギ》委員長、金達寿《キムダルス》副委員長からあって、組織部のエライさん立ち合いのもと、口頭による自己批判と離党届を書いた。

文京洙　五五年に確か党籍離脱の勧告みたいなのが民対（共産党民族対策部）から出ましたよね。

金時鐘　うん。でも僕はそのまま放っておった。本人が申し出ない以上、除籍はできない。朝鮮戦争期のわが身を顧みず動いた反米・反基地闘争まで、「極左冒険主義」のひと言で片づけられることへの、僕なりの思い入れも働いた。僕は今打ち明けることがいろいろあるけど、『マルセ』という非合法新聞があって、「新しい朝鮮」の略語だけれど、その新聞編集の遊軍でもあった。編集長はいち早く北へ帰ってその後消息が分からない白佑勝《ペクウスン》氏だったが、彼とは五七年だったか、『青銅』という総合雑誌を僕が主幹で白氏が編集長で刊行したが、総連からこれまたすさまじい干渉を受けて一号で頓挫した。パトロンの玄文淑《ヒョンムンスク》氏が総連の説得を受け入れて手を引き、白氏までが僕への批判文を発表して北共和国へ帰国した。『青銅』のいきさつだけでも優に在日文化の裏面史を抱え持っている。明かす必要などもうないことだろうけど。

文京洙　『マルセ』っていう非合法新聞はどこから出したんですか。

金時鐘　朝鮮戦争が厳しくなってきて、民対が民戦の裏組織としての祖国防衛委員会（祖防委）、祖国防衛隊（祖防隊）を作った。もちろん非合法団体でした。『マルセ』っていうのはその祖国防衛隊の機関誌やね。

文京洙　「マルセ」っていうのは？

金時鐘　それは隠語やわな。セジョソン（新朝鮮）のセを丸く囲んでマルセと言った。

その頃、石範兄が大阪に帰っていて、僕は、何事かあると相談に行くんですが、実に冷めていた。あの時は、お母さんとご一緒だった。民戦末期で、こちらは二万、三万人単位の集会を打って、歌を歌わせ、演劇まがいの演《だ》し物をくり広げたりしてきたんだけれど、石範兄は全然力を貸そうとしなかった。だからといって、僕は恨みがましいことはちっとも思わなかったな。あの時代は、北の共和国が絶対的正義の時代でしたよ。韓国は李承晩《イスンマン》という暗愚な大統領下にあって、非常にいけない国だった時代ですから。活動のことで相談に行くと、たいていは皆、共感してくれて、すぐに一緒になれた。だけれど石範兄の場合は拒絶というんでもないが、「わしはそういうところとは縁がないわ」と言って、力を貸していただけなかった。

だけど、「わしには縁がない」という中に、僕は文学を感じましたね。そういう渦の中心に生きるより、影の部分で忸怩たる思いを抱えて自分の目を擦りながら瞳を凝らしている。そんな感じが今も抜けない。そんな人が「鴉の死」（一九五七年）に始まり、『火山島』（一九七六～九七年）を書き上げた。物事の影の部分に居続けた人の意志力を感じます。僕は石範兄と出会ったことで、文学する者の肉感的な陰りのある存在性のようなものを焼きつけました。

当時は、ソ連からの社会主義リアリズムの時代で、レーニンの教えだとかいって、芸術家、文学者、特に詩人は大衆の魂の旗手だ、と組織従属の政治主義を無理やり押しつけられた。こっちは国から逃げてきた負い目もあって、七転八倒しながら動いていた。あの頃は、僕も一晩で戯曲一本仕上げるくらい、膨大な量を書き散らしていました。今ではハナ紙にもならんですがね。そうした陽的な表の場に立って活動する僕が、陰から陽射しを見透かしているような石範兄と出会ったことが、僕の詩のありようにも強く居座っています。文学というものは、鼓舞するためにあるのではないということを、身をもって示している人でした。

『鴉の死』に至るまで――～一九五七年

金石範　時鐘に、私は何か協力したようなことはないのは本当や。彼（時鐘）が済州島でゲリラなんかしていた話は、その頃個人的には聞いたことがある。彼が作家だったら、時間がたったら書かずにはいられないだろう。書かずに今まで生き延びることはできないだろうと思う。四・三事件のことは彼の分断の祖国を歌った『新潟』（一九七〇年）という長篇詩にねじれた地脈のように鬱屈した陰翳を帯びて出てくる。

私は『朝鮮評論』をやっている時、北の組織の関係で、日本共産党を脱党して仙台に行った（五二年二月）。そこでの仕事もだめで、三、四か月で辞めた。それで大阪に戻れないので、東京に居座る。仙台の組織の仲間の一人の丁炳雨《チョンビョンウ》というのがダイナマイト自殺で死んでしまう。これは最近になって小説にも書いてある。[*9]

五四、五年に大阪に戻ってきた。だから四、五年東京にいたんだな。ちょうど大阪に戻ってきた時分で、時鐘は、私に恨みごとを言ったことがあるな。相談に行ったら、私が全然受け付けなかったんで、寂しく思ったと言ったかどうかは覚えていないけれど。

金時鐘　どうして共産党を脱党して、仙台へ行くことになったんですか。

金石範　あの時のことは、小説にもしたから、もう時効やし、言うてもいいんだが、あの時分は、組織や党というのは絶対的なものだった。全理京《チョンイギョン》が共産党民対（民族対策部）のキャップをしていた。彼は今里の国際病院に入院していて、私は脱党届を出しに病院に行ったんだが、いないわけや。そこで脱党届だけをベッドの上に置いて、その足で神戸に行って『朝鮮評論』第三号の編集を一生懸命やった。あの時、神戸に金世倫《キムセリュン》という人がおった。彼のところで編集をして、印刷屋に入れられるようにやっておいた。それから密かに仙台に行った。[*10]

「北」系統の地下組織の指示で日本共産党を脱党して、仙台に行くことになった。当時、仙台には「北」の共和国とつながった組織があって、経済活動をしながら、「北」への資金調達などをしていた。親しい友人の大阪の学生同盟で一緒だった高《コ》学能《ハンヌン》がその組織のボスの直属の部下として仙台にいた。私は、彼に呼ばれて仙台に行くことを決め、仙台のある新聞社の広告部で広告取りをすることになった。しかし、この仕事がまったく肌に合わなくて、ノイローゼのようになって仕事が続けられず、仙台から出ることになる。あれが学能じゃなかったら、私は仙台から出てこられなかったんじゃないか。出たら今でいう「内ゲバ」で殺されてしまう。組織から脱落して出てくるんだからね。

仙台に三、四か月いて出てきた。あとになって分かったことだけど、私と入れ違いに仙台の組織に入った丁炳雨はダイナマイトで自殺して死んでしまった。結果的に考えると、そこから『鴉の死』への道が始まっていた。共和国に直結する組織だけれど、私には仕事が合わなかった。下手したら死んでいたかもしれないもんね。私はああいうところズルイんだな。嫌だったら辞めちゃうんだ。だから、あの時の絶望は普通じゃない。

二つの組織から出たわけだから、行くところがない。組織の線が切れるということは、政治生命が切れることだからね。私はそんな偉い人間じゃないけれど、政治生命が切れるということは、思想的に転向したり、敵に組織や自分を売ったりしたわけじゃないんだけれど、客観的にいえば、堕落分子やな。脱党分子や。

『鴉の死』の主人公は、済州島米軍政庁の通訳をやっているが、ゲリラとのつながりがあって、スパイをやっている。そこから情報をとってゲリラの組織に流す。秘密党員なんだが、このモチーフは仙台の経験から出ている。その時はまだ韓国籍に変えなかったが、もうちょっと時間がたったら韓国籍に変えて他の仕事をするはずだった。〔反李承晩の運動を〕カムフラージュするために韓国籍をとるわけだ。そうした仙台での経験が〔スパイを主人公にした〕『鴉の死』につながっている。あの時の孤独は普通じゃない。しかし、あの時仙台に行かなかったら、おそらく『鴉の死』は生まれなかったと思うんだ。

まぁ、そういうことがあった。時鐘は、私が全然相手にしなかったと言うが、組織を二つ出て、大阪に戻ってすぐだもの。私がいったい何をする資格があるかいな。五九年一二月からは鶴橋で屋台をやった。六〇年の三月までしたな。四月から朝鮮学校の教師に就くから。それは組織に対する絶望というよりも、自分に対する絶望だね。在日朝鮮人は組織活動していれば、愛国者といわれた時代だから。

金時鐘　北朝鮮・共和国というのは絶対的な正義だったからね。社会主義は未来への正義でもあった。

金石範　僕が仙台に行ったことは誰も知らなかったと思う。三〇年以上、誰にも言わなかった。アメリカでも外交上の公文書は二五年で公開するというから、もうとっくに時効だ。

あの時の絶望は普通じゃない。
（金石範）

『ヂンダレ』批判とは――一九五七年～

金時鐘　石範兄と出会った頃の印象は、そういう存在の翳りの濃さです。日向にいる金石範の記憶は全然ない。いつも薄暗いところにおった。その印象は今でも変わらない。

僕個人的には、総連が一九五五年に結成されたとたん、思想悪のサンプルにさせられる。何十年もたったから客観的な分析ができますが、なぜ、僕が槍玉にあがったか、いくつか理由があります。世間的には「大阪総連」（一九五七年）という詩を書いたとか「盲と蛇の押問答」（一九五七年）というエッセイで組織を誹謗したというのが主な理由になっていますが、本当は別な理由が二つある。

五五年に民戦が解散して総連になったわけだけれど、実際には闇討ち的なクーデターでした。大衆討議ひとつあって変わったわけじゃない。民戦時代は、給料の一銭の保証もなくとも皆、悔いなく動いたんですよ、誇りを持って。僕に誇りはなかったけどね。でも皆、確信を持っていたし、いつでも自分の身を投げ出す思いを持っていた。

総連への路線転換後も、繰り返しになるけど文化運動らしいものとしては全国的に『ヂンダレ』しかなかったんです。若者が四、五〇名集まっていましたから。すると路線転換への関心を集めるために何かを叩く必要があった。その悪のサンプルに『ヂンダレ』がちょうど当てはまったんです。『ヂンダレ』の内部では路線転換直前から政治主義的な民戦の指導を嫌う風潮が出てはいました。「プロパガンダだ、文学じゃない！」と。

金石範　すると、以前は『ヂンダレ』は民戦の下でやっとったわけだ。

金時鐘　そうですよ。大阪府委員会の決定によって、青年たちを集めるために『ヂンダレ』を発行したんです。他にも六〇近いサークルを作っていった。その後、路線転換したから、表向きでも続いているのは『ヂンダレ』しかなかったんです。『ヂンダレ』は路線転換の意義を踏まえていない、小ブルジョワジー、無国籍者たちの集まりだ、と最初、叩かれました。『ヂンダレ』が決定的に叩かれることになったのは、自分でもまだこのことが書けなくて原稿を途中で置いてあるんですが……。

金石範　書きおろしの自伝のことだと思うんだけれど、ぜひとも完成させるべきだよ。

金時鐘　簡単に話しますと、僕が一番あほ臭くなっちゃったのは、「虹を追いかける少年」という民族学校初級学校の副読教科書にも入っている、金日成将軍の幼少期の話です。原本は、かの韓雪野《ハンソルヤ》氏、当時は朝鮮作家同盟の輝ける委員長でした。そのお方が金将軍を讃えるために書いた『歴史』という、国家的大ベストセラーの歴史書があるのですが、その中のひとくだりを子供向けに読みやすくしているものです。あの美しい虹をどこに行ったらつかむことができるのだろうか、と少年が思う。しかし、行っても行っても追いつけない。その時に、ハタと気がつく。「そうだ！　虹のかかっているこの国が私の祖国だ。この国を愛さねば！」と悟る話です。これは、僕が猛烈な皇国少年だった折に読んだナポレオン物語、コルシカ島で虹を追いかけていたナポレオン少年の話とまったく同じなんですよ。僕はこの不遜な焼き直しを建議書にして、在日作家同盟事務局長の金民氏《キムミン》に提出したんです。五七年の秋頃だったと思う。当時僕は、作家同盟の大阪支部長でしたからね。それが一つの原因。

もう一つ。たしか五九年だったと思うけど、民族反逆者にされる決定的な理由がある。『金日成選集』の巻頭に載っている、白馬にまたがった金日成将軍の写真らしく合成されている絵を見た時、これがまた少年期に何かにつけ見せつけられていた、ヒロヒト大元帥陛下の〝英姿〟とまったく同じなんだな。構図から半身のポーズまで。これも建議書にして総連大阪府本部の高時満《コシマン》教育文化部長に出した。こういう虚偽こそ金日成将軍を冒瀆することではないのかと。そのことについての返事は一切なく、締めつけが目立ってひどい状態になってきたから、「盲と蛇の押問答」を書いた。人間の意識の画一化と文学することはどういう関係にあるのか。それで決定的となった。金達寿《キムダルス》氏が組織批判第一号で、金時鐘が第二号だという話があるが、それは誤りでしてね。僕が金民氏に建議書を出したのが、一九五七年、達寿氏が岩波新書で『朝鮮』を出して批判されるのは一九五八年のことです。

そのあと僕は続いて詩雑誌『現代詩』に「第二世文学論――若き朝鮮人の痛み」（一九五八年）

というエッセイを書いたが、総連に回収された。許南麒《ホナムギ》氏の詩を槍玉に上げたんです。五九年から、彼は文芸同（在日本朝鮮文学芸術家同盟）の委員長になる頃でした。

そういう中で、よく気が狂わなかったな、という生活をやってきました。石範兄が屋台をやっていた鶴橋の会館前の長屋に間借りしていた時代です。石範兄は生活がどうにもならんで、屋台を始めたんだが、僕も四面楚歌のさ中にいた頃で、一時文芸同大阪支部の初代支部長に推されたほどの大先輩だったけど、僕に対する非難めいたことはひと言も聞いたことがなかった。それどころか、これは石範兄とは特に親しい趙南斗《チョナムドゥ》氏から聞いた話だけれど、「時鐘は才能のある詩人や言うてた」と。当時、石範兄は文芸同大阪支部長の身で、その中ででも褒めてくれたんやな、思うてな。そういえば思い出しますが、あの批判のさ中で、朝高の校長だった韓鶴《ハンハク》洙《ス》先生と連れだって「黙って朝高にきて先生をやれ」と親身に勧めてくれたのも石範兄やった。

なぜ日本語で書くのか

金石範　私も時鐘も七〇過ぎたし、人生を総括する時期は過ぎてしまった。一九四九年に彼は、虐殺の島から両親をおいて逃亡してきた。彼はもともとは元山生まれだけれど、済州島で育った。しかも城内《ソンネ》（済州市の中心部）の出身です。大阪に城内出身者の親睦団体があります。そういう関係で頼るところもなくて相談したかどうか知らないけれど、あの当時で、在日の問題にいち早く思考がいくのも、おそらく時鐘が初めてじゃないかな。それには日本語の問題もある。「元を取り返す」、そういう思想だ。

時鐘の場合、日帝時代、徹底して皇国少年だった。解放後、その自分は何であったかという問いから始まる。日帝時代、率先して創氏改名し、小学校の生徒に、皇国臣民にならないからと暴力を振るった豊田先生（五六ページ参照）が、戦争が終わると今度は道（島）学務課長になる。そういうアホらしい時代に、彼は皇国臣民から一八〇度転換する。その反動が彼を組織活動へ駆り立て、終いにゲリラになる。解放前は「日本人」だったが今は違う。では本当の自分は何者か、という実存的な問いへの、実践的な答えだった。しかし、それも挫折してしまう。その間の数年をたどっただけでも大きな小説になる。革命の挫折だけではない、自分とは何かという実存の挫折、破壊だ。すべてが潰れてしまった。

そういうところから知り合いもいない日本へ来た。日本へ来たことを懺悔するとか後悔するというものじゃないだろうと思う。後ろめたいこともあっただろう。両親をそこに残しているし、友人らも死んだ。絶対的な断絶。そういう状態で日本へ来て、もう一回、自分の生き方を確かめる、生き直すために組織活動に入った。それは非常に一徹だった。民戦時代を路線転換の直前まで一生懸命やっている。

私は五二年に党を辞めて大阪から消えたから民戦の内部抗争[*11]は経験していない。しかし実際、これは、深刻な抗争で、最後まで続く。にもかかわらず、彼は一途に組織活動を行う。あの頃は皆、日本共産党員ではあるけれども朝鮮人としての愛国心を持ってやっていた。

今、時鐘の話を聞いてみると、五五年（路線転換）を前後して、組織に対する価値観のズレがあった。彼は詩人としてぎりぎりのところで実践活動に参加した。その中で、彼が武器にしたものは何かというと、日本語ですよ。彼は、解放後、それまでの「日本人」であることを否定されたが、数年後、その日本へ初めて来る。そこで結局、今度は日本語を武器にして文学をやっていくことになる。これは非常に矛盾する話だ。戦前に許南麒《ホナムギ》や金達寿《キムダルス》が日本語で作品を書いたこととは問題が違う。

日本語は戦前、鞭と脅迫によって覚えさせられたものだ。それは戦後いったん、否定されたはずのものだった。ところが今度は、日本にやって来て再び日本語を使って詩を書くとなった時、時鐘にとっての日本語の意味は、心理的にも日本にずっとおった人間とは違う要素を持ってくるんじゃないかと思う。そこに見えるのが論理性である。私のいう論理性というのは、意志の力だ。時鐘の詩は意志だ。意志は必ず論理性を持っている。構想的な力です。

抒情を拒否する力は意志であり、日本語の花鳥風月的な抒情に身をさらしながら、いわば分裂した状態で、創造的な使い方をしたんだな。「なぜ日本語を使わなければならないか」。私も小説を書くようになってこの矛盾に非常に悩んだ。

金達寿氏は、日本の読者に分かってもらうために日本語で書くという言い方をしているが、言葉って、文学はそんな方便的なものではない。時鐘の日本語は、かつて自分の精神、肉体全部を支配した言葉だ。考えてもなかった日本本国へやって来てそれを使うんだから、その奪われたもの、根こそぎ否定されてきたものを日本語そのもので取り戻そう、という執念がある。日本人が肉体的に引き継いできたものと明らかに違う。

「日本語」というものを根本から見直さなければならない必然性に襲われた時、詩作に影響を受けたという小野十三郎の抒情性の否定とうまくマッチしたのではないか。抒情を越えた、肉体としての言語の力という考え方に。

時鐘の随筆、エッセイ、評論もなめし革みたいな言葉、文章だな。強靭な意志の裏付けによるものか、センチメンタルな部分がない。しかし抒情的なものがないということではない。感傷を排除しても、抒情はいくらでもできる。そのことが彼の文体を客体化しているのかもしれない。

『猪飼野詩集』（一九七八年）の中に「うたまたひとつ」というヘップサンダルの作業場の詩があるが、あのように彼の存在は、「打って、打って」だな。抽象性はあるが、観念的ではない。自然主義でもない。完全に彼の肉体である。そういう日本語が創られた。単に言葉の問題ではない。金時鐘の文体の拠って立つところは思想なんだ。その文体が思想を生むのか、思想から文体が出てくるのか。その底に意志があり、論理がある。思想詩人といわれる所以。一九九七年に出版されたエッセイ集『草むらの時』はその見事な結晶です。

金時鐘　過ぎたお褒めはだいたい割り引かれるものですが、でも嬉しいです。僕らは、等し並に五十数年前の八月一五日に解放された国の国民になったんですよね。僕は満一六歳でした。個人の立場から言うと、僕は自分の国が奪われる時も何ら関与したことがないし、国が返ってくる時も、何ら力を添えることもなく、ある日、突然、「これがお前の国だ」という国を与えられた。それまで営々と培って蓄えた言葉が無に帰して、真っ暗になってしまった。決して誇張でなく、立ったまま地の底へめり込んでいくみたいだった。

僕は小学生の時に『世界文学全集』を読み漁れたほど、自分の少年時代はある意味で幸福だったと思うんです。僕の日本語の土壌は、その辺にあるかもしれません。その頃は、リリックな白樺派的文学系統の流麗な日本語を一番よいものと思っていました。

僕が石範兄と会って驚いたのは、石範兄の書く小説が、日本の伝統的なと言っていい、私小説的な文体でないということでした。日本の抒情から切れている日本語だった。僕は自分でもそういうことを意識し始めていた時期に、石範兄の小説に出会った。日本語で書いているものだが、僕が雑学的に否応なしに身につけてしまった日本語とは確実に違う。作家・金石範の文章は、日本人の持っている言葉ではない。日本に生まれ、日本で成長した人にして、日本の私小説的影響を受けていない文章を書く先輩がいたということは、僕にとって示唆以上の大きな感銘でした。

とにかく、僕と石範兄との長い関係というのは、日本の流麗な文章から切れている関係ではないかと思っています。

後ろめたい状態で日本へ来て、以来、少しも気が晴れずにいる中で、僕は北に帰ることばかり夢見て耐えた。日本へ来る時も、日本から北へ行ける船が出ると聞いていた。それだけが希望だった。それが新潟に対する憧れだった。

五七、八年頃、『解放新聞』の後、『朝鮮新報』になる前に、一時『朝鮮民報』という名称の時があったが、そこに四回にわたって膨大なスペースで私に対する批判文が掲載された。朝鮮作家同盟詩分科委員長趙壁岩《チョビョガム》という人の記名入りだった。そこでどんな表現を使っているかというと、僕、金時鐘のことを「キャベツ畑のトゥドォジ（モグラ＝畑に坑道を掘り作物を害する）」と規定している。その後で「アオムシ」の表現も出てくる。当時、在日作家同盟の事務局長で、『朝鮮民報』の文化部長であった金民《キムミン》氏は、僕への長文の批判文の解説記事を書いているので、僕にも反論の機会、つまり『朝鮮民報』に僕の言い分も書かせてくれ、と手紙を書いたんです。

だが『朝鮮民報』は社民新聞（社会民主主義の略で、つまりプチブルの新聞という意）ではない、とにべもなく断られました。その代わり「意見交換の場を作ってやる」と言われて、鄭仁《チョンイン》氏と梁石《ヤンソ》日《ギル》と三人で東京へ行きました。上十条の朝鮮高校の教室で、激論を闘わせましたよ。彼(金民氏)が言うには、「思想は対決だ」、個人的なつながりとか友情の問題ではない、と。話は長くなりました。こっちも譲らないし。

金石範　何時間くらいやったの。

金時鐘　午後三時くらいから夜中の十一時すぎまで。その時間になって「お前らどこに泊まるんだ」とも聞かずに、はい、さよならや。上十条の朝鮮高校は、駅から随分遠いところでしたよ。我ら三人、誰も東京知らへんがな。寒い夜だった。僕はそれから在日の問題を詰めて考えるようになった。来るべき国でもない国に来て、夢を持って生きようとする芽を断たれたら、僕はなぜ日本にいるのか、なぜ日本で耐えねばならないのか分からない。

あの時は、「日本語で書いてはならない、朝鮮人は朝鮮語で創作すべきだ」というキャンペーンがものすごく強い時期だった。僕は国で解放を迎え、国語(朝鮮語)を死に物狂いで勉強したから、一応、過不足ないくらい使える。ところが梁石日のように日本で育った者には文学をしてはならん、ということにもなる。

あの時、金民《キムミン》氏の他に、南時雨《ナムシウ》氏、林炅相《イムキョンサン》氏、ほかに三人ばかり中央のエライさんがいた。この人たちの皆が僕同様、潜水艦(密航船)で日本に来た連中ですよ。たまたま大阪に着いたか東京に着いたかの違いだ。その違いで彼らは中央のエライさんになっている。本国にいる間は、お互いにどういう思想の持ち主だったかも知らない。しかし、二〇歳前後で日本に来たから、朝鮮語はよくできるわけですよ。また、常識的な歴史も一応知っている。それだけで、なぜ日本の在日社会で主人公に納まっているのか。なぜ偉いのか、と詰め寄った。そうしたら、林炅相氏は正直だった。「アイゴー、時鐘トンム（同志）、辛いことを言うよ。それはもっともだ」と。

僕は、在日の関係では自分が主人公になってはならないんです。たとえウリマル（母国語）の蓄えが浅かろうと、日本で生まれ育った朝鮮人たちが、在日を生きる主人公ですよ。「在日を生きる」というのは、そういうことを言っているんだ。あれは僕が言い出した言葉です。そうして、自分の言葉とは何かを必死で考えるようになりました。僕は「在日朝鮮人語としての日本語」という言い方をしてきています。在日の古い世代の使っているのは「日本語」ではないんです。「在日朝鮮人語」としての日本語なんです。そういうことが表現の世界で復権できれば、という思いを、「在日を生きる」中で考えたりしてきている。それで世に受けない生活ばかり、やってきているわけです。

在日と「転向」——戦後をいかに生きたか

金石範　あの、時鐘の場合ね、皇国少年から、革命の道に入っていって、皇国少年とその後の道との間に、見た目にはね、非常に大きなギャップがあるわけじゃない。そういうケースは時鐘だけじゃなくてたくさんあるわけですよ。その中にね、例えばこれは私の小説の中の人間だけど、〔戦争中は〕親日やって〔解放直後は〕革命になって、今度また反革命になって、という人間だって実際にたくさんいるわけだ。でも機会主義的な意味で反革命になるのと、いろんな同志とか人間を知ったうえで革命側の不条理に絶望して反革命になるのって違うじゃないですか。時鐘の四・三批判、これは反革命だろうか。そうではない。金時鐘という一人の個人を見た場合、七〇過ぎてるわけだけど、今までの詩人として、人間としての生き方は、四・三への沈黙を含めて、自分が加担した四・三に対する絶望、罪悪感みたいなものを詩的真実、文学的真実に生かしてるわけだよ。

なぜこういうことを言うかというとね、私も七〇過ぎて親しい人とか、友だちとかいろんな人がたくさん死んだわけですね。周囲に昔知ってる人間はあんまりいないけど、私は、今生きている人やすでに亡くなった人も含めて、戦後われわれの周辺にいた人のね、だいたいの生き方というものを現実に見てきました。そうして見てるとね、やはり金時鐘の生き方というのは、ね、あの少年時代の皇国少年からの、純粋な自己否定ですよ。自己否定から始まったものが途中で決して覆っていないと、今になってはっきり言えるんじゃないかな。在日の、「転向」と言ってもいいようないろんな人の変化を見てきてる私には分かる。人間はね、変化しないとダメだと言うじゃない、だいたい獄中で転向しない奴はバカだとか言う話も一時ありましたけどね。変化しないといけないけどね、原則的な変化が必要なわけであって、機会主義的に順応したらいいというわけじゃない。〔植民地時代は日本から、戦後になっても北側の総連や南の韓国から、弾圧されたり、懐柔されたりするなかで、〕本人は自分では思想を堅持しているように見せながら、崩れていく。そういうのはね、もう死んだ人もいるし、今周囲にもいるね、私の狭い周囲ですが。自分では変化していない、原則を守っている、自分をそのように見せてるわけですよ。

かつての皇国少年から社会主義者になる、そういう変化は皆あるの。それは時代がまた要求するわけですよ。それと成人した人間の場合とは違う。最初はその時代の体制のなかでそれなりに順応してるけど、今度は全然新しい体制ができるとそれに順応していくとかね。いろんな変化があるけども、そういう人たちは悪くいえば、表をつくろいながらの機会主義者。まぁどっちが正しいか分かりませんけどね。われわれみたいに一途なのがよくないか分かりませんよ。生きにくい。でも私なんかから見てると、そういう人たちは崩れていくわけですよ。そういうところから見ると、彼の少年時代の皇国少年からの変化というものがね、彼の一生を決めてるわけです。後には戻れないような自己批判の力を持ってた。その力が例えば解放後の先生の影響とかね、目の前に見た民族反逆者と言われた人たちへの反発もあるけれども、彼の自分の持っている、〔自己否定を〕受け入れるだけの力、別の言い方すれば、一つは感性の力でもあった。

そういうものが、四・三が抹殺されタブー視されてきた昔と違って、今歴史のうえに浮上しているこの時期に、そりゃ非常に気持ちは楽ですよ。二、三年前だとしかめ面していたけど、今は解放されているのよ、お互い歳とってしまったし。ずっと四・三を背負ってきたけれど、これが今でも四・三はタブーで人に言えないという状態だったら、金時鐘が七〇過ぎてもね、こんな話は話せないと思う。辛いかもしれないけど、今は無意識のうちにでもわれわれは解放されているんだよ、死んだ人間はさておいて。自分の気持ちを、こういう機会に歴史の資料として残せというのではなく、やはり実際体験してきた苦しみを、そして時鐘は、非常に酷な言い方しますと、自分が同志を捨てて来た人間だと、実際そうだというより、自分がずっとそう思い続けてきた人間ですからね。そういう意味ではな、自分の体験は人に話さずに墓場に持っていくと言う人もいるけど、やはり今ここで、生きている場で時鐘は話さないと。

もうひと言付け加えると、私はね、この戦後生きてきた一人としてね、問題は生き方なんですよ。その生き方というのは、彼の場合は八・一五の解放を原点にして、逆さまな形でこれまで一生誠実に生きてきたということ。私の周辺でも必ずしもそうじゃない場合もかなりあるんですよ。そういう意味では、やはり在日する者としての一つの誠実に生きる姿が彼の話のなかにでてくるじゃないですか。ただあの時こうしたああしただけじゃない、全体を、ともかく悩みながら一応誠実に生きてきたという。歳とるとね、そういう思いが強いよ。そうじゃないすべての人を否定してるんじゃなくって、やはりこういう生き方もあるということですよ。

金時鐘　僕の場合は何も誠実に生きたということもないし、そういう形で評価してくださる先輩とか知人たちもいますけど、僕の場合はね、このような暮らし方しかできようのない状況を生きてきたというにすぎない。

金石範　それはその人の人間的な資質によるか分からんけどね、人間そうじゃない場合が多い。適当に順応して、そうでないように見せながら生きている。それが世の中だろう。私はそのようにできなかった。時鐘もそうなんだよ。

金時鐘　なぜ「朝鮮」籍[*12]にこだわるのかというと、確かに韓国籍をとれば、もっと自由でいられるしな、金先生くらいだったらもっとよくしていられるのにと言ってくれる人もおるけど、そういう方便の問題じゃないんだな。僕の場合は、あれほど無道極まりないことやって、作り上げた韓国という国家体制をね、出来上がった体制の過程を身をもって知ってる者としてね、実際的に韓国のこの五十数年というのは、もし戦争責任というのが厳密に言えることならね、植民地統治下でいい思いした連中がな、おおっぴらに復権して政財界から芸術、教育界に至るまで重鎮におさまってきたという年月なんだよね。で、日韓関係の友好というのも、日本でも戦争犯罪者に類する連中らが自民党という権力与党の重鎮に座って何十年来たわけでしょ。僕は日本で最初に出会ったのが、幸いにも金石範先輩であったり、姜在彦氏といった民族意識の強い社会科学者たちだったたんですが、僕も民族分断の単独選挙に抗った者として、「朝鮮」という総和を生きるしか方法がない。

よく、それでもお前は人間かっていう手紙を縁戚の人からもらったこともありますよ。僕の母の弟になる人が、日帝時に帝国大学出た何人もいないうちの一人なんですけど、お前は人でなしだと、〔韓国に〕帰ろうと思えばいつでも帰れる、私が保証する。親父やお袋が死の床に臥せっているというのに、それほどまでもアカが好きなのかと、公認会計士の叔父は会うたびになじった。僕は思想のために行かなかったというより、あんなことをへてきた四・三がありますから、アメリカのごり押しで出来上がった国家に帰依することはできない。では自分がずっと行きつきたかったのが今の北なのかっていうと、かつての南に負けず劣らずくらいの国に今なっている状態があって、なおさら総称の「朝鮮」に固執するわけです。決して僕が思想が強いとか、そういうことで「朝鮮」にこだわってるんじゃなくてね、これはまったくの意地ですね。

金石範　北と南が単独の国家体制になっていて、したがって北の共和国国籍とか南の大韓民国国籍とかになっているけれど、それは分断された祖国の「かけら」としての「国籍」、「片割れ」の「国籍」であって、本来的なもんじゃない。「分断の象徴」なんだ。もちろん国家体制というのがあるから、それは現実的な法的強制力を持っています。しかしそれは絶対的なもんじゃない。その現実を超えて本来的なものを求めるのがわれわれの想像力。私が「在日」をカバーする祖国統一を前提にした連邦的な準統一国籍制定を考えるのはそのためです。私には「北」も「南」も祖国ではない。したがって「北」の国籍も「南」の国籍も取得しない。統一祖国が私の祖国なんです。

金時鐘　自分で合理化できるものがあるとすれば、幸か不幸か詩をやったということでしょうかね。自分の意識を「支配」というと、物理的な気がして僕はいつも観念的な心情的な「差配」という言葉を使いますけどね。僕の意識を差配していた言葉が日本語で、自分の国の言葉は日本語を介して、プリズムが色を分けるようにして紡がれてくる。僕にとって「解放」とは何かというと、やっぱり自分の言葉の問題ですね。だから意地があるとすれば、詩をやることであり、非人道的なことをやって出来上がった国家に、今なお同調できない。僕は金先輩にも文京洙にもすまなく思うけど、僕はね、済州島好きじゃないねん、愛してるけど。

金石範　なんで？　すまないことないやん。

金時鐘　金先輩にとって、済州は国家と等価のもんだから。

金石範　それは昔。

金時鐘　僕もそうですよ。だけど……、前にも少し話しましたが、同じ党活動やっててもね、自分の親父殺させる例がありましたからね。あの子は玄《ヒョン》なんとかいったかな。済州酒精公司に給仕で入った見習い工だった。まだ一四、五だった。ただ出入りができる立場にあるというだけの理由からだった。僕らの影響下にある少年部の同志で、その少年に電気室の動力タービンを爆破させる任務を与えた。今思えば粗末な火炎瓶や。捕まって公開処刑されたんや。もう組織は自爆めいたことしかできなくなっていた。その処刑を見たという人が、万歳《マンセー》と叫んだおっさんらがおったというんや、その少年殺すの見てね。遺族に死体引き取りも許さんと、何日も放置したというのよ。……だから僕、決して思想だけのためじゃないねん。僕の場合もう凝り固まった意地や。四・三事件の犠牲者たちの名誉回復が法的に図られるようになったのは何よりのことだけど、本当は大韓民国の大義である「反共」そのものの内質が究められなければ、死者は浮かばれない。遺族の大方もまた口を開こうとはしない。

僕はね、済州島好きじゃないねん、愛してるけど。（金時鐘）

四・三事件の原因と評価

文京洙　両先生の言葉がとても重いので、なかなか介入できないんですけども、先ほど時鐘先生の方から四・三の原因に当たるようなことが少しありましたが、四・三事件の原因や評価といったことをおうかがいしたいと思います。

それに関連して、何度か信託統治をめぐる問題が出てきましたが、お二人のお考えが違うというより、信託統治問題への関心の方向がお二人の間で微妙に異なっているのではないかと思いました。つまり、石範先生は、信託統治の問題は、解放後米ソによって分断され占領されていた朝鮮が、統一政府を樹立する唯一現実的な道筋として考えておられ、一定の信託統治期間を過ぎれば、統一政府の樹立が可能であったはずだし、さらに言えば、南北の人民委員会の連携を基礎とした政権作りができれば、米ソや親日派の勢力を排除した真の独立統一国家も可能であったとお考えではないかと思います。そして、そうした可能性の芽を摘んだのは、北の責任もあるにせよ、少なくとも南朝鮮では、主として信託統治を提案しながらこれを最後まで追求することなく、次第に李承晩《イスンマン》や親日派の手を借りながら、親米の反共国家を南に作ることに傾いたアメリカであると、そのようにお考えだろうと思います。

これに対して、時鐘先生は、四・三事件そのものに南労党の党員として関わられたお立場から、四・三蜂起が、なぜあのような凄惨な事態を招いてしまったのかを自問されるなかで、四八年八月の海州《ヘジュ》会議によって明らかになった北との連携が、遡って四六年当時の賛託・反託の議論の頃から、信託統治より南の民主基地化を優先する反託派の中に伏在していて、それが四・三蜂起の組織内部での主力であったことを問題にされているのだろうと思います。改めてその辺でいかがですか。

金石範　四六年一二月のモスクワ外相会議で、アメリカは、信託統治の期限を最初一〇年と主張したじゃない。それがソビエトの提起で五年になっているわけで、これはわれわれのソ連へのロマンチックな空想にすぎないんだけれども、四六年三月の第一次米ソ共同委員会の経過を見るとね、やはりソビエトの主張が正しいわけや。見たらデータ出てくるはずですが、そこにアメリカは反託の幽霊団体を一遍に六〇か七〇作ってきた。だからソビエトの主張する方向でいっておれば、米ソ共同委員会での臨時政府の成立というのは不可能でなかったと思うんだよ。そりゃ駆け引きはあるさ。でも理念的には、モスクワ三相会議での戦後処理の決議に基づいて一応道理のある形で米ソ共同委員会で交渉が行われてるわけだから、内部ではいろいろあるにしても、それでも、あの当時の米ソ共同委員会の討議を見ると、やはり信託統治を潰すのはアメリカ側だよ。アメリカ側というのは賛託の勢力が諮問機関に参加するようになっているにもかかわらず、李承晩《イスンマン》側の右翼の反託派の力によって妨害行為が起こって、それを結局アメリカ側が後押しして、終いには精版社のでっち上げ事件が起こるわけだから。北側の政策が最初から反託というのは、私の感じでは一九四六年一月の段階で一日の間に反託が賛託に変わるわけだけれども。その時分からすでにね、北の民主基地というのは、北の最初の憲法にあるようにソウルが首都ですよ。北の民主基地化というのはまず最初に北に民主基地を作っといて、統一の方向に向かうわけだから。これは統一の方法として、戦略として信託統治案と別の形で出てくる。

金時鐘　つまり信託統治を受け入れる側では、あれは絶対矛盾なんですよ。ソビエトが提起してそれに賛同して、賛託派以外は委員にさせないというような正当論を吐きながら、北に対しては北のソビエト体制に一番近しい体制を拍車をかけて早く作らせていくわけですね。信託統治をあの段階で受け入れたら、北の金日成体制は作れないんですよ。受け入れると言いながら、北の金日成体制が一日でも早く成り立つためにソ連は最大級の後押しをしたわけですから。そうすると北と有機的つながりがある南の党組織としては北の民主基地化に連携、連動するということは当然の動きなんですよ。信託統治を受け入れたらね、北の金日成体制は停滞せざるをえないんですよ。

信託統治というのは、戦勝国側の連合国四か国が五年間、行政を司るわけですから、北の独自の体制作りというのは頓挫か停滞させざるをえないんです。受け入れると言いながら、受け入れるわけにはいかないと。民主基地化が先だというのが党組織の方針になっていく……。

金石範　それ、ちょっと、資料調べてみないと分からないけれどもね。一般的な考えとして疑問が起こるのは、臨時政府というのは、米ソの共同委員会の決定だよね。四か国の信託統治と今まで言われてきたけど、何か戦前の国際連盟のような国際機関が南北朝鮮の委任統治（信託trusteeship）をするということではないわけだ。ただ、米ソ共同委員会の決定で、朝鮮に新しい民主主義的な政府を将来樹立するわけだ。その樹立するまでの五年間を、ソビエト側の説明ではいわゆる後見制《コペーチェ》（guardianship）や。

文京洙　樹立してその臨時政府を四大国が後見するっていう形が五年間続く。五年で後見をとる。

金石範　そう、五年で後見をとるわけだな。だから彼らが直接支配するわけでもなんでもないわけ。それでも、今時鐘が言うには、北の民主基地化が反古になるというわけね。

金時鐘　歴史的な事実としては石範兄の言ったとおり。ただ、党活動に関わった者が矛盾を感じたのは、つまりそこなんですが、国際的な指針としては賛託受け入れる態勢なんですよ。だが、実際としてはソビエトは賛同しない。冷ややかだったと。

金石範　それと、文京洙の解説にもちょっと触れてるけどね（本書二五一ページ以下参照）、北はすでに単独政権目指している。

金時鐘　だから、金日成が土地改革を断行して、金日成体制の基礎作りがものすごい勢いで進んでいた時ですよ。

文京洙　だから両面戦術なんですよ。ソ連は信託統治を実現する米ソ共同委員会をまったく無視するとか、力を入れないというんじゃなくて、ソ連も、信託統治に基づく朝鮮統一路線の方向に可能性を追求してるわけですよ、米ソ共同委員会に参加するし。ただ、石範先生が言われているほど、ソ連の言い分が正しくて、アメリカが一方的に間違ってるとは言えない。例えば、米ソ共同委員会の諮問団体から反託派を排除する問題でも、アメリカも、反託派でもこれから反託をやめるという誓約書を一枚出せばいいんじゃないかという妥協案を出してくるわけですよ。ソ連はそれも拒否するわけですよ。一回反託やった団体は絶対入れちゃだめだと。

金時鐘　会議の停滞を見こしての遅延政策だったと思う。

文京洙　だから一応、信託統治の可能性を追求しながらも自分の体制作りを進めている。

金石範　アメリカも南で親米政権作りをやるし、どちらも自分たちに都合のいい政権作りをやるわけだ。

この話が出てて重要視するのはね、歴史を勉強しなきゃいけないけれども、今韓国で現代史やる場合にね、例えば北では、表向きは信託統治賛成を言いながら、最初から信託統治なしで南も民主基地化するという政策が、実際立てられたかどうか、今ここで示せというのじゃないんだよ。歴史研究者がそうしたことを全部調べて、あの時分の信託統治をめぐる問題において北の政策がどうであったのか、戦略的な評価もありうるけど、果たしてそれが正しかったかどうかを、済州島での問題に限るんじゃなくて、そういうことも検証しなくてはならないな。

金時鐘　僕が言いたいことは、賛託・反託問題は民衆レベルだけの軋轢でなくて、それを指導すべき、南労党の済州支部内に賛託が建前でありながら、勢力分布としては賛託を党員は口にできない雰囲気があったということ。そして四・三事件の時その〔中心にあった〕南労党済州支部軍事委員たちに多少無謀さがあったとすれば、信託統治賛成の党指針が出てるにもかかわらず北の民主基地を南でも連動して進めるといったことを第一義的に考えたために、済州の軍事委員たちが、半ば独断的に四・三で蜂起したんじゃないかということなんです。これは自分の素朴な疑問ですけど。

金石範　それは文京洙の解説にも出てるけどね、いわば独断的に起こしているわけだ。

金時鐘　なぜ独断的だと言えるかは、賛託・反託の問題、つまり民主基地化確立、先進体制獲得、これが、念仏のようなお題目だったからです。

金石範　ちょっと待って。まず、アメリカの軍政統治があるでしょう、これが大きな前提ですよ。三八度線で分裂したことね。それから済州島内における共同体的な雰囲気。

　問題は四七年から始まった虐殺ですよ。四七年の三・一を経験して、これははっきりしてるんだから。何も四・三以後にではない、西北《ソブク》の連中が四六年の一一月にソウルでできて、済州島に入ってきたのが、四七年の三・一以降です。彼らその時分から給料がないわけですよ。給料がないから現地調達で何でもやるわけ。ここに虐殺の問題が出てくるけど、彼らには〔「アカ狩り」という」大義名分があるわけですよ。もちろん北でも粛清はありますよね。そういう煽りもあって、反共的な連中が、たくさん北から流れてきたわけですよ。それが最南端の南まで入ってきた。それは徹底した反共で、自分たちを十字軍と思っているわけですよ。それでアカの巣窟の済州島へやってきたんだから、アカ撲滅のためには何をしてもいいと。人殺してもいいんですよ。そういう、どこでもただ食いするとか、金品を強要するし、強姦するし、それが当たり前になってたわけね。そういうことが四・三以後に始まったことじゃないってこと。そういう蓄積の上に四七年の終わり頃になるとすでに山に入ってる人間がかなりいるわけです。四・三になってから入ったわけじゃなくて。大きな意味では親日派を土台にしたアメリカの軍事統治の問題。そして済州島における島民に対する外部から入ってきた人間たちの悪逆非道。あれは四・三以後じゃない。四八年の五・一〇の選挙反対っていうのがあったけれども、四七年当時はまだ、単独選挙を行うという国連の決定が出ていない頃からそういうことが起こってる。本土から入ってきた人間に対してはね、済州島の人間には、もともと共同体的な意識やそして排他的な意識もあるけど。〔そうした四・三以前の状況の構図は〕大まかにははっきり出ている。

金時鐘　四・三になるまでの経過と筋道はわりとはっきりしていていつでも取り出せる、いくつか本もありますよ。

虐殺の罪責と「和解」

金石範　問題は、時鐘が言うように、四・三が義挙であったのか冒険主義であったのか、闘いが敗北に向かうについて、二か月か三か月のつもりでやったのが、なぜこのような事態になったか、そういう問題がある。ゲリラ側にも虐殺事件はあるわけだよ。現時点でそれは批判されても仕方ないし、批判されなければならない。しかし、批判する場合に、同じレベルで批判できないと思う。大きな原因があるわけだから。結果においてのゲリラ側の過ちと、彼ら〔米軍政や警察や右翼〕がアカ撲滅を扇動したこと、これは済州だけじゃなくて、アメリカの戦後の世界戦略の一環なんだよ。済州島がシンボリックな形で、親日派が大韓民国を成立させて、しかも成立した大韓民国を統治するための踏石として済州島をアカの島にする必要があった。三〇万島民が全部アカだと。三〇万島民のアカの島を撲滅するためには、ガソリンを空から撒いて全島民殺してもいいと発言する人間が世界のどこにありますか。[*13] これ話にならんよ。済州島党の冒険主義の部分は認めなければならない。責任とらなきゃいけない。ゲリラが殺したわけじゃないけど、三万が殺されるに至るまでのゲリラ側の戦術的な失敗があるわけだ。誤ったものもたくさんあるわけですね。その分は今、時間がたった後だから、きちんとわれわれが自己検証しなきゃいけない。と同時に、今まで韓国サイドの大方の主張というのは四・三は「共産暴動」であり、虐殺もすべて共産側で行った反国家・反社会的な暴動で、軍や警察は何も悪くない、というものだった。それは絶対違うということ。

いくら極左冒険主義をやったかもしれないけど、そもそもの始まりがあってのこと、右も悪ければ左も悪いのレベルのものではない。国家権力の問題ですよ。それも、体験者がいるわけだから、体験者の話も、何もゲリラ闘争がすべて正しいって言ってるんじゃないですから。ただ私は客観的に見て、ゲリラ側であったことを全部悪いというふうに懺悔してすべて否定するというのはいけないと思うんだ。そうすると、アメリカと大韓民国の免罪になっていくよ。

金時鐘　だから単純に言って、僕が生涯これだけは譲るまい、僕も関わった関係者の末端の一人だけど、僕らが規定されるとおり「共産暴動」だったとしよう。でも暴徒は殺戮されて当たり前なのか？　殺戮者は正義で暴徒は殺戮されて当たり前なのか!?　暴徒と殺戮者という関係にね、やっぱり執着する。

ベトナム戦争の時の「ソンミ事件」では十何名かの村人を殺したとして、指揮官の将校を軍事裁判にかけたが、いかに悪徳なことをやる国家体制のアメリカであっても、建前上の正義は立てなきゃならないのが現代社会や。四・三事件の最たるものは、あれほどの殺戮をしたまま事件の真相を閉じ込める。そればかりか殺戮した側のほとんどが個人的な栄達を手にして韓国社会での名士に成り変わった。そういう殺戮者が正義であるということは正されねばならない。

自分の関わったことについて僕は、自分が名誉回復されるべき対象とは思ってないし、トラウマを背負って生涯を終わっていきますけど、だからといって、殺戮者を容認する気は全然ない。四・三事件を平定した権力者側は何をどう言おうと全き殺戮者なんだ。

金石範　四・三事件の評価でね、さっき信託統治の話出てたんだけど、時鐘の意見では、彼が組織にいた時から、実際の体験を通してね、北が事実上の反託であったという話も出たけどね。なるほどなと頷けもするんだけど、やはり四・三の起こった原因はね、私の考えでは、アメリカにあるんですよ。……それはね、済州島単独の闘いじゃないということですよ。もちろん中央の組織との関係では済州島単独で担ったし、済州島民の伝統的な共同体、それから今までの島民の気性というか、そういういろんな問題がからんでいるけど、まず大きな構図は、さっき時鐘の話に出たけど、〔日本からアメリカに〕主人が替わっただけで、〔日帝に仕えた〕親日派が、解放になっても親日派の問題が清算されないで、かつての朝鮮独立運動の闘士を虐殺した人間がまた愛国者を殺す側に回ってるわけじゃないですか。総督府側にいた者が、もう一回軍政を担うことになったわけで、表だけ替わっただけだ。なぜそれができたか、アメリカがやったからや。親日派の機構そのものを統治基盤にしていわゆる軍政支配を行った、そこに原因がある。北の単独の民主基地化の路線もあるけども、そもそも分断の南の地域において、その親日派の問題を根底から清算してみなさいよ、変わってくる。北の民主基地化云々と言うけども、親日派を清算したらそれも変わってくる。そして南における人民委員会も、北の人民委員会と連動する可能性も出てくるわけだよ。

そういうところから見ると、何と言うのかな、信託統治はね、非常に原則的に正しいもんなんですよ。それがなぜこうなったか。基本は北もあるけれども、親日派を前面に押し出したアメリカの政策、李承晩が親日派を土台にして政治権力をにぎり、彼は徹底した反共になっていく。そういう南朝鮮全体の政治地図から見ていかないといけない。そしてその一環として、済州島独自の風土的なものもあって、具体的な形で四・三事件が起きる。それが結局南朝鮮でシンボリックな民衆の闘いという形になって、その弾圧のためにまた権力はアカの島を作り上げる、それも半分はでっち上げがあるわけだ。アカの島を作っていって、そこへの弾圧で、自分たちのアメリカの統治と大韓民国政府の正当性の担保にするわけね。反共という大義名分をオーソリティとして確立する。そういう動きを見ないでね、済州島だけ特異な地域だからって見ると、全体の構図なんて分からないと思う。その意味ではアメリカの軍事支配といっても、その場合の前提は、親日派を清算しないで親日派を統治機構にした軍事支配。軍政にはいろんな形があるわけで、日本みたいに、日本の政府を使って間接的な支配をする場合もある。朝鮮の場合は直接の軍事統治なんだ。しかも軍事統治をどのようにしていったか。日本では半分はインチキだけども、極東裁判して一応戦争責任を追及するという形はとったわけだ。ところが南朝鮮では〔植民地支配に協力した人間への告発も裁判も〕何もない。何もなくてその親日派そのものを、丸ごと統治機構に組み入れた。ありえないんだ、こんなことは。ありえないことをしたんだから、ここからすべて狂ってきてしまう。そこで結局四・三事件が起こった。

これは私に言わせたら「義挙」ですよ。八八年一一月、韓国へ四二年ぶりに行ったけど、その時私は、「四・三は「暴動」ではなく、「民族解放闘争」である」と言って回った。義挙であって、冒険主義であった。ここに誤りと悲劇がある。それであれだけ無駄な、時鐘は全然無意味〔な死〕だったと言っているが、それは無意味〔な死〕ばかりですよ。あの小さな島で五、六、七万人……も殺されてね。

金時鐘　僕は自分で言い聞かせてるんですよ。ようやく目覚めた青年の走りの、あの苛烈な自覚は何であったのかと……。

金石範　いや、考えてみたら無意味かもしれない。これは、こうして四・三事件が歴史上に浮上したから言えるのであって、今までのように何も言えなかったらどうするか。原因を探ると、やはりこれは義挙としか言えない。闘いというのはね、勝つために闘うわけであるけど、勝算がなくてもせざるを得ない場合はあるもんですよ、人間の歴史のなかにおいてはね。三か月で済州島が解放されると馬鹿なこと言ってたらしいから。そういう意味で、暴動とかそういう言い方を今でもしてる部分あるけどね。そんなこと言ったら、相手方は何や、討伐側は。こっちが暴動なら、相手は何だ、あれは……。

金時鐘　ほんまに殺人鬼や。

金石範　考えてみろよ、あれだけ虐殺の犠牲があってね、あの時に四・三事件で人を殺した連中で裁判して罪になった奴一人でもいますか。これはもう話にならない。〔この事件の〕後でやったことは何かというとね。これもあり得ないことですよ。虐殺自体もそうだけども、虐殺が終わった後で、五〇年たった今まで、四・三事件の当時のいわゆる殺人者たちの裁判が一回でもあったか。今ようやく四・三特別法が国会通過してね、〔去年（二〇〇〇年）の〕四月からいろんな調査とか対策をやってるわけだけどね。さっきの時鐘の言う北の路線、反託の方針とからむ話だけど、北の民主基地化のことを考えると「共産暴動」と言われても否定しきれなくて後ろめたい、それはあるけれども、暴動だからといって後ろめたいということではね、全体像をつかめないんだよ。

金時鐘　それは自分が革新勢力の一端におった者として「共産暴動」と言われることを覆すだけのものを、今もって具体的に差し出せないでいることの後ろめたさであって、決して暴動などと思っているわけではない。なぜなら四八年四月三日にあの事件、武装蜂起事件が起きたのは、前年度の三・一節発砲事件と、それまでの米軍政の偏りがあからさまな圧力となって単独選挙を押しつけてきたことに起因する。それへの思い余った決起であった。それだけに済州島の民衆はこぞって、全島民の気持ちを表わしたものとして、みんな賛嘆の声をあげて共感した。親日右翼を手先に使い、守旧勢力を盛りたてて、民主統一を志向する民衆活動家や団体に対して横暴を恣《ほしいまま》にした。それへの積もり積もった民衆の反発、反抗が下地にあって「単独選挙」反対の狼火は噴き上がった。「共産主義者の策動」だけであれだけの民衆的共感は作りだせるものではない。四月三日未明、禾北《ファプク》派出所を山部隊《サンプデ》が襲ったという情報が広まった時の城内《ソンネ》の民衆たちのあの興奮ぶりを僕は目の当たりにしている。「パルチザン部隊」の呼び名は、三日のビラで初めて使われた。ところが本土から特攻警備の討伐隊が大挙投入されて、一人の赤色容疑者のために村を丸ごと焼き尽くす等の惨烈な殺戮が広まると、逆に山部隊に対する怨嗟もまた広まりだした。五〇〇名からの犠牲者をだした北村《プクチョン》の虐殺事件に見るように、幼児から乳飲み子の母までも皆殺しにした官憲への恨みよりも、問いつめられて山の方を指さした男と、その家族に今もってその責めを振り向けてやまない。そのために殺されたのだと。「共産暴徒」は一掃したはずなのに、恨みはそのまま村ごとしこらせている。それなのにこのアメリカの思惑がからんだ非人道的で国家的犯罪は裁かれもせず省みられもしない。

金石範　だから話にならない。

金時鐘　なぜ四・三に限って「暴動」だけで押さえ込まれなきゃならんのか。名誉回復の問題にしたって、殺した側の問責はなくてね、殺された者だけの名誉回復では浮かばれないよ。非道なことをやってのけた連中の大方は孫の代に至る今日までいい顔の名士たちだ。金持ちで資産家で……。そこら辺までも言及できる措置があったらなぁと、率直に思うんだ。

金石範　本当だよ。

金時鐘　僕には四・三事件は丸ごといが栗のように凝り固まった、とげとげしい記憶だけどね。「暴動」か「義挙」かを二者択一で取れというなら、頭を下げて「義挙」という。どだい殺戮の数が比じゃない。それにこの事件が起きた時の、あのたぎるような民衆たちの共感を、僕は身をもって知ってるんだから。

金石範　だからね、一年くらいして民衆が離反していくけども、島民の支持がなかったらゲリラなんて続きませんよ。それが全部その子供も女も含めて全部がアカで、アカを殺すのは、虫けら殺すのと同じというのは、正当化しようもないはずだ。

金時鐘　それを正当化できた方法論というのは、反共だけですよ。反共の憎悪を国民感情化していったものが、例えば北から逃れて来た連中が持つあのアコギさを、今度は正当化していったものが反共なんですよね。反共だから共産党を撲滅したというくらいでしかないわけよね。僕は韓国の持つ自由主義社会っていうのにね、すっかり鼻白んできた。

金石範　去年の秋頃か、韓国から顔見知りの四・三関係の研究者が日本へ来てね。その時、来年の、というのは今年（二〇〇一年）になるんだけど、四・三の行事に向けて、模擬裁判をやろう言ったの。それを済州島でやる場合、済州大学の学生たちがやってもいいしね。今、四・三特別法も通過したからいいけども、だいたい虐殺や親日派が裁かれず未清算のままというのはありえないことだけれども、韓国ではそうだったから仕方なしに言うんだけどね。暴動なら暴動でかまわんけど、歴史的な総括、自己批判すればいいじゃない。われわれはその用意があるわけだよ。奴らはあるか？　ないわけね。そういう話をしたの。で、四・三記念行事をやるのはいいけども、問題は、まだいわゆる功績をたてたという討伐隊長の碑は残ってる、島民を暴徒だとして殺した殺人者の顕彰碑が残ってる。ようやく四・三犠牲者の慰霊祭はできるようになったけれど。とにかく裁判を一回もする力がなかった。今、政府をそこまで持っていくのは難しい、だから模擬裁判をしてみなさいと。それが今、一つの行事をする場合はね、ほんとに核心的な問題であると。今年できなかったら、来年でもいいからやれって言ったんですよ。もちろん、今でも韓国ではいろいろ反対勢力があるから、そんなスムーズにいくもんじゃないですよ。今一番の問題は、四・三の虐殺者の清算を迫られているのは暴動側ばっかりで、韓国全体で親日派の問題が清算されていない。それを大衆運動として来年でもいいから、一年くらい準備して、マスコミも動員してね、本当は四・三に対するいわゆる国際裁判もやらないといけないけど、国内で模擬裁判くらいできないはずはない。

金時鐘　名誉回復の「四・三特別法」にからめて言うつもりでおったけど、例えば「暴動鎮圧のためには、島民三〇万人を犠牲にしてもかまわない」と言った一一連隊長の朴珍景《パクチンギョン》という殺人鬼の中佐がおるやろ。朴珍景は〝戦果〟を認められて大佐に昇進した晩に宿所で殺されたんだったかな、彼の碑があるらしいけど、僕は名誉回復をするんだったらね、ああいう碑は撤去されるべきだと思う。あれはほんまに殺戮者だからね。ソンミ事件なんて、彼のやったことに比べればたいしたこと無いくらいや。そいつの碑があるというのも許されない……。*14

金石範　四八年の末頃の連隊長や、あれ、なんだっけ、あれ……。

金時鐘　第九連隊長は宋堯讃《ソンヨチャン》や。

金石範　その後、第九連隊から交替した第二連隊長の、今年（二〇〇一年）死んだ……。うん。咸炳善《ハムビョンソン》だな。その他、討伐隊の功績碑とか殉職記念碑があちこちに残っている。

金時鐘　犠牲者たちの名誉を本当に回復させるんだったら、ああいう殺戮者の碑は撤去してもらうように、名誉回復を進める側で要求せにゃならんと思う。これは言い切ってもいいけど、忠勲墓地に顕彰碑を建てた連中も直接虐殺に手を下した奴らに違いないんだ。

文京洙　確かに済州島でもそういう意見が聞かれます。「四・三特別法」についても、加害者に対する責任追及や処罰の規定が無いことから、中途半端で生ぬるいという批判の声も少なくありません。しかし、それでも「特別法」は、これまでの四・三事件をめぐる取り組みの一つの到達点を示すものですし、行政レベルの問題解決のプロセスとしても、真相究明のための出発点という大きな意味があると思います。今後は、この特別法が設定した国や地方レベルの様々な委員会が、四・三の真実を明らかにしていくはずですし、その真相究明の過程で、軍・警や右翼の犯罪、政府の責任、ひいてはアメリカの責任についても、明らかにされていくものと思います。

ただ、どうでしょう、私も確信を持って言えないのですが、四・三事件の場合、ナチスのホロコーストや先頃のコソヴォ紛争における民族浄化などと違って、占領した異民族による大量虐殺ではなく、米軍占領下であったにせよ、実際には同じ民族同士の間で虐殺や暴行が行われたわけです。さらに悲劇的なことに、済州島という孤島の共同体内部で暴力が暴力を生み、同じ村で、ひどい場合には、親戚や家族の内部にあっても、暴力が生まれています。

ですから、「四・三特別法」までの（あるいはその後も続いている）島民たちの沈黙は、ただ単に韓国政府による抑圧のせいだけではなく、島民たちが、地域社会内部での暴力の記憶を抑圧し隠蔽して生きていかざるを得なかった側面もあると思うのです。四・三事件の真相究明は、そういう共同体内部の暴力の記憶を暴き出すことにもなり、済州島社会の不和や対立の新しい火種にもなりかねない、という声もしばしば聞かれます。

私は、済州島で「和解」という言葉を何度も聞きました。それは、ある意味では、四・三の問題解決に向けた済州島での取り組みをつらぬく基本的な精神や姿勢の問題として語られているわけです。四・三の問題は、南北分断の集約としての意味を少なからずはらんでいます。その南北分断の問題解決の方向が、昨年六月の南北首脳会談によって示されたわけですが、そこでのキーワードもやはり「和解」ということでした。それは、四・三の問題解決にあたっても肝に銘じておくべきことだとは言えないでしょうか。

なぜ四・三を書かなかったのか

金時鐘 僕は石範兄と違って四・三についてほとんど書いたことがありません。『新潟』という詩集のなかで一章分ほど、済州島の浜は砂浜じゃなくて砂利浜なんですが、そこに針金で手首を縛られて海に放り込まれた犠牲者の遺体が打ち上げられてくる状態を書いたのと、それに関わって海に沈んだお父さんを子供が訪ねていくっていうことを書いたくらいですね。石範兄は四〇年かけて四・三にこだわって書いてますが、僕は書けなかった。むしろその記憶から離れようとしてきた。こと四・三に関わったものは書かなかったですね。それは、まずは、済州島という自分の育ったところが一番困難な時期、その困難さを誘引したとも言えなくはない側の末端の一人であったにもかかわらず逃げを打った、その逃亡者意識が負い目となって、書くことより、行為の方が絶対的な使命となりましたね。まず、動くこと。それが逃げてきたこと、何もできなかったことへの埋め合わせのようなものでした。日本に来て朝鮮戦争期にすぐ逢着しましたから、朝鮮戦争は実際的には日本を基地としたアメリカと北朝鮮との戦争でしたからね、その反基地闘争というのは日本での軍事物資列車を一時間遅らすとわが同胞が一〇〇〇名命助かる、と言われたし、それを信じ、そのように動きましたね。その日その日の食事もおぼつかない暮らしでしたが、それでも動くこと、体を挺することで気持ちが幾分休まりもしました。

それと、言葉というのは圧倒する事実の前ではまったく無力なものです。言葉が文字として出るのも、記憶が熱いうちは、なかなか言葉にならないんですよね。冷めるのを待たなくちゃならないような、そういうジレンマにずっと陥ります。記憶というのが、ひと条《すじ》の糸のようなものだったら引きずり出して巻きとっていけるのにね、思い起こそうとすると固まりのまま、わっと押しあがってくるから、言葉にならない。言葉に関わりながら、言葉にしようがない。その四・三事件と直接ではありませんが、四・三事件の体験者の心の負い目、トラウマが逆に働いて、僕が作品にできたものに『光州詩片』（一九八三年）という詩集があります。光州市民義挙を刻んだこの詩集は四・三事件との兼ね合いがなければ書けなかったものです。権力の横暴を糾弾することが主眼でなくて、その「事件」と向き合う己の、思いの底の疼《うず》きを見つめる。それを取り出していくっていうのが、『光州詩片』でしたので、このような方法意識を僕にもたらしてくれたものは、僕が経験した四・三事件だったと言っていいです。

石範兄の書かれた四・三事件に関わったものはたいてい読んでいますが、文学、創作されるものとね、実体験との間にはどこか隙間がいつもあって、最も身近な先輩の作品なのに、どこかそぐわない。ものを書くことで表現する者としては自己を否定するところからしか書き出せないのですから、まったく論拠を持たないことなんですけど、それでも圧倒する事実が記憶となって居座っている者には、創作作品そのものが何かの操作みたいに映っちゃうのね。実際は、創作こそが、つまり虚構こそが事実を超えうるし、事実をより普遍的な事実として描きだせるものなんですけどね。分かっていながら自分の小さな体験に重きをおいてしまう。僕はかなり年数を重ねて『火山島』を読み継ぎながら整理がついていったんですけど、事実というのは個人にとって圧倒するものであっても、それは球面体の一点のシミみたいなものだと思う。真上からはそのシミが大写しになってすべてのようであるけど、角度がずれると見えないものでもある。だから事実が真実として存在するためには、その事実が想像力のなかで再生産されなくてはならない。それが客体化された事実、つまり文学なんだ。石範兄が『鴉の死』から『火山島』の完結まで四〇年かけて著わせたのは、四・三事件の事実を自分の思いのなかで再生産していけたからなんですね。『火山島』に描かれた事実は実際的には現実になかったことだけど、それに類する事実はわんさとあったの。それを石範兄は四・三事件を描くというより、四・三を舞台背景に広く網をうって、事件がなぜ起きざるを得なかったのか、の必然の摘出に努められた。そして行きつくところ、朝鮮半島の分断固定を画策したアメリカの犯罪的策略と「大韓民国」の成り立ちの舞台裏を、かつての日本とのしがらみのなかに際立たせながら、四・三事件の実相を浮かび上がらせた。ごく普通の済州島の婦人たちの、日常茶飯の生活ぶりだとか、飲む場面がやたらと多い酒呑みたちの風景であるとか、著者の見果てぬ故郷とも言っていい済州島への尽きない愛着が雑然とそこらいっぱい散らかっていて、それがなお深い悲劇の傍証となって四・三の陰にあるものを照らしだす。それはとりもなおさず韓国全体の問題になるものともなる。『火山島』はそれを碁の布石のように描きだした。それも自分（著者）の化身であるニヒルなインテリを据えて、「解放」がもたらした業とも言える民族受難を、自堕落な自己の秘めた苦悩のなかで四・三の惨劇を受けとめていく。つまり歴史変動期の四・三の必然が、それぞれ個々人の日常のなかに抱えられてあった。

それにひきかえ、僕は事実にとりつかれるあまり、手も足も出なかったということが、今までの僕でした。日本に来たのは四九年の六月でありますけど、老いた父母を置いて、捨て去ってきたわけですから、国もとを離れるのは悲哀以上のものでしたけどね。歳がまだ二〇でしたからね。それでもその歳相応な夢がなかったわけでもない。あれだけの生き地獄を抜け出ることができた解放感があったことも、正直に告白せねばならない。身一つで身より一つない所に来はしたが、今度こそ一切のわずらわしさから切れた所で生きられるという、青春の高鳴りが夢をふくらましもした。

済州島と日本のはざまで

金時鐘　僕が生まれて初めて働いたのが、猪飼野《いかいの》の中一丁目の長屋、あの時は停電が多い時期でして、路地の並びはそろってろうそくを作ってました。工場とはいっても二坪ほどの裏庭を三和土《たたき》にした仕事場で、主一人の工場だった。こっちは鶴橋には辿り着いたものの行く当てもない。しょうことなしに自首でもしようかとフラフラ歩いていたら、声をかけてくれたのが先ほど話したあの同じ潜水艦（密航）組の中年の男性だった。ありがたいことに仕事まで世話してくれた。翌日さっそくろうそく工場に連れられて働きだしましたが、まず寝泊りさせてくれるということと、飯を食わしてくれるということだけで闇夜に灯りを見た思いがした。仕事というのは、それは前近代的な機械でしたよ。周りを水道の水が巡回するようになっている横長のブリキの箱が二つ設置されていて、ろうそくの型がその中に二〇ばかり横に並んでいる。その筒状の型の中に湯煎《ゆせん》で溶かしたパラフィンを注ぎ入れて冷ますとろうそくが出来上がるわけですが、それを真下から枕木みたいな木で押し上げて取り出すのです。これは相当の腕力と腰のねばりを必要とする、なんとも単調な仕事でした。その当時は休みが中勘定の一五日と、月末の一日しかない。しかも、その休みすらない月もある。それに給料が遅延しがちで分割払いで渡してくれる。縁故者のない者にとっては飯を食うことだけでも大変だったものですから、それでもありがたかったですね。

ちょうど梅雨もさ中の頃でした。月末のたった一日ある休みにも出る所とてないし、仕事場の二階の窓辺に腰かけて、しょぼ降る雨をぼんやり眺めとったらね、聞き覚えのある声が流れてくるねん。物売りの声が。それは「こうもり傘直《なお》しーいィィ」と語尾を長く引く独特な呼び声で、ひと声で日本人でないことが分かる。それも地方訛《なま》りの濃い済州島のアクセントがそのまま日本語になったようなひびきの声や。はて、どっかで聞いた声だなと声のする方を見下ろすと、風采のあがらない初老の男が片足を引きずるようにして、傘直しにしては傘もささずに古い傘二、三本肩に束ねて、「こうもり傘直しーいィィ」とやってくる。僕は電気にでも打たれたようにタイムスリップしちゃった。城内《ソンネ》（済州島）で見たおっさんやねん。

僕は「解放」までは、日本で暮らしている同胞たちは、日本という宗主国の赫々《かくかく》たる文明の高い所に暮らしているから、さぞ文化水準の高い生活やってると思っとったの。終戦になってから済州島へも多くの同胞が日本から引き揚げてきたのよ。ところがせっかく帰ってきた故郷には仕事がないんだ。現金収入を図っていろんな知恵をめぐらす。古い針金を集めては、魚焼き器を編んだり、タイヤをどこで拾ってくるのか分からないけどそれで草履を作ったり。サンダルまがいの履物が多かったな。アメリカ軍ながれの毛布でズボンを縫ったり、大方はその日暮らしもできないような感じで、食いつないでるねん。その引揚者のなかにあのおっさんがおったんや。終戦直後でね、日本的なものは排斥される。国民の自覚高揚もあって、日本語など口にするのもはばかられるなかで、あのおっさんだけまったくおかまいなしで、「こうもり傘直しーぃィィ」と辻々を歩いていた。

金石範　済州島で？

金時鐘　うん、済州島の市内を回ってますねん。いろんな辛い思い、縁を断ち切る思いをしてまで日本に来てみると、また、あのおっさんに出会うとは思いもよらんことやった。

金石範　（笑）猪飼野の何丁目や？

金時鐘　中一丁目。大成通り寄りです。近鉄ガード下を南へ入った商店街の横丁。そうするとやな、そのおっさん見ていろんなことが渦巻いてきたんや。片足引きずって、でんぼう爺い（金石範の『鴉の死』や『火山島』に登場する人物）よりもみすぼらしい爺さんや。

金石範　語尾の「いーィィ」っていうのは、済州島の訛《なま》りやね。

金時鐘　うん。語尾を引いて上にはねあげる。知らない土地に来ているはずなのに、なんやかんや縁故者に会うんですわ。あのおっさんにめぐり合って、僕は人間は生まれながらっていうか、前世からの因縁か、運命の紐みたいなものがあるように思うねん。自分の育った所を基点にして、運命の紐が自分の腰に結えられてあって、なんぼ遠くへ出てもな、その紐の及ぶ範囲の円内しか回れない。精一杯駆け回って、同心円の重なった部分で人は出会ってつながっていると思うねん。おっさんとは出会ったわけではないけど、同じ遠心分離機に振り払われた何かや。唯物弁証法で思考する奴が運命めいたこと言うけど、あのおっさん見て、ほんま思った。僕は生粋の在日ではないけどね、人間の意識を司《つかさど》るものとして身につけたのが日本語だった。日本語によって思惟が成り立ってたわけやから、僕も根の所で日本がからみついている。「こうもり傘直し」のおっさんもよほどのことがあって、どれだけの工面をして日本に逆戻りしたんだろう。胸が疼いた。

金石範　日本でもこうもり傘直しやってて。

金時鐘　それまでは何をしてたかしらんけど、自分の国が解放されて、自分の故郷へ帰ってきたのに、食う方法が何もなくて古傘を拾い「こうもり傘直しーいィィ」や。それから、また日本に戻ってきて、同じことをやっている。

金石範　日本でやってたからそれやってるんだよ。

金時鐘　だから、わけもなく涙が出てな。そうだ、僕は日本で育ったもんじゃないけどな、こうもり傘のおっさんも、僕も、結局のところ、日本に引き戻された人間や、と思った。僕は国で大きくなった者だから運命の紐は、生まれ育った国から延びているけど、僕に知識を詰め込ませた日本というのは、自分の思念のなかの別の基点でもある。両方の紐にからまって僕の存在空間は重なり合っている。だから在日というのは日本で生まれ育っただけが在日じゃないねん、かつての日本との関係において日本に引き戻されざるをえなくなったものもその下地を成している「在日」の因子や。

それが、僕も在日なんだ、と考えるようになったきっかけですね。今でも雨降ったらどこかであの声が聞こえてくる気がするねん（笑）。そのたび僕たちの解放って何だったのか、ほんまに解放だったのかと、今更のように思い返されてしまう。

あるいは解放というのは思い違いだったのかもしれない。八月一五日が解放の日だというのは、僕の場合は厳密に言えば半日の解放や。午前中いっぱいは帝国・皇国少年だったんだよ。蘇ったという祖国も八月一五日の午前中はまだ植民地統治下にあった。八月一五日と言えば全日の解放の日だと思っているけど、実際的には半日の解放。正真の正午に至っても僕の影は足下に宿っていた。自分を思う時ね、「南中を宿す男」と思う。南中というのはお日様が真上に来た時ね、正午でしょう。正午でも影は足下で北のほうに影を作ってるんですよ。だから八月一五日の一日全部が僕の解放だったんじゃなくて、厳密には午前中いっぱいは皇国少年だった僕や。

いわば半日の解放なんだ。今もって、解放されない僕の半日は何か。影の部分で目を凝らしているものに僕もおずおずと眼差しを向けてきたが、もう持ち時間の方が底をつきかけている。

その影の中にあるものこそ僕の日本語であり、僕が抱える僕の日本なんだ。

なぜ四・三を書きつづけてきたのか

金時鐘　今度は、石範兄も喋りや。

金石範　（笑）何を喋るんや。

金時鐘　在日としての金石範が、なぜ四・三にこだわり続けてきたのか、そしてまたこだわり続けているのか。文学としての話で。というのは、在日であれば在日の問題もいっぱいあるだろうに、それを書いているものもあるけれど、ライフワークとしては四・三なんですよね。

金石範　四・三にこだわっているけれども……、なんていうのか、私がこだわっているのは、ともかくいかにして生きるかということ、誰でもそうであるようにね。それが、その人の境遇とか置かれている立場とか、時代的な背景によって、様々な形をなすわけだけど、四・三にぶつかった人間はいかにして生きるか、ということ。いかにして生きるかは古典的な言い方だけれども、時鐘なんかは、いかにして生きるかがこういう形になっている。時鐘には圧倒的な事実の前で言葉はなかったという話があってね。ある意味において、小説家と詩人と違うかもしれないけど、詩人の場合は沈黙が言葉ですよ。今はこういう解放された形で、よう喋るようになっているわけで、それは、散文と詩との違いもあると思うんだけど。沈黙が、さっきも話が出たけど、四・三の負い目が力となって、形を変えて『光州詩片』や他の詩作となって現われた。

だから私自身が植民地の子として日本に生まれていろんな経験、いきさつをへて、八・一五を迎えて、私も皇国少年時代があったしね。ただ、私の場合は、戦時中にいろんなことを経験しているしね、小さい頃から働いて、独学だったけど、ともかく反権力というか、反社会的な意識が非常に強いわけですよ。それが、普通なら私ぐれてもいいんですけどね、それがぐれない形できているっていうのは、やはり民族意識、いわゆるいろんなものに対する反抗の対象が、日本になっているということがある。時鐘の場合はいろんな後ろめたさがあるけど、自分の意志で日本に来てるわけだ。私は自分の意志で日本に生まれたわけじゃないし、そしてその在日も、私は決して日本に生まれていいと考えたことがない。一つの運命と言ってもいいけど、日本と朝鮮との関係において、植民地の子として、私は宗主国で生まれて育ったわけだ。今の若い世代とは違う。時鐘もそうだけど、私の場合も思考というのは日本語ですよ。でも私は戦前に済州島に行って、徹底的に朝鮮語やってるからね。そんな馬鹿な人間いないわけよ、当時。それはやはり一四歳で向こうに初めて行って、まぁ小さい時にも行ったことあるらしいけど、済州島の自然に触れ、そこで何か月かいることが、それは大きな刺激だった。

ともかく、自分が日本人でないのは事実。じゃあ日本人じゃないと何か？　朝鮮人。小さい時みんな、オモニなんか、済州島の言葉以外分からないんだ。日本語は下手で、小さい頃家庭では朝鮮語使うわけで、ところが、一般には日本人になっているわけ。そのギャップがある。そのギャップというのが、割れていくわけ。結局己が成り立たないわけ。日本人、日本人と教育をされていても日本人じゃない。朝鮮人だと。済州島に行くことによって、そういう自覚を持つようになった。

しかも今度は朝鮮人とは何か？となる。この頃でいうアイデンティティではないけど、自己確認が、必要になってくる。朝鮮語よく分からない、なんで俺は、朝鮮語分からないのか？そして、朝鮮の歴史が分かるか？　学校で日本の歴史教えるけど、朝鮮の歴史は教えないんだ。すると、何もないわけだ。朝鮮人であるけど、朝鮮人でない。結局、それは、一般的言い方をすると被植民地民族だからとなる。では、ここから脱する道は何か、と考えるようになる。そういう意味では早熟だった。

しかもね、これは一九四一年の一二月八日、真珠湾攻撃の日のことだけど、私、今里のロータリーの近くの毎日新聞の販売店で新聞配達やっていて、号外出る時、昔は鈴をふって走るんです。号外、号外と声を出して。〔普段は〕私、鈴を鳴らすのがいやだから、鈴の音の鳴るところに号外を丸めてつめて音が鳴らないようにして、号外配ってたわけですよ。昭和一六年だから、歳が一六、七歳や、一二月の八日の開戦の時、私は日本がこの戦争に勝つと思わなかったんだよ。いつ敗れるかは分からないよ。科学的なもの何もない、これ、動物的な直感だな。

不思議なんですよ。周囲には特別そういうこと教えてくれる何かがあったわけじゃない。とにかく日本は、敗れると思った。その日は号外の鈴の音ならして、号外、号外って配ってね。あれ、一九四一年だから、日本が敗れるかどうか分からないよ。分かってたらソウルから帰ってこない。しかし、日本は勝ちえない、いずれ朝鮮が独立する時がくるだろうと、漠然とながら確信を持った。そういうことから、中国へ行こうと考えた。八・一五後のソウルにいた時、そんな話を張龍錫《チャンヨンソク》の兄に話したら信じなかったな。それ以来こんな話、人に喋ったことないよ。

　私には、被植民地人としての反日的な要素が非常にあるわけですよ。周囲に対しても、うちの兄貴だって、親日的になっていくわけ、親日というわけじゃないけどね。これは、ともかく日本が、日本の支配が長く続くという、皆、諦めるんですよ。それは、積極的な親日派でもなんでもないし、協和会に入って仕事をしたわけでもないけどね。だから、日本の支配から脱することができないというね、圧倒的に時代がそうだった。朝鮮人としての民族意識はあるんだが、どうともならない。なかには積極的に親日的なことをやる在日もいるわけですよ。私の周囲には、朝鮮の独立を語る人間が一切いない。それで四三年の秋に、済州島の漢拏《ハルラ》山《サン》観音寺に行くんだけど、そこで会った金商熙《キムサンヒ》とかその他の青年たちと初めて朝鮮独立の話をする。

　それで、こっちへ帰ってきて、すぐに日本から脱出しようと。それから四五年三月に中国への脱出を目指してソウルへ行ったんだけど、逆戻りをして日本で八月一五日を迎えた時には、非常にニヒリズムに落ちるわけね。独立への気持ちを大切に持ってきて、実際には気持ちだけで何もしてないけども、今は自分が朝鮮独立のこと思わなくても、現実に独立をしたんだから、私が特別に何もやることないじゃないかと。そういう気持ちで、情熱というより、嬉しいけれども、気持ちがものすごく冷え込むわけ。冷え込んでるところで私の周囲では、きのうまで日本、日本と一所懸命やってた連中が変わってくるの。

金時鐘　手の平を返すみたいに。

金石範　もうそれが嫌で日本にいたくなかった。いわゆる朝鮮独立っていうか、民族主義が強烈なわけ。それともう一つは、やはり社会主義への志向があるわけ。だから問題は民族独立。新しい祖国を建設する段階で、解放後のソウルへ行ったじゃない。日本に戻るつもりで行ったんじゃないんだよ。時鐘と比較にならないけど、別の形で私の気持ちは重い。ソウルに残っておれば、日本に戻らなければ、一、二年のうちに殺されている、間違いない。一か月の予定で四六年の夏に日本に来たんだけど、もしソウルへ帰っていれば生きていない。

金時鐘　もう完全に殺《や》られている。

金石範　結局、小さい時から、民族独立を志向しながら、祖国へ帰ったくせに何もできない、戦線離脱と同じですよ。そういう負い目があるよ、私には。そういう前提が、しかも社会主義的な志向が一方にあるしね、片一方には非常にニヒリスティックな考え、人生生きるのに値しないっていう考えが私にはものすごく濃厚にあった。しかし、生きなきゃいけない。なにか自分を肯定して、今ある現実を肯定するんじゃなくて、人間の存在、生きることを肯定するにはどうするか、ニヒリズムを克服するために革命を闘うこともその一つだった。ともかく、人生の虚無感っていうものは、すごいよ。青年期に特有のものと言ってしまえばそうだけども、人生が虚無、無っていうのが認識ならいいよ。ニヒリズムを研究する者はこれを認識でやる。しかしニヒリズムというのは徹底すると心情が伴う。認識の身体化がニヒリズムになると、どうにもならない。生きていて仕方がないような、世界や存在に対する無感情。認識を通りこしたところにある恐ろしい無感情。それは、客観的にニヒリズムを研究する立場と違う。これが、耐えられない、どのようにして生き延びるかだよな。

そういう問題について、私が好きなのはドストエフスキーの作品だった。神とかニヒリズムの克服の問題でね。結局ドストエフスキーはどういう形でニヒリズムを克服したのか、私はドストエフスキーに救われている。ドストエフスキーの影響が非常に強い。ドストエフスキーを読むことで、そういうニヒリズムを克服するプロセスとして、共産党にも入った。しかし、若い時に党に入るというのは計算して入る連中もおるけれど、観念的なものですよ。普遍につながる道、己を克服して一つの革命に身を投じる。革命のために具体的な課題が与えられる。革命の思想というのはね、一つの人類的な理想に通じるわけね、それは己を止揚する、アウフヘーベンする契機になるわけよ、共産党に入るということでね。組織って非常に疑問が多いけれども、もともと社会主義的な理想、理念があるわけだし。で、片っぽには、ニヒリスティックなものがある自分がね、共産党へ入るわけや。ある意味で社会主義的志向があるから、当然であるし、もう一つは、一般の党に入る人とは違って、人生を肯定できない自分のなかのニヒリズムの克服という側面があったわけですよ。

党に入って、まもなく四・三が立ち現われるわけ。済州島で時鐘が苦労し始める頃に、私の親戚たちが日本に来る。それで済州島からの密航者に接するわけだが、彼らと会った時の衝撃は大きいんだよ。この衝撃というのは、お前のニヒリズムというのはいったい何かという疑問を私に突きつけた。仮にニヒリストが虐殺の現場に立った場合、どうするか。人間としてその時のとりうる立場っていうのはどういうものか。弾圧を恐れて弾圧側につくのか、目の前で子供とか人が殺されるのに見て黙ってるのか、それが、一番考えさせられた。しかもそこは自分の故郷である。自分にとっては、奪われた故郷。われわれはもともと日本帝国主義の支配下にあったけど、日本帝国主義に統治されても故郷を奪われずにながく住める人間もいる。でも、私はすべてを奪われた人間だ。しかも日本帝国主義から解放されたと思ったら、今度はアメリカ帝国主義や。それでだんだん分かってきた。日本の植民地支配とアメリカの軍政をつなぐものとしての親日派の問題もね、その時はっきり分からないにしてもね、次第に見えてきた。私も日本で手の平を返したように変わる朝鮮人を見てきたからね。それで四・三が結局、私にとってはニヒリズムを克服する一つの契機になった。

それから四・三から一〇年近くたって、五七年に『鴉の死』を書いた。私が四・三の現実を知ってるわけじゃない。でんぼう爺いなんて現実にはいもしないしね。私は、在日朝鮮人のいろんな小説家と違うのは、最初からフィクションでやってるということなんです。最近は違ってきてるけど、在日朝鮮人の文学というのは、悪く言えば日本文学の亜流ですよ。私小説から始まって、父と子の問題を描いたりする。実際の家庭の環境にそういう問題があるからだけど、父と子という問題は日本の私小説の伝統だよ。もちろん父と子の問題だけではないけれど、差別、偏見、虐げられた者としての被害者意識といったものを、これでもか、これでもかと描く。それが日本文壇に一種の罪障感を起こす……。そういうところから始まって、みんな日本の文壇に受け入れられていくわけですよ。『鴉の死』みたいなもの書いても、最初は文壇には相手にされない。しかし、私は自分の望む小説を書いた。方法上からフィクションをとらざるを得なかった。なぜなら、自分は〔四・三を〕体験してないんだから。私は私小説を否定してるんじゃない。それが主流になって権威をもっているのがおかしい。在日朝鮮人の文学もその方向へ組み込まれていったことを批判しているわけ。

私は私小説の方法をとることができなかった。体験したことしか書けないとするなら、

〔四・三を〕小説に書くのをやめなきゃいけないし。だから体験してなくても書く方法、方法論が私に必要だった。私小説的な方法じゃだめですよ。向こうで『鴉の死』のモデルは一人もいないわけ。頭で作り上げたものでしょう、でんぼう爺いみたいなものでもみんなね。

『鴉の死』の一五〇枚前後のなかで、「孤独」という言葉がね、一番最後の何行かに初めて出てくる。金さんは大変な経験をしましたねと、よく言われた。それが私小説的な読み方なんです。主人公は非常に孤独な人間だけど、一切「孤独」という言葉を使ってない。最後に主人公の丁基俊《ジョンキジュン》が「充実の中で彼は孤独をおしのけた」っていう一文があるんですよ。孤独じゃない、充実というのがあって、それが自分のなかの孤独をおしのけたという、そういう形で「孤独」という言葉が初めて出てくるわけです。というのはすでに孤独だったということです。

主人公は最後に、ゲリラに関係していて虐殺された少女の裸の胸にピストルを三発、四発撃ち込むんです。屍骸であるけど、同じ同志にピストルを撃ち込むわけじゃないですか。生きた人間じゃなくて、死者に撃ち込むのはもっと辛い。そして警察の門を出たところで、充実を感じるんだから、これはへんやな。「この充実の中で彼は孤独をおしのけた」。ここで初めて「孤独」って言葉が出るんだけれども、孤独を肯定するのでも否定するのでもない。「孤独をおしのけた」という形で、ニヒリズムという言葉は一切出てないけど、ニヒリズムの克服の問題が濃厚にあるわけです。あの状況の中で、李承晩大統領が〔済州島のパルチザンを殲滅《せんめつ》する作戦のために」やってくるということが分かって、本土の光州の方へ転勤しようと考えていたのを思いとどまって、済州島に残ることを決める。それはそこで死ぬっていうことです。本当は済州島を出て本土へ行きたいわけ。少女の胸にピストルを撃ち込んで、孤独を押しのけて雨の中を歩く、その時でんぼう爺いの声が聞こえてくるんだけど、その時主人公はこう思う。「すべては終り、すべては始まったのだ——彼は生きねばならぬと思った。そしてこの土地こそは自分が義務を果し、その命を埋めるのにもっともふさわしい土地だと思った」。この地でこそ自分が生き延びて義務を全うするに値する、頑張るってことですよ。頑張るっていうことは死ぬということ、本土へ行くのをやめるということですよ。その時はそう決意するわけ。だから済州島の地を『鴉の死』の舞台にすることで、私が生きる上でも、私がニヒリズムを克服するためにも済州島が非常に重要な舞台になったわけです。

私は四・三の歴史を書くつもりはない。『火山島』は、歴史小説じゃない。だから、ニヒリズムを克服するために、『鴉の死』を書くことで、生きるという現実の肯定をするわけです。主人公が済州島にとどまるように、私は人生にとどまる気持ちになったわけです。人生いったん無という認識を持ってしまうとね、今でもそうですよ、ともかく人生、本当に無を意識したところでは、常に自殺を考えなきゃいけない。死なない限りはこれは肯定、生きることは人生の肯定ですからね。その場合に、ニヒリズムの問題は、西洋では神の問題となる。ニーチェは神は死んだと言ったけれど、あらゆる地上の権威を超えて存在するのが神じゃないですか、彼らにとって。地上のあらゆるものの価値を否定しても、最後に残るのが神ですよ。神の価値は否定できない。ドストエフスキーのテーマっていうのは、神の否定とニヒリズム、神の否定と人間の救済。神まで否定した人間がどのように生きることができるのか、ということでしょう。彼の小説の主要な主人公たちは神を否定していくわけですよ。神を否定した場合、地上の悪を裁くのは誰か。人の魂を救うのは何か。神が存在しなければ、人間は何をしてもいいんだということを主人公の一人が叫ぶ。そういう問題のために生きるか死ぬかの内面の闘いが起こる、西洋人は。そういうニヒリズムに対する認識というのは私は濃厚に今でもあるわけですよ。われわれには、少なくとも私には西洋のような神がない。神に代わるものとして革命があった。生きることを肯定するために、現実を、変革するものとしての現実を肯定するわけですよ。だから、革命そのものが神に代わるニヒリズムの克服だった。しかも昔は、党や組織が革命の絶対的な権威だった。だから、党からも組織からも脱落してしまった自分への絶望と孤独は本当に深かった。「四・三」を書くことで、ようやく「孤独をおしのけ」、生にとどまることができた。だから、四・三について書いているけど、「虚無から革命へ」が私の本当のテーマかもしれない。現実の革命は敗北したけど、虚無を克服する革命とは何かを追求したい。

『火山島』にはニヒリズムという言葉がちょっと出ますけどね、李芳根《イバングン》は自分がはっきりニ

「虚無から革命へ」が私の本当のテーマ。（金石範）

ヒリストって言わないけど、人生、生きても仕方ないけど、生きているような、そういうタイプの人間ですよ、反革命的で堕落分子で。だから、『火山島』はだめっていうのが韓国での大方の批判だった……。『火山島』書いているうち私も歳とって、今は自殺することないと思うし、長く生きたいな（笑）。私は書かなかったらだめですよ。もちろん、生活のためでもありますよ。急かされてね、なんとか書いとるわけだけどもね。

綱渡りってあれまっすぐ立って止まったら、落ちやすい。動いてるから平衡をとれる。もし私が書くのを止めたら、私は綱から落ちますよ。私が書くのは多くは四・三だけれども、書くこと自体が、綱から落ちないための運動であって、いつまで書けるか知らないけど、私の存在を支えてるね。書かなかったら私はどっかへぼーんと落ちて……。

金時鐘　だからね、四・三という喩えようもない、大変な民族的受難の事実が、それほど大きいものだから、金石範のニヒリズムを突き破ってくれたわけだ。なまじっかそこらの小説を書いていたらね、結局、石範兄も死んでいたと思う、自殺して。

金石範　昔、時鐘になぜ「在日」をテーマにして書かんか言われたんですわ。昔からそういう編集者たちもいるわけ。なんであの済州島ばかりを書くのか。なんで「在日」書かないんですか、「在日」書けば読者もできるしね。最初の頃は、在日朝鮮人そのものがそう言うんですよ。私の兄が昔言ったことがある、なんでお前そんな小さい島のことばっかり書いとるのかと。最初はそういうものだった。でも四・三のこと、誰も言わなかったじゃない。済州島を書いてきて、今では四・三のことも知られるようになったけれど。長い間、済州島も、四・三も何も存在しなかったんだよ。四・三はただ私が生きるために書いただけだった。自分が作品を書く上でのテーマというより、私が生きる上でのバックボーンみたいなのが、四・三であった……。日本の文学界の中での処し方もそうです。全然文壇とのつき合いというのがない。そりゃ出版社や雑誌などとは関係あるけれど、文壇とのツテは一切ないですからね。結局四・三というのは、ほんとに語りきれるものじゃないんだ（机を叩く）。それが今までほったらかしにされてるんだ。故郷《ふるさと》で行われた虐殺を、「共産暴動」だから虐殺が当たり前で正義だとすら今までなってきたんだから。こんな話ないわけね。

だから、今は四・三特別法というのができたし、まだ問題が解決したわけではないけれど、金時鐘が長い間生きて、こういうことも喋るようになったし、そういう意味では解放されてきたんだ。喋ったらええよ。もっと彼に喋らしてね、それで一冊本作りなさいよ。この一、二年、時鐘も公衆の前でかなり喋ってる。それはわれわれにとっても必要、彼自身のために必要ですよ。そこまで胸に抱いて、墓場行く必要ない。あるものはみんな出せと言うの、私は。
金時鐘　僕の場合、自分の意識に型をはめた日本語だけが表現手段である者にとってね、おまけにうちの親父は日本が嫌いで、一切日本と同調しないで一生過ごした父でしたが、あれほど怨念めいた日本に行かすことで僕は命長らえたわけですよね。親父も母もあの困窮を極めた死の床でも、ただの百円一つ助けを求めてはこなかった。歳いった者が先に死ぬのは世の道理や言うて、お前日本で生きろと。あれほど日本を嫌って口を閉ざしてきた人だったのに、一人息子の命を長らえさせるために日本に行かしたということは、そのような自分の表現手段が日本語であることと父の思いとかを絡めると、四・三について何を書こうと言い訳じみて、何か自分のやってきたことを美化して、さも民族の正義のために勇ましく闘ったような……。
金石範　そんなもん沢山おるんだよ、アイゴやー。しょうがないんじゃ。
金時鐘　そういうことがずっと後ろめたいのです。つまりね、何を客体化して書いたつもりでも、客体化したところで、自分の言い訳じみたことになりそうな……だから自分が直接関わったことを突き放した形で、情実に駆られなくて、それ自体が言葉の光であるようにするということがなかなかできない。僕は今でも一、二本の戯曲は残したいと思って諦めていないんですが、四・三事件はそれ自体がドラマチックな事件ですので、俗受けするようにはすぐ書けるわけですよ。刺激的な事件が沢山あるからね。実は僕、随分多くの劇作をしてきたんですよ。国でもこちらへ来てからでも、文化運動、啓蒙運動と言うべきかな、その頃は一晩に一本の脚本書くのはざらだった。もちろん劇作と言えるものかどうかは別としてですがね。年に何回かは（大阪で）出演者が何百人単位のページェントを組んで、無い予算のなかで動員させて、劇を作って、歌を歌わせてということをほとんど自分でやってきたんですから。それだけの前歴はあるんですが、こと「四・三」に関わるとね、塗り固めるような言い訳するような、勇ましく作り上げるような、いざ人民抗争となりゃ、人民の側の勝利の場面、民衆の苦悩といったものを書くという意味では俗受けする要素がいっぱいあるわけだけれども、何か哲学的なことを書きたい。思念の奥の言葉の紡ぎをやりたい。ストーリーで見せるんじゃなくて、いつ誰に読まれて誰に残るか知らないんだが、「四・三」の、僕の深奥なる一番奥底の、凝り固まった敗残の己の疼《うず》きを、悶えを、それを言葉化したものにしたいねん。

第Ⅲ部　悲しむ自由の喜び

2015年1月12日、平凡社ライブラリー版のための対談

文京洙　一四年ぶりにお二人に対談をしていただきます。前回の対談は、二〇〇一年でしたが、ちょうど四・三事件の取り組みにとって節目の時期でした。というのは、前年の二〇〇〇年に「四・三特別法」が成立し、「四・三特別委員会」が発足したのですが、この特別委員会が韓国憲法に違反するという違憲訴訟が起こされます。四・三事件は、南だけの「単選・単政（単独選挙・単独政府）」に反対する武装蜂起でしたから、四・三を問うことは、その単独選挙によって単独政府として生まれた韓国という国家の、その歴史的な正統性を問うことになるわけです。前回の対談が本になる直前の九月に、韓国の憲法裁判所はこの違憲訴訟を退ける――つまり「特別委員会」は合憲だとする――判決を下したのですが、四・三特別法では犠牲者の枠組みを決めていないので、それが問題になったのです。

金石範　「犠牲者の枠組み」というのは何?

文京洙　四・三の犠牲者はだれか、さらに言えば、だれが加害者でだれが被害者かという問題です。この九月の憲法裁判所の判決でも、犠牲者は特別委員会が決めるものとしていますが、武装隊の「首魁級」や南労党の「核心幹部」は、「犠牲者の範囲」から除かれるべきだとしています。これに従って、特別委員会でも激論の末、武装隊の「首魁級」や南労党の「核心幹部」は「現在われわれの憲法体制下では保護することはできないので、犠牲者の対象から除外する」と決め、ようやく翌年（二〇〇二年）三月に『真相調査報告書』原案がまとまります。

金石範　これは重要な問題でね。平和公園の慰霊堂にも、李徳九《イドック》たちゲリラ指導者の位牌はないわけだけど、それだけの問題じゃない。

文京洙　この『真相調査報告書』原案が、一〇月に最終的に確定し、盧武鉉《ノムヒョン》大統領が済州島を訪れて、「過去の国家権力の過ち」に対して、韓国大統領として初めて公式に謝罪をしました。[*1]

金石範　その夜ね、姜昌一《カンチャンイル》〔済州四・三研究所長を経て韓国国会議員〕から電話がかかってきて、少し酔っぱらってたけど、涙声で「午餐会で参加者がみんな泣きました。日本だと天皇が全国民に謝罪したようなものです」と報告してくれた。

金時鐘　僕ももちろん嬉しかったですけどね、なにしろ四・三は丸ごといが栗のように凝り固まった、とげとげしい記憶でしたから。そのとげが少しだけ和らぐような気がしたものです。しかし、僕の場合、南労党に関わった自分個人の名誉が晴らされたわけでもないですし、対象外の者であることは重々承知していますが、老いた両親を置いて逃げを打ったという負い目や、僕を匿った叔父がそのせいで殺されたことの贖罪もありますから、気が晴れるどころじゃなかった。

文京洙　そうした四・三の武装蜂起そのものの歴史的評価や加害者の処罰は、いわば棚上げして、国家権力が犯した過ちの「受難と和解」という基本的な枠組みで事業化が進みます。特別委員会も二〇〇六年に、無辜《むこ》の住民や受刑者はもとより、「加害者と被害者の仕分けなしに、……軍人及び警察も……犠牲者の範囲に含まれる」としています。それ以後、犠牲者個人ではなく、済州島全体・共同体に対する補償ということで、四・三平和財団を作り、四・三平和公園や史料館を作る。遺骸発掘もそうした事業の一環として行われていくわけです。四・三の運動が、いわば制度化されていく中で、武装蜂起の正否だとか、だれが加害者で被害者かといった問題は排除されていく、悪く言えば官僚化していくといった流れがこの二〇〇〇年代の流れだと言えると思います。

金石範　だからね、文京洙の本〔『済州島四・三事件』平凡社、二〇〇八年〕が出たとき、よい本だから私は嬉しかったけど、最後の部分に怒ったじゃないか。武装隊の犠牲者も討伐隊の犠牲者も同じように無念だろうとか書いとるからね。

「鬼門」だった韓国

金石範　その話は、また最後にするとしてね、この機会に、時鐘が韓国籍を取って韓国（済州島）へ墓参りに行くようになった経緯をここで話してもらったらいい。私は本人から聞いて納得しているけれど、昔は、「在日」の作家の多くが政治工作や裏取引があって国籍を替えている。

私に言わせれば「総崩れ」ですよ。別に韓国籍を取ることや韓国に行くこと自体がいけないと言っているわけじゃない。しかし、「在日」の作家にとって、「韓国」は「鬼門」だったんだよ。過去形だけどね。「鬼門」というのは、その門をくぐると、だいたい結果として文学が駄目になる。[2]

時鐘から最初、二〇〇三年に鶴橋の喫茶店で、国籍替えるという話を聞いたとき、私は泣いたんだよ。「朝鮮」籍は俺一人になるんじゃないかって。

金時鐘　なぜ韓国籍を取ったのか、そのいきさつをちゃんと説明します。

金石範　彼は、両親を置いて済州島から逃げてきて、親も亡くなっているし、登録証の「林大《イムテ》造《ジョ》」も本名じゃない。金時鐘は本当の名前だけれども、それを客観的に証明するものは何もない。私は、そういう事情を知ってるからね、韓国も民主化になった後だし……、朴正熙《パクチョンヒ》や全斗《チョンドゥ》煥《ハン》の時代に行く言うたら反対するけどね。

金時鐘　舌嚙んで死んでも行かんわ。

金石範　時鐘が最初に韓国へ行ったのは、一九九六年に私が「ハン民族文学人大会」の参加招請を受けたときや。[3] 主催が韓国政府系の団体で、私も彼も最初は行く気なかったが、『火山島』最終巻の取材のために行くべきだと編集者が言うから、半世紀も故国の土を踏んでいない時鐘と一緒に行こうと誘ったわけや。「招請」されたんだから、〝無条件〟で行けるはずだからね。

ところが、韓国大使館から、向こうに行ったら「問題を起こさない」、反政府的な発言はしないと約束して一筆書いてくれって言うから、何言っとるのかと喧嘩になった。

金時鐘　招請状をもらったから臨時パスポート（「旅行許可証」）を発行できるのかと問い合わせたら、大阪の総領事館に来いと言うねん。それで総領事室に行くと副総領事というKCIAの責任者が、一筆書けって言うのよ。あんたたちが招請しておいて、一筆とはどういうことだ、今まで韓国へ行かずとも生きてこられたし、行かんでも生きていけるわって言うたった。

金石範　シンポジウム当日の昼まで、領事館で〝国籍〟の変更を約束してくれと言うから、断って席を立とうとすると、土壇場で「このたびに限って旅券を出しましょう」[*4]。それで夜になってソウルに来てみたら、「文学人大会」には、八八年に訪韓を招聘してくれた玄基榮《ヒョンギヨン》や民族文学作家会議の作家たちは誰も来ていない。ボイコットしているわけ。

金時鐘　『朝日新聞』に訪韓記を「ハン民族文学人大会」の「ハン」を、わざと「（同じ）ひとつの」という意味にして「同民族文学人大会」と書いたら、副総領事から「韓《ハン》民族」に直してくれって言ってきおった。この時は、訪韓といっても、金浦空港とソウルを見ただけでした。

金石範　とにかくね、韓国は「在日」の作家に訪韓を誘っといて韓国籍を取るようさせてきたんだよ。時鐘はそうじゃないことを私は知っているけど、記録になるから、ここでちゃんと話しなさいよ。

金時鐘、半世紀ぶりの済州島

金時鐘　九七年末の選挙で大統領に選ばれた金大中《キムデジュン》氏は、私が心待ちした大統領でした。翌年二月に大統領に就任して、その金大中大統領就任を祝賀する民団主催のパーティが東京と大阪で開かれたんですよね。その大阪の祝賀パーティに、突然私に招請状が来たんですよ。僕は「朝鮮」籍なのにね。問い合わせたら、とにかく私を呼ぶようにと言われているんだと。満場溢れるばかり人で「朝鮮」籍の参席者は僕一人でしたから、メディアが大騒ぎになって、取材も私にばかり来てね。おかげで、臨時パスポートが取れて、四九年ぶりの故郷訪問が実現はしたけれど、親の墓がどこにあるのかも分からない。

そのことで私情が絡むんだが、僕が済州島に行けば、人でなしと罵倒されることは目に見えている。一人息子の僕が、親父とお袋を置き去りにして逃げを打ってしまったんですからね。それこそ両親は生きたままミイラみたいになって死んでいったんですよ。親不孝も極まった私です。おまけに親父は代理拘留を受けて、最期は寝たきりになってたしね。

それで済州には、一人で行きたかった。嫁さんの姜順喜《カンスニ》の目の前で親戚たちから罵倒されるのが耐えられそうになかった。それで初めて僕は、四・三の関係で親を置いて日本へ逃れて来てな、今度済州に帰れば、多分あんたの前で罵倒される。それを耐えてくれるなら一緒に行こうと話しました。それこそ腹を決めて空港降り立ったんや。

金石範　それ、いつのことや？

金時鐘　九八年一〇月です。祝賀パーティ済んだ直後に臨時パスポートがもらえて行ったんですよ。罵倒されることを覚悟で済州空港に降り立ったら、母方の親戚が大勢ロビーで待っててくれていた。四〇年間も親のお墓の守りをしてくれている母方の甥と姪が駆け寄ってきて、僕と同年の姪は首にしがみついてね、罵るどころが、「チュクチアンコ　サラワン、コマプスダ……（死なずに生きて帰ってきてくれて、会えて嬉しい）」と言って泣いてくれた。ほかの皆も泣かんばかりに喜んでくれた。

「どうか私を叩いてください……」と言って（金時鐘）

金石範　そういう人たちがお墓を代わりに守ってくれたんやな。

金時鐘　なんの音沙汰もない不孝者の親の墓をですね、四〇年間も守ってくれるというのは、それは大変なことですよ。後日、墓参の折、妻が僕の家族関係の写真が一枚でも残っていませんかと聞いたのね、そしたら、この四〇年間墓守をしてくれている甥が、とたんに自分の胸を叩きながら泣きだしてね、「ナ、テリョジュプソ（どうか私を叩いてください）……」と言ってね、「みんな燃やしてしまいました。何も残っていません」と言って泣きながら謝るんですよ。それはもう……言葉にならなくて。

金石範　時鐘につながる証拠のようなものはすべて焼いてしまった。残して見つかったら、捕まって殺《や》られてしまうじゃない。だから、私を叩いてくれって謝ったわけや。

金時鐘　そうやって、やっとの思いで、初めて済州に墓参りをした以上、僕も年一回くらいの墓参は続けたいわけですよ。ほんまに親父は生きたミイラみたいになって死んだですからね。私は特別配慮を受けたといっても、年一回の墓参りしか行っていない。四・三の集会にも私は出ていない。それが、四回目の二〇〇一年、済州空港の入国審査で「なんでしょっちゅう来るのか」といって足止めされたの。私は正規の手続きを経た臨時パスポートだから問い合わせてくれと言ったら、臨時パスポートを叩きつけて、怒鳴りよったな。「ヨギヌン　チョソン…オプソ（ここは朝鮮…じゃない）！」、もう来るなと言うんですよ。手続き上不備はないけれど、四度目が限度なの。

金石範　四回でもう駄目だと言うんか？　私は一〇回行ってきたで（大笑）。

金時鐘　兄貴は有名人だからよ。また行きたかったら、あとは大統領に直訴しろと。五〇年ぶりにやっと草生《くさむ》した父母の墓を探し出して、年一回の墓参りを止めるわけにはいかないの。

金時鐘、韓国籍取得の経緯

金時鐘　「なぜ沈黙してきたか」と詩的なタイトルを付けてもらいましたが、なぜ私は四・三の関係を隠して口にしなかったか、そのことから話すと、僕は格好つけて黙っていたわけじゃないんで、非常に卑屈な、保身からですよ。二つの理由があります。

まず、私が四・三の関係で追われてきたことが表に立てば、四・三事件のことを島民たちはずっと人民蜂起、民衆が自主的に武装蜂起したんだと言ってきたわけですが、私が南労党の党員であったことを名乗り出るということは、人民蜂起の正当性を損ねるばかりか、李承晩《イスンマン》政権が四・三事件を「共産暴動」だと言っているのを裏付けるような気がしたことが一つ。

もう一つは、やむを得ない事情でこちらに来たにせよ、四・三事件で追われて来たことを明かすということは、不法入国者ということを自ら名乗り出るということでもあるのですから。

金石範　時鐘は、北で生まれているから出生記録もないだろう。この人間（金時鐘）の存在を証明する書類は何もない。時鐘は幽霊みたいな存在じゃないか。それが今回やっと済州島に本籍ができて、幽霊が人間になったようなものだけど、どうやって、韓国に戸籍を作ったんや。

金時鐘　まずは金大中大統領の民主政権が実現したことによる、反韓分子と言われた在日同胞への配慮が働いたこと。当時の在大阪副総領事、情報部の責任者でもある外交官ですが、親の墓参りを続けたいという僕の思いを殊のほか親身に受け入れてくれて、国籍取得の方法まで講じてくれました。外国人登録証名での新たな戸籍の取得を大法院に申請して、裁可を受けてくれたのです。「金時鐘」では、手続きが複雑すぎて駄目だとのことでした。それでも特別な計らいであったようには思っています。戸籍は他人が使用している住所でなければ、韓国のどこでもいいと言ってくれていましたが、済州島以外に故郷を作る気などないしな。

金石範　で、どこにしたの？

金時鐘　済州市の老衡《ノヒョン》。

金石範　老衡といったら、玄基榮《ヒョンギヨン》が生まれたとこや。

文京洙　領事館も、金時鐘先生だから特別にしたんでしょう。

金石範　私も時鐘から国籍取得の挨拶状をもらったけどね。そのあと私も聞かれたことがあるんだよ。時鐘さんも国籍替えたから、石範さんも替えないんですかって。なんで私が国籍替えなきゃいかんの！　国籍替えるのが文化人の流行みたいに考えてるんだよ。

金時鐘　特別配慮で戸籍とったけど、韓国へは年一回くらいの墓参りのときしか行っていない。四・三事件の公的な集会にも私は参加していない。

文京洙　韓国に戸籍を作って韓国籍を取られて、韓国との関係はそれで決着がついたわけですけど、日本の入管法との関係はまだ解決していないですね。

金時鐘　韓国籍を取ったとき、挨拶状を二〇〇三年の一二月一〇日付で出しました。その挨拶状をどこで見たのか、大阪府警外事課の警官がすぐさま問い合わせに来ました。私の家までです。登録証の名前と「金時鐘」との違いをあれこれ聴いて言いましたが、「金時鐘」はペンネームであると言い張りました。

文京洙　でももう、五〇年前の密航や登録で、捕まったりはしないでしょう。八〇年代頃までは、総連の幹部や活動家を狙って捕まえたりしたんですよ。

金石範　私もね、解放後に南朝鮮に一度帰って、密航して戻ってきてるわけね。それは履歴を書かされても一切明かさなかった。初めて書いたのが九〇年代入ってから。

金時鐘　ばれると捕まったりしたからね。私も前回の対談では観念して話したんや。

金石範　だから、時鐘だけじゃないけど、時鐘は「難民」なんですよ。「亡命者」になるわけだから、本当は保護しなきゃいけない。難民条約に入っていればね。日本は難民認定をやらない国だけどね。それが大村収容所に入れて、送り返せば殺されるんだから。日本も酷い国だ。韓国はもっと酷いけど。

潜伏中にクッを見た記憶

文京洙　偶然かもしれませんが、お二人とも二〇〇七年頃に、四・三の死者と直接向き合うという経験をされています。NHKで『海鳴りのなかを――詩人・金時鐘の60年』[*5]が放映されたのが、二〇〇七年九月ですが、金時鐘先生が済州に行かれて、親戚の方とお墓参りをされ、神《シン》房《バン》を呼ばれクッ（祭礼）で供養をされる場面が大変印象的でした。[*6]

金時鐘　私は、唯物弁証法、唯物史観を世界観としている人間ですので、済州島の迷信めいた巫女《みこ》の神房《シンバン》というのがずっと嫌いでした。ところが、潜伏中のある日、石垣の隙間から垣間見た神房のクッの光景は、記憶に食い込んで絵のように鮮明に思い出すんです。

その話をするために、少し遡って私が潜伏していた時のこと――「潜む」ということが、どれだけ辛いかってことを話さなきゃならんな。前回話した郵便局事件のあと、どのようにすごして隠れていたか、文京洙氏らの四・三事件の詳しい年譜のおかげで、錆びたポンプに呼び水入れたら井戸水が蘇ってくるように、私の混濁した記憶が、溢れあがってきました。触ると痛むから触れずにきた記憶ですので、日付さえ間違えなかったら、わりと鮮明な記憶です。

道立病院に隠れていたときも、院長や医者と看護婦は事情が分かっているとはいえ、突然人が現れるだけで心臓麻痺になりそうで、生きている心地がしないんですよ。もう発狂しそうだった。

病院に数日潜んでから、仲間の仲立ちで臨時雇いのハウスボーイを装って米軍基地で、九月の末まで四か月も雑用をしてたんですよ。それから塔洞《タプトン》の親父のツテの家に移って、防空壕だった石垣の物置に年末まで隠れていました。すぐ間近に磯が見えて、一〇月の終わり頃の夕方、鳴り物の音が聞こえてくるんです。四、五〇〇メートルくらい離れたところの砂利浜からジン（銅鑼）の音が風に乗ってひびいてきている……、原色の赤青黄色の服を着て踊っている神房が映画のスローモーションみたいに見えるんです。「あれは何をしているんですか」と匿ってくれている家の叔母さんに聞いたら、「魂を呼び寄せている」と。それは、海に投げ入れて殺された犠牲者の家族たちが、神房にお願いをして、遺体と魂が早く帰ってくるようにと祈っているというのね。

金石範　いわゆる水葬虐殺やね。

金時鐘　手首を数珠つなぎにされた四、五人の遺体が砂利浜に打ち上がっているのを、僕は二度も見た。水に浸かった遺体が波が来ると向きを変える。上着なんて流されていて肉体がずるずるオカラのようにずり剝けて、骨が見えている。

せめて遺体でも戻ってきてほしいと祈る遺族たちの痛切な祭礼を見たんですね。それが私の心に食い込んだのです。その土地の不幸や災いは、その土地の神様じゃないと鎮められないんだなと、日を追って思うようになったの。これはもう思想とかじゃないよ。僕は本当にそれを見ながら遺体があがってきそうな気がしたよ。それは神房に対する、土着の信頼とでもいうのかな。

金石範　生き返りはしないけどね。普通の病気になった人がクッをやると治ることもあるんだよ。

金時鐘　その後、私が身を潜めて匿ってくれていた区長の叔父貴が武装隊《ムジャンデ》の竹槍で殺されて、その家に潜んでいること自体が生き地獄やったの。いたたまれなくなった私は夫が虐殺されて（道頭里事件）まだ放心状態が続いている従姉の家にやむなく移って、三か月近くもコパン（納戸）に潜むことになりますが、それがまた筆舌に尽くしがたい。そのお姉さんは昼間もチマをずらしたまま居間でひとりで喋ってるし、夜は夜で「この人殺しの畜生どもめが」と庭へ出てわめきたてる。それでも私にだけいつも正気やった。私の排便などの仕末もそのお姉さんが全部みてくれたのよ。もう死んだ方がいいとどれほど思ったことか。竹槍で殺された叔父貴は、僕を匿ってくれたために死んだようなもんや。遺族らや周りも皆そう思っていた。その叔父貴の長男は僕の従兄にあたる人ですが、何か気がとがめてお互いに目線が合わされないのよ。それが苦しくて。つい先月亡くなりましたけど。

いつか親父お袋へのお詫びと、山部隊に殺された叔父さんの霊を慰めたいという思いがずっとあって。

金時鐘の神房体験

文京洙　それで、済州島でクッをされた?
金時鐘　はい。済州島を訪問した際に神房《シンバン》をお願いできないかなと思った。だけど、たくさんボラれた。僕はNHKから出演料五〇万もらったのに、五〇万そっくりとられた。さらにまた一〇万ほどとられたよ。
金石範　それは商売にもなっとるからね、定価ないんだよ（笑）。
文京洙　普通それくらいします。安い方ですよ。三河島や鶴橋では、神房に全財産つぎ込んだという話をよく聞きますから。
金石範　だけど、神房して気持ちがちょっとは晴れたやろ。
金時鐘　晴れたって、本当に救われた。神房は六時間くらいかけてやるんだ。うちの母方の親戚もほとんど来て、その叔父貴の長男の兄貴も一家挙げて来てくれていた。祭礼の儀式が終わったあとに声をかけてくれたんや。それに救われた。僕の手を握って「シジョンイタスンアニナン（時鐘のせいじゃないから）」。
金石範　「時鐘のせいじゃない」というわけや。
金時鐘　「アボジウンミョンイヨシナン（親父の運命だったんだから）」、「クロンシデヨシナン（そういう時代だったんだから)」と繰り返しながら涙ぐんでくれていた。

金石範　「お父さんの運命だった。そういう時代だったんだ」。

金時鐘　それで救われたんや。神房のおかげやな。「これからはもっと気軽くマンナジャ（会おう）」とも言ってくれた。

金石範　それ、神房のおかげか（笑）。時鐘自身が信じないと言ってるけどね、やはり無意識のうち、やっているうちに時鐘も変わっていくわけだ。

金時鐘　だから、僕は信じるようになった。もう、故郷《コヒャン》の災いはその土地の神じゃなければ鎮めてくれない。日本の各地域に土産神《うぶすながみ》がいるのと同じで、済州はそれが神房《シンバン》。改めて土着信仰の素朴さを知った。

金石範　私は小説で神房《シンバン》やクッをよく使うんだけども[*7]、やはり都会に住んでいる人には効力がない。ところが、ずっと一つの集落、共同体におった人はね、癌になって死にそうな人が治るわけじゃないけども、四・三のあの沈黙の時代に、そういう土俗の信仰で救われるわけだ。それは死者と生ける人間の交信。罪もないのに虐殺された人の魂の恨《ハン》を解くこと（ハンプリ）になるんですよ。また、そのクッに集まることでね、話すことも聞くことも何もできない人たちが言葉にできないことを伝え合う一つの場所なんですよ。だから、時鐘が信じる信じないの問題じゃないの。クッを見て聞いているうちにね、巫女の人が立ってくるくる回ったりしてうちに、だんだん……。

金時鐘　そう、巫女がトランス状態になるんだねぇ。神房の祭礼は六時間ほどかかりましたが、その神房がね、私が叔父貴の死をものすごく悔いているということをいっぱい言ってね、だから、従兄も家族もみんな泣いててな、何か思いが通じ合っているようだった。

金石範　そこで家族は家族でね、ある意味で救われるんです。死んだ人と対話するわけですよ。それで、叔父さんの声も聞いたの？

金時鐘　僕はもうあんまり長く泣いたから涙も枯れてきた頃に、もうトランス状態の神房の声がとたんに変わる。女の人なのに急に叔父さんの声になって、僕は子供の時分のあだ名がパウ（岩の意）というんだけど、「パウや、パウや、……」って。

金石範　なんでそんな名前を神房が知ってるの？

金時鐘　神房を仲介した人が言っているんだろうな。とにかく急に叔父さんの声で、「パウや、パウや、イルボンソヌン、クムチアニムシニャ」（日本でひもじい思いをしていないか、ちゃんとご飯食べているか）。こないに言うねん。「コクチャンマルラ」（心配せんでええ）とか、なんかいっぱい言うねん。

金石範　殺された叔父さんがそう言うの？　お父さんとは話さなかった？

金時鐘　あの神房、どうしたわけかな、八割方が叔父貴の供養でな。

金石範　それでいいんじゃないか。叔父さんは殺されたんだから。寃魂《ウォンホン》（無実の罪で殺された人の魂）なんだよ。お父さんお母さんは殺されて死んだわけじゃないから。

金時鐘　でも、お母さんお父さんも神房に降りてきて、「時鐘が墓まで来てくれて、ほんとに喜んどるよ」って言うんです。

金石範　それも、まあ創作かもしらんけどね（笑）。

金時鐘　でも、これやっぱり不思議なのが、お父さんとお母さんの墓が別々死んだせいで、二人の墓の間が広いんですよ。その墓と墓の間の足元に小さな岩みたいな石があるのよ。神房がそれを言うのね。「お父さんとお母さんはな、その石をお前の代わりだと思って、そこにお前がいてくれたと思っていたので寂しくなかったよ」って言うんですよ。誰もそんな石のこと話してないのにと思うが。母方の親戚が時鐘が死んだら入る墓建てる所だと言って置いてくれたんですけど……そんなこと、なんで神房が分かるんかね？

金石範　それは……私もよく分からん。あらかじめ聞いているか分からんけど、全然知らないことでもね、例えば殺されたことも話していないのに、竹槍で突き刺されてどこが痛むとかね、胸とか腹とかを押さえて神房が苦しんだりするんだよ。しかもそれが当たるわけや。そういう例がいくらもあるんだよ。不思議だよ。

『満月』で書いたけどね。朝鮮の巫堂《ムーダン》というのは、現実と非現実、神と人間の中間的な存在なんだよ。さっき文京洙が共同体への補償という話をしてたけどね、四・三によって共同体が破壊され、人間の精神が破壊された。言葉は悪いけれど、牢獄のような島で、みんな馬鹿になってしまうんですよ。それをどうやって回復するか、記憶の回復、人間の回復というものがようやく起こってきたわけや。そのために、巫堂《ムーダン》のようなシャーマン的世界の媒介が必要になるんですよ。記憶を殺されて、無意識の中に沈み込んだ記憶を抱えて、現実の日常は普通に生きているけど、それはまともに生きていることにならない。済州島の人間は半世紀もそうして生きてきたわけだ。無意識の中に、地下に埋もれた死者たちの記憶を地上に蘇らせなければならない。

チョントル飛行場の遺骸発掘現場で

文京洙　まさに『死者は地上に』という書名の小説を石範先生は二〇一〇年に出されています。時鐘先生が神房によって死者の声を聞いたちょうど二〇〇七年頃に、石範先生はチョントル飛行場（現在、済州国際空港）の遺骸発掘現場に行かれて、地下に埋もれた死者と出会う――もちろん遺骨や遺品ですが――という経験をされています。ここは、四・三の集団処刑場で、多くの遺体が穴埋めにされている場所でした。それがようやく二〇〇七年九月から遺骸発掘事業が始まりました。

金石範　私が発掘現場に行ったのは二〇〇七年一一月の平和学会済州大会の時。
　私はね、済州空港にジェット機が離着陸するたびに、地の底でピシッ、ピシッと骨片が砕ける音が耳の底に響くような気がするんだよ。八八年に初めて韓国に行ってからも済州空港の下の地中には白骨の群れが埋まっている、それを掘り起こして地上に戻すべきだとずっと言ってきた。でも「たわけ者の空想」「小説家の夢想」と誰も本気にしなかった。それが現実になったわけや。

文京洙　このチョントルの処刑場は、金石範文学にとって大変重要な場所《トポス》です。一九五〇年六月に朝鮮戦争が始まると、七月頃から韓国全土で大量の予備検束が行われ、その多くが銃殺されました。済州島でも、一〇〇〇名以上の人が検束され、済州警察署所轄の検束者は、八月にチョントル飛行場で銃殺され埋められています。石範先生が対馬に行かれ、乳房のない女性に会われたのはいつでしたか。

金石範　前回違うことを言ったかもしれんけど、大学卒業したのが五一年だから、五一年の早春だったと思う[*8]。

文京洙　そうすると、対馬で会われた乳房のない女性は、五〇年の七月に済州警察署の留置場に収監され拷問を受けた人が逃れてきたのかもしれません。だから、留置場で会ったという、処刑前に白いタオルを太腿に巻いて処刑場に赴いたという少女は、チョントル飛行場に埋められた可能性が大いにあるわけです。ですから、対馬で乳房のない女性から聞いた二十歳頃の女性、『看守朴書房』の宋明順《ソンミョンスン》のモデルになった女性の遺骨が、本当に土の中から現われてくるかもしれません。*9

金石範　私あのね、実は発掘現場の作業員の人に聞いたんだよ。ひょっとしたらね、名前か何か墨文字が記された大腿骨が出てきてないかどうか。タオルは腐ってなくなるけど、墨汁で書いた氏名と年齢、出身の村名は骨に残るんだよ。処刑された彼女も、おそらく数年後か十数年後くらいに自分の遺骸が掘り出された時に、家族か親戚が自分だと分かるようにと思って、白いタオルに書いたんだろうけどね、まさか六十数年後に発掘されると思わない。そのことを知っているのは今、私しかいない。対馬に来た女の人が私に伝えてくれて、もうその女の人も亡くなっているだろうし、殺された女性の遺族たちは誰もタオルのことなど知らない。私だけなんだよ、そのことを知っているのは。夢みたいな話だけどね。私が小説で〝宋明順《ソンミョンスン》〟と名づけたその女性の――実名は知らんけどね――その名前を記した骨が、いま目の前に出てきたら、と思うとね……。処刑されて穴に埋められる時、いつか自分の名前が地上の光を受けると待ち望んだその日は、もしかして、いま私がこの場所に立っているこの日になるのではないのか。

文京洙　小説というフィクションの形で――もちろん伝え聞いた事実をモデルにしてですが――造形したものが、逆にこう、現実になって目の前に現われるかもしれないと思った時の、この歴史の不思議な巡り合わせをどう言えばいいのか……小説が現実になろうとしているわけですから。

金石範　だから、ある意味、奇跡的なことだよ。私が一九五七年の『鴉の死』から、半世紀以上ずっと四・三を書いてきてね、それが、ここまで長生きして、現実になったんだよ。そして私は初めて四・三を見るんですよ。それ自体、ありえないことで、大変なショックだよ。私は、四・三を体験していない。いろいろ調べたりはしたけれど、いわば想像力だけを頼りにして、ずっと書いてきた。それが、闇埋葬《アムメジャン》された飛行場の現場で実際に四・三の遺骸を見た。四・三を初めて見た。遺骨に触って、初めて四・三に触れた。初めて体験した四・三事件と言ってもいい。今までの四・三とは、私の観念の中のものにすぎないじゃないか。

友人の編集者が、「金さん、そのまま書くのはもったいないから、フィクション（小説）にできないんですか」と言うけれど、ああいうものを目の前にすると、とてもすぐには小説にできない。「私は見た、四・三虐殺の遺骸たちを」という紀行文[*10]を書くだけで精一杯だった。

金時鐘　「紀行文」って言うけれど、僕にはあれこそ金石範の詩だった。

金石範　よく「体験したら書けない」と言うけれど、確かにそう。時鐘の気持ちが今になってよく分かる。遺骸発掘の現場に行ったことを「地の底から」という短篇[*11]にするまで、六年もかかった。

金石範　しかし、本当に経験したといってもね、私が見た遺骨は土が染みて茶褐色ではあっても、みんな綺麗に整理されたものや。発掘作業をする人が丁寧に何度も刷毛で土を落としているしね。女性の顎だけの遺骸があって、歯並みが本当に綺麗なんだ。「悲しい美」。だから、私は初めて現実の四・三を見たと言うたけれど、時鐘が見たようなものじゃない。虐殺されて腐った死骸とか、はみ出した腸とかね、そういうものじゃない。

前も話したけど、私は、解放（日本の敗戦）直後に南朝鮮に戻って、ソウルで友人と暮らしていたけれど、日本に戻ってきたじゃない。友人たちにすぐ戻るからと言って。そのまま日本にいるわけだけど、その友人たちはみんな殺されたはずですよ。*12 それから、四・三のときも日本にいて、故郷の済州島にいたら私も一緒に虐殺されたはずや。時鐘はうまいこと逃げて、今生き延びているけれども。

金時鐘　うまいこと!? 辛いですよ。今でも夢を延々見るのよ。帰り道が分からなくなったような夢、殺された叔父貴を追って、やっと追いついたら、また遠くに行ってしまって、それが父の顔であったり、悲しげな母の眼差しであったり。潜んでた時も、もう奈落の底でね。いたたまれない屍臭のする死骸とか。船で逃げる時も、船の窓に手をかけたら警官が手をバッと掴んだりして、そんな夢を延々見るのよ。これはもうトラウマなんだろうなと思う。

金石範　よく耐えてきたよ、時鐘は。一人で黙って。私にとっての現実の四・三は、骨を見たことでしかないが、身近に時鐘という「現物」がいるわけだ。最近になっていろんなこと話すようになったけどね、いつか、東京の追悼集会で時鐘が講演をして、途中で泣き出して話ができなくなったことがあったやろ。[*13]講演会としては失敗やったけど、あれが「現物」の四・三なんだよ。ちゃんと話せるようなものじゃない。生きているのよ、四・三が。骨じゃないんじゃ。

私の場合は、現場にいなくて帰ってきた。やはり私は見物人、部外者なんだよ。それが、五〇年過ぎて、初めて私は四・三を見るんですよ。初めて体験する四・三事件。現実の四・三がそこにあるわけだ。それは死者だよ。骨である。私にとって、それが四・三なんです。

しかし、現場にいたら殺されていた。日本にいたから、今まで生き延びて書くことができたとも言える。もし生き延びても、四・三が鎮圧されてからの韓国に私が移り住んでいたら、あの軍事政権下の社会では書けるはずがない。北に行ったら、やはり書けなかっただろう。

体験したら書けないというのは、現場にいたら殺されて書けないし、生き延びても書けないという両方の意味がある。時鐘は詩を書いているけど、実際に体験した人間はね、小説は書けないですよ。書くためには一〇年、二〇年と時間がいる。完全に自分が体験しなかったと同じような状態にならなきゃいけない。それは記憶になる。その記憶の中に自分の体験を蘇らせる

もう大声痛哭、大声をあげて泣いた（金石範）

わけであってね、体験したから書ける、そういうものじゃないわけですよ。だから、なんて言うのかね、日本はディアスポラである私にとっての宿命的な土地ですよ。

金時鐘　私には運命的な国でもあります。

金石範　不思議だけどね、私は遺骸が横たわる発掘現場では涙は出なかった。済州の平和学会で、発掘現場に行ってきたと報告しようと思ったら嗚咽してしまったけど、済州島から日本に戻って家の机の前で、遺体や遺骨のことを思ったら、もう大声痛哭《テソントンゴック》、大声をあげて泣いた。持ち帰った記憶が泣くんですよ。六〇年もたってね、地上の光を見る地底の遺骸たちを思って泣く。悲しくて泣くのではない。嬉しいんだ。でも嬉し泣きではない。喜びでありながら、喜びを押しのけて噴き出てくる悲しみ。死者たちの悲しみの記憶の涙、それは怒りを呼ぶ涙でもある。しかしね、それで私の心は解放されていたんですよ。

金時鐘　神聖な静かさを感じる。

文京洙　そのご経験が、翌年の六〇周年の時の「悲しみの自由の喜び」という言葉に結晶した。

「悲しみの自由の喜び」

二〇〇八年四月に、四・三事件六〇周年の追悼慰霊祭が済州島の四・三平和公園で開かれました。日本からも一五〇名の訪問団が参加し、NHKも取材して『悲劇の島チェジュ』というドキュメンタリー番組を放映しましたから、日本の四・三事件への認知は大きく進んだと言えます。しかし、就任したばかりの李明博《イミョンバク》大統領の式典参席は中止され、四・三を「暴動」と見なす保守派の動きも目立つようになりました。*14 *15

金石範　その式典の前後にね、たくさんの取材を受けたんですが、皆「六〇周年を迎え、感想をひと言」と聞くんだけど、うまく言えない。それで「悲しみの自由《スルプメチャユ》」って分かるかって逆に尋ねた。島民も犠牲者の遺族も、六〇年間も四・三について話すことも聞くことも何もできなかった。四・三についての記憶は抹殺されたに等しい。記憶のないところに歴史があり得るか？　思い出すこともできないんだから、悲しむこともできない。それがこうして四・三の記憶が蘇った。四・三を思い出して語り、ようやく悲しむ自由を得た。心のたけの涙を流すことができる。それは悲しみであるけれど、喜びでもある。だから「悲しみの自由《スルプメチャユ》の喜び《キプム》」。記憶を蘇らせ、歴史を全《まっと》うさせなければならないと、そう話した。分かったかどうか知らんけどね。

平和記念公園の中に史料館があってね、その内部に大きな石棺のようなものが横たわってる。

時鐘は見たことあるか。

金時鐘　地下のようなところにあるやつ？

金石範　そう。そばのパネルにハングルの碑文がある。「いつかこの碑に済州四・三の名を刻んで立ち上らせるだろう」。つまり、この石は碑石なんだけど、名前がまだ刻めないので、立てられずに寝かせたままになっている。四・三の「文字の刻めぬ碑石」だから「白碑《ペッピ》（Unnamed Monument）」というわけ。「済州四・三」というのは、一つの記号であって、「蜂起《ポンギ》・抗争《ハンジェン》・暴動《ポットン》・事態《サテ》・事件《サコン》」などといろんな呼ばれ方をしていて、未だに真っ当な歴史的名称を得ていない。だから「分断の時代を越え、南と北が一つになる統一のその日、真正な四・三の名を刻むことができるだろう」と書かれている。

金時鐘　石範兄の「朝鮮」籍（登録証）にこだわる意地のほどが、そのままこもっていそうな「白碑《ペッピ》」の話。

金石範　しかし、そんな悠長なものじゃない。現在でも四・三の「正名《ジョンミョン》」論議が行われている。正名とは、四・三の名を正す、白碑にある unnamed を named にする。「四・三」は単なる日付でしかない。

文京洙　五八周年の慰霊祭には、盧武鉉《ノムヒョン》大統領が参席して、国家暴力を謝罪し、赦しを乞うとまで話したのですが、六〇周年慰霊祭には李明博《イミョンバク》大統領参席が予定されながら、中止されました。ハンナラ党の大統領になって、保守勢力が盛り返し、四・三は「暴動」であるとして、四・三委員会や真相報告書、大統領の謝罪まで憲法違反だと否定して、「国家正体性回復」を唱えるような動きも出てきているんですね。

金石範　六〇周年の前年の平和学会では、玄基榮が「先生、私はもう四・三を止めます」と言うんだよ。四・三特別法が通って、四・三はすべて解決したような気分になって、まるでお祭り騒ぎや。あの遺骨と同じで、ずっと五〇年も地下の闇の中に潜んでいた四・三が、ようやく地上に現われて太陽の光を受けて、目がくらんでいるようですと言ってたが、政権が変わったとたんに情勢が変わってね、また暗闇に戻るかもしれん。玄基榮もこの前の講演では、四・三は国家追悼記念日になったけれど、問題はこれからですと言っていたけどね。

文京洙　そういう「悲しむ自由の喜び」を再び押し殺そうという動きもある一方で、四・三蜂起の歴史的評価を定めようとする「歴史定立」の議論も起こっています。四・三特別法も、あくまで国家公権力による暴力の犠牲・受難の面ばかりが強調され、民衆が不当な権力に抗議して蜂起した「抗争《ハンジェン》」であったことが忘れられようとしているという批判です。そういう意味で、六〇周年が、四・三の大きな分岐点になるかもしれません。

「再生」のための「再訳」

文京洙 「歴史定立」の話は最後に改めてしますが、少し話題を変えると、ちょうど平和学会があった二〇〇七年に、金時鐘先生は、『再訳 朝鮮詩集』を出版されています。時鐘先生は、前回の対談以後、四・三事件や吹田事件[*16]との関わりを話されるようになった、ちょうどその頃から、尹東柱《ユンドンジュ》の『空と風と星と詩』の新訳や『朝鮮詩集』の再訳を発表されています。[*17]朝鮮の詩を時鐘先生の日本語で新たに再現しようという大変大きな仕事だと思いますけど、四・三のような政治的な問題と訳詩という文学的なお仕事がどこかでつながっているのか、そのあたりを少し聞かせてください。

金時鐘 金素雲《キムソウン》が日本語に訳した『朝鮮詩集』が最初に出たのは『乳色の雲（朝鮮詩集）』（一九四〇年五月、河出書房）です。[*18]旧制中学二年の時でしたけど、手に入れて本当に擦り切れるくらい読みました。私は、言われるように「皇国少年」だったんですよ。自分の国の言葉も、自分の国に詩があることも知らんで、金素雲が日本語に訳してくれた詩で、朝鮮の〝詩心〟を分かった気になったんですよ。それはつまりね、うちの国にも、日本の近代抒情詩と同じような抒情詩があることを発見した喜びだったの。朝鮮には、詩はないと思っていたのが、これほどの詩が、「これほど」というのは、日本の詩の詩情とへだたりのない詩があるということに感動したわけよね。しかも、その『朝鮮詩集』を名訳だと褒めたのは日本文壇の重鎮たちでね、社会現象のように褒めたんですよ。解放（終戦）になってね、自分の国の言葉を勉強しだして、金素雲訳の『朝鮮詩集』に魅せられた、自分の感動の質も分かってきた。朝鮮語を皆目知らない日本の文人たちが名訳だと言っていたわけだ。それに気づいたのよね。あの人たちが褒めたのは、朝鮮の詩が優れているから褒めたのではなくてね。金素雲の訳詩が日本の詩と、日本人の抒情感、感覚・感性的なものとなんら差異がないことに感動して褒めたんだね。[*19]

金石範　今彼が話しているのは彼の出発点、原点ですよ。しかもね、そこには文学における従属性の問題がある。朝鮮文学を日本文学の下に置いたり、「在日朝鮮人文学は日本文学だ」といって、在日の文学を日本文学に従属させたり、朝鮮を下に置いて先生が子供を褒めるような、そんな感覚で取り込んでいくわけや。私も『火山島』は日本語で書いた。じゃあ、『火山島』は日本文学か。そうじゃない。朝鮮文学か。そうじゃない。じゃあ何か。「日本語文学」というしかないもの。

金時鐘　私も、じゃぁ、あんなに夢中に擦り切れるほど読んだ『朝鮮詩集』は、いったい何だったのかと考えていた。朝鮮詩を読んでいたのか、日本の詩を読んでいたのかってね、それがずっと気になっていた。金素雲が『朝鮮詩集』を訳していたのは、大正末期から昭和初期にかけて日本の近代抒情詩が最も盛んだった頃のことです。満州事変へとなだれを打つ時だからね、日本では小学唱歌や童謡、抒情歌といわれた歌が広く唄われだしました。その歌詞のほとんどは当時の抒情詩人たちが書いた「詩」でした。金素雲の訳も当然その風潮に倣《なら》うように、いや藤村や白秋の詩にみるような情感ゆたかな「詩《うた》」でないと、詩ではなかった時代の金素雲でもありましたので、その語感、韻律、抒情感まで生かして訳をしているわけです。文語、雅語まで駆使して五七五の音調律をととのえるといった、玄妙な日本語訳でした。島崎藤村、北原白秋が名訳だと手放しで絶賛したのも、うなずけるというものです。

私にやって来た植民地は、物理的な収奪や苛酷な仕打ちの植民地ではなくて、至って優しい日本の歌としてやって来た植民地だったの。それだけに私の植民地は根が深いんだ。情感ゆたかな日本の抒情歌や童謡に心ほだされるように、なんの抗《あらが》いもなく日本の皇国少年になっていた。

金石範　そう、時鐘は皇国臣民だったから。

金時鐘　植民地統治があくどい苛酷なものであったことは歴史的事実やけど、人間が変わるのは、そうした苛酷な暴圧や強制によってより、むしろもっと心情的なごく日常の優しい情感のなかで変わっていくんですよ。だから、金素雲が日本語に訳した『朝鮮詩集』、これが私をして植民地皇国臣民にしたものでもあるのです。それで朝鮮の詩を知ったつもりでおったのです。自分の国の言葉がいかに、無下にされてね、廃絶の憂き目にあっていたかも知らずにだね。

六十年以上も持ち越した宿題（金時鐘）

『朝鮮詩集』には、詩人たちの略歴はごく簡明にしかついていないけど、あの中で発狂した人が三人ほどいます。死んだ人も数人おりますし、若手に多いんですよね。なのに、『乳色の雲』の中の詩は、そういう植民地の悲哀や悲嘆が入っているものがないのよね。李光洙《イグァンス》の非常に嘆かわしい詩があるくらいで、あくまでも個人的な悲嘆、感傷の詩になっているんだね。いざ自分で訳してみようとすると、あの詩人たちの略歴も探せないのよ。韓国に行くこともできないしね。それで、延び延びとなって。だからあれは自分の言葉探しの過程で出来上がったものなの。

文京洙　金素雲の『朝鮮詩集』を訳し直そうっていうのは、ずっと前から考えてらした？

金時鐘　もう国おった時から「六十年以上も持ち越した宿題」……。僕はなるたけ主観が入らないようにした。つまり意訳して丸め込まないように、直訳を原則にしました。直訳じゃ音調律がとりにくいので苦労したけれど、絶対原詩を損なわないことを原則にした。原詩と金素雲の訳詩には相当の開きがあるのよ。言葉の解釈そのものも全然違うし、文語調にすべき理由もないのに文語調にしてたりする。タイトルが別題になっているものも少なからずあります。巻頭の韓龍雲の詩は、金素雲の訳では「桐の葉」という題になっていますが、正確には、「知りようがない」です。それから、素材を置き換えたり、女性的な用語にしてしまったりしています。当時の検閲のせいかもしれんけど、日本の詩に遜色ない形をとるということに一生懸命になっているんだね。

金石範　今の時鐘の言ったことを評価するというと生意気な言い方になるけどね、なんで時鐘が『朝鮮詩集』の「再訳」をしなきゃならなかったのか考えるとね、私の解釈では、四・三と関係あるんだよ。彼は完全な皇国臣民やった。日本人じゃないのに皇国臣民だった。それが八・一五で真っ暗になるわけです。

金時鐘　言葉がなくなるんだもん。今まで日本語ばっかり勉強してきたのは、もう闇の言葉なんですね。使ってはならん言葉。それしか言葉知らんのに、僕は。

金石範　それまで「日本人」のつもりで生きてきたのが、八・一五で「日本人」であることをやめて、今度はまあ南労党に入るようなことになって、四・三で日本に一人で逃げてきた。日本でも詩を書きながら、いろいろな運動もしているけれどね、それは、みんな八・一五で完全に否定された自分をもう一度作り直すためじゃないか。今の話は、詩人・金時鐘自身の成長の話だよ。

金時鐘　生まれ変わったつもりではいます。

金石範　生まれ変わりか。「再生」のための「再訳」というわけや。ある日本の作家が金素雲の訳詩と金時鐘の再訳とを比べて、金素雲の方が文学的にすっと入ってくると言うてたが、それは当然だろうと思う。しかし、「すっと入る」というのは、言葉の「呪縛」と同じだ。

金時鐘　抒情は「感性の呪縛」でもある。日本語は例えば季語のように「心情の定型」に縛られているところがある。だから、抒情から、抒情の規範から逃れるのは、それほどにも難しい。

金石範　確かに金素雲は大変な仕事した人だよ。それを評価して悪いことはない。しかし、私に言わしたら、それは帝国主義的評価だよ。散文と詩は全然違うけどね、詩は翻訳されたら、別の形に変わってしまうじゃないですか。問題は、すっと入るっていうこと自体が何かっていうことだよ。

だから私が時鐘が偉いと思うのは、この「再訳」はね、金時鐘の生き方そのものなんだよ。それは何か。徹底した自分の過去に対する否定。過去の否定だけでなく、日本的な抒情性が身体の中まで染み込んだ現在の自分の徹底した否定。だから「再訳」というのはただ詩を訳し直すということだけじゃない。自分自身を、自分の感性も、それが染み込んだ身体も作り直そうという、生き直すこと、「再生」なんだよ。

これね、親日派の問題とつながるんです。親日派というのは親日の過去を当たり前だと思っているわけだ。親日から少し反日になって、すぐ今度は親米になる。そういう変節を平気で繰り返す。彼は違う。八・一五から生き直そうとした人間です。そういう転換は普通じゃなかったと思う。

金時鐘　確かに「解放」によって、日本人であることから決別した。でも、日本語からは解放されないんだよ。自分の中に棲みついているものだからね。しがらんだ日本語から自分を解放するには、時間がかかるねん。

金石範　彼の場合、痛烈な根本的な自己否定なの。これ難しいのよ。自己否定とか簡単にいうけどね。引っくり返された人間が起き直るわけだよ。詩の問題というより、現実に起きている問題でもある。現実は、詩的な問題じゃないわけ。現実にどのような生き方を選ぶか、時鐘が四・三に向かった動機は、私の解釈だけど、過去の自分の否定と関係している。そして、四・三から日本に逃れてきてね、四・三の記憶に悩まされながら、自分の日本語の抒情性を否定しながら詩を書いてきた。小野十三郎[*20]に出会って、日本の詩の抒情性が「奴隷の韻律」であるという、徹底した否定の方法論を、自分の詩を書く上での方法論というものを見つける。それが彼の沈黙の生き方と重なっているんですよ。彼は自分の過去と、自分を作ってきた感性を丸ごと否定して作り直そうとしたわけだよ。

私の場合は小説だからね、詩とは少し違って、感性ではない。歴史の事実。事実としての歴史との闘い。よく珍しいことが起こるとね、「小説にでも《ソツレラド》」なりそうですね、とか言うだろう。そんなもんじゃないんだよ、小説は。事実が殺され、消された事実。記憶の中に影としてだけ残った事実。そういうものを生き返らせるんだよ。権力によって事実が、歴史が抹殺される。権力は歴史を自由にする万能の神なのか。だとすれば、小説は万能の神への反抗、挑戦か。「小説にでも《ソツレラド》」ではない。小説にこそ書くべきこと。失われた事実を蘇らせること、無からもう一つの歴史を書くこと。私も時鐘と違うけど、そういう世界で生きてきたということだ。

文京洙　時鐘先生の場合、ある意味で日本語への復讐のような……？

金時鐘　日本語への復讐というより、正確には、自分の持っている日本語への復讐ですよ。日本語が一切使えない言葉になって、でも「在日」として、日本語で生きるしかないのよ。詩を書き続けるとすれば、日本人に向けた日本語で書くしか方法ないでしょ。そうすると、つまり今まで自分で作り上げてきた日本語から切れていかなければならない。私を作り上げた日本語と向き合って、その日本語を私は叩き殺していかなければならないの。それから別の自分の日本語を作り上げなきゃならんの。さっき石範兄は、ディアスポラである自分にとって日本は宿命的な土地だと言っていましたが、私にとっては、日本語が宿命的な言葉なんやわ。

金石範　これ、えらいなあ。

四・三の「正名」とは

文京洙　それでは四・三のこれからの課題として、最後に四・三を歴史的にどう評価すべきかという問題に入りたいと思います。

金石範　私の課題はね、はっきり言ってしまうと、一九四八年成立の大韓民国には正統性がないということなんですよ。それは二つの側面から論証できるのであって、一つは大韓民国の憲法が自らの正統性をどう定めているか。二つめは大韓民国の成立プロセスの問題。

まず韓国の憲法前文には、「わが大韓国民は三・一運動により建立された大韓民国臨時政府の法統及び不義に抗拒した四・一九民主理念を継承し、……」とある。

文京洙　少し詳しくいうと、韓国の憲法は九回改正されているんですが、現在の憲法の前文は、一九八七年の盧泰愚《ノテウ》の六月民主化宣言を受けて改正されたものですね。「四・一九民主理念」というのは、一九六〇年の学生革命のことです。途中、朴正熙の時代には「五・一六革命の理念」が加わったりしていますが、一九一九年の「三・一」だけは揺るがない。*21

金石範　いずれにしても、四八年成立の大韓民国は、一九一九年に三・一運動で建てられた臨時政府の「法統」を引き継ぐものとされている。最初、上海に置かれ、後に重慶に移るけれど、重慶臨時政府の主席は金九《キムグ》ね。その金九の臨時政府の「法統」を引き継いだ国である。

金時鐘　「法統」は日本語では聞かん言葉だね。

文京洙　「法統」は、日本語だと「正統性」、英語の「レジティマシー」。この場合は、「国家の歴史的な正統性」ですね。

金石範　そう。しかし、四七年に呂運亨《ヨウニョン》が暗殺され、四九年に金九《キムグ》が暗殺されて、どちらも大韓民国の初代大統領の李承晩《イスンマン》の仕業とされている。臨時政府の主席を殺しておいて、臨時政府の「法統」を継いでいるというのは牽強付会も甚だしい。

文京洙　李承晩は、建国準備委員会系の呂運亨と臨時政府系の金九を排除し、アメリカと結ぶ形で、南朝鮮の独立を果たすわけです。

金石範　この憲法の前文だけをとっても大韓民国の正統性は疑わしい、というより、大韓民国が重慶臨時政府の「法統」を引き継いで樹立された、というのは「嘘」に等しい。

二つめの大韓民国の成立プロセスの問題は、長くなるからやめるけれど、大韓民国が成立するまでのプロセスというのは、私に言わせれば、アメリカと李承晩が親日派を基盤にして、国内の民族主義者や社会主義者を排除して、国連まで巻き込んで反共分断国家をでっちあげた過程ということになる。四・三はそれに対する抵抗であった。

だから、対談の最初にでた「受難と和解」という枠組みで事業化が進んでいる、今年から四・三が国家追悼日に指定されて格上げされるとか、それはまぁいいけれど、それは体制的な

祖国統一のための〝抗争〟ですよ。（金石範）

スローガン。それを越えて、四・三とは何であったかをちゃんと問わなきゃならない。私の考えでは、四・三は祖国分断に抗って蜂起した祖国統一のための〝抗争《ハンジェン》〟ですよ。

金時鐘　四・三平和公園の慰霊堂には、一万三〇〇〇人の犠牲者の位牌が出身村ごとに並べられておるのに、李徳九を始めとする武装隊の「首魁級」や南労党の「核心幹部」は入っていないわけでしょう。それに裁判もせずに、大勢の人を虐殺した人間も、誰も裁判にもかけられてへん。

文京洙　そうした加害者の責任追及や加害者処罰といった問題も含め、四・三事件の「歴史定立」（歴史的評価）に関わるような問題をすべて棚上げしているという側面と、さっき石範先生が取りあげられた憲法との問題で、犠牲者認定も「憲法の基本理念である自由民主的基本秩序及び大韓民国のアイデンティティを毀損しないかぎり」という基本的な前提があるというわけです。

金石範　そりゃ、四・三は大韓民国成立の正統性そのものを問おうとしているんだから、国家の枠や制度の枠に阻まれるだろう。しかし、四・三は国家の制度の枠を突き破るものである。南北分断に反対して蜂起した四・三の正統性を問うならば、必ず大韓民国の正統性と衝突する。しかし、それはやらなければならん。学問とか真理への道とは、そういうものだろう。

だから、韓国の歴史家に、この正統性の問題について徹底的にやってくれと言うの。四・三は、この正統性の問題のために起こしている。これは、四・三内部のイデオロギーの問題じゃないんだよ。済州島だけの問題でもない。だから、韓国現代史、大韓民国七〇年の歴史を、四・三を起点にして根本から書き直すような仕事をやらなければならない。みんな四・三の周りをぐるぐる回っているだけじゃないか！

金時鐘　しかし、これはもう容易ならぬこと。なぜなら大韓民国の反共の大義が崩れることとなんですよ。本当に殺戮と暴圧によって大韓民国は作りあげられたんだから。本当の問題を突きつめようとすると、韓国憲法の反共の根幹について触れることになります。反共と親日派が合わさって、殺戮が起こってたのだから。盧武鉉大統領がずっとそれをしようとして、結局自殺しなければならなかったわけだから。[*22]

金石範　やはり韓国の研究者にはできないんですよ。韓国ではまだタブーなんだ。聖域になっている。それで日本にいる文京洙にやれと言っとるわけ。私が歴史家だったら、命を賭けてやるよ！

文京洙　先日も道民連帯*23と話をしてきたんですけど、朝鮮戦争の時に起きた刑務所での虐殺の話ですけれど、朝鮮戦争が起こった時にソウルとか、平澤《ピョンテク》の北側は人民軍が来て受刑者は解放されているんですが、その南はだいたい虐殺されているんですよ。あの時は三万七〇〇〇人くらい刑務所に収監されていた受刑者が処刑されたみたいで、二〇〇六年に犠牲者として一応認定されているんですよ。当時、刑に服していた収監者でまだ生き残っている人がいて、そういう受刑生存者の名誉回復や真相究明がなされていません。道民連帯はこれからこの受刑者の問題をやると言っています。受刑者の問題をやるということは、四・三の歴史的評価と真正面から対応するので、受刑者の名誉回復をどうするかという問題は、これから四・三を一歩進めるうえで最大の焦点だと思う。

金時鐘　だから受刑者の名誉回復っていうても、無実だったということで名誉回復するのかね、闘ったことが正当であると評価するのか、闘ったことがやむにやまれぬ武装抗争であったということが出されてこないと、「名誉回復」は形ばかりのものにすぎない。

『真相調査報告書』での犠牲者三万という数字ね、私が現場で見聞きした実感からは、五万は下らない。絶対六万はいると思う。裁判なんかなしに殺された人がいっぱいおったよ。

金石範　人間はね、そのうちに慣れてしまうんだよ。こうして特別法ができて、復権してお金が出てくるようになったら、もともと「反共遺族会」といっていた連中が中心になっているからね、形だけの四・三になってきてるんだよ。本当はこれから、できれば虐殺者たちを引っぱり出して、裁判しなればいかん。李承晩やアメリカの責任ももっと問わなければいけない。
そうして初めて、四・三史料館にある「白碑《ペッピ》」に「正名《ジョンミョン》」を刻んで立ち上げなければならない。「分断の時代を超え、南と北が一つになる統一のその日、真正な四・三の名を刻むことができるだろう」って、それは、いったいいつのことになるのか。三年後の四・三70周年には立ち上げないと。

（了）

注

第Ⅰ部 「解放」から四・三前夜まで

＊1――金時鐘が、四・三事件の体験を初めて公の場で語ったのは、二〇〇〇年四月一五日「済州島四・三事件52周年記念講演会」における講演で、二〇〇〇年五月の『図書新聞』二四八七号に掲載された。

＊2――金石範が四・三事件を素材にした最初の小説「鴉の死」を初めて発表したのは、同人誌『文芸首都』一九五七年一二月号である。

＊3――日本の植民地支配に協力した朝鮮人。具体的には、朝鮮総督府の役人や警察、皇民化教育に加担した教育者などを指す。「親日派」とも呼ばれ、解放後いったんは鳴りを潜めたが、間もなくアメリカ軍政下で復権を果たす。

＊4――解放と同時に、朝鮮では各市郡単位で、地域自治と独立国家建設を目指す「人民委員会」や「建国準備委員会」が形成され、これをたばねる形で中央レベルでは「朝鮮人民共和国」の成立を目指す活動が展開された。

＊5――この歌によって金時鐘が朝鮮人として再生した経緯は、エッセイ「クレメンタインの歌」

（平凡社ライブラリー『「在日」のはざまで』に所収）に詳しい。

*6——当時、中国の重慶には、一九一九年の三・一独立運動の際に樹立された日帝支配に対する亡命政権である大韓民国臨時政府（臨政）が上海から移り、金九がその指導者であった。金石範はこの臨政への亡命を企てていたと思われる。

*7——呂運亨が、一九四四年八月一〇日ソウルで発足させた民族独立のための地下組織。「不言、不文、不名」（語らず、書かず、名を明かさず）の三大鉄則を立て、解放まで組織を守った。

*8——一九四五年における金石範の二度にわたるソウル行きは、小説『一九四五年 夏』（筑摩書房、一九七四年）の背景となっている。

*9——『鴉の死』（講談社、一九七一年／文庫版、一九七三年）に所収。『金石範作品集』第I巻（平凡社、二〇〇五年）にも収録されている。

*10——協和会とは、戦時期の日本の、在日朝鮮人に対する内務省、厚生省、警察を中心とした統制機関で、「保護、指導、矯正」の名の下に、在日朝鮮人の戦争協力と日本人への同化政策を推し進めた。一九四四年には「興生会」と改称された。

*11——朝鮮総督府吏員復職令　米軍政期南朝鮮での最高法規は、言うまでもなく、軍政令であるが、総督府官僚や職員の復職を明確な形で指示した軍政令が公布されたという記録はない。ただ、米占領軍司令官ホッジは、南朝鮮上陸直後の九月九日、日本人を含む総督府のすべての職員は現職にとどまり、総督府も従来の通り機能を継続すると発表している。このホ

ッジの指示が、当時、「総督府吏員復職令」として一般に受け止められていた可能性がある。

＊12――金時鐘の父親は、現在の北朝鮮の元山出身。父親は若い頃、一九一九年の三・一独立運動で検挙された後、革命ロシアにあこがれ、中国、ソ連に渡ったこともあったという。

＊13――しばしば指摘されることであるが、済州島は閉鎖的な血縁・村落共同体が支配的で、比較的農民層の階層分化が少なく、利害を共有する島民が、外勢や中央政府に対して抵抗・蜂起することが稀ではなかった。

＊14――満州で抗日パルチザン闘争を指導していた金日成は、四五年九月一九日に帰国し、一〇月一四日の平壌の市民大会で初めて公衆の前に姿を現した。抗日闘争の英雄として神話化された老将軍を想像していた民衆は、その若さ（当時三四歳）に驚いた。

＊15――呂運亨が建国同盟を基盤に一九四五年一一月一二日に結成した政党。

＊16――全評（朝鮮労働組合全国評議会）は、四五年一一月五日に組織され、四六年半ばまで南朝鮮で唯一の労働者組織として五八万人の労働者を組織していた。四六年九月のゼネストと「一〇月人民抗争」（＊20参照）を組織したが、そのため米軍政と右翼から弾圧を受け、その後急速に組織力が低下した。

＊17――「幽冥の肖像」、『幽冥の肖像』筑摩書房、一九八二年に所収。

＊18――国連憲章第七六条は信託統治（trusteeship）の規定を「統治領の住民の政治上、経済上、教育上の前進をうながし、各領地とその人民の特殊環境や、該人民の自由に表明された願

望に適合しうる自治ないし独立の方向へと、かれらの進歩的発展をうながす」としているが、この頃、モスクワの三国外相会議で合意された信託統治の内容については、「解説――済州島四・三事件とその後」参照。

*19――精版社は、朝鮮共産党機関紙『解放日報』を印刷していたが、米軍政は、その印刷工で共産党員の金チャンソンが偽札作りに関与したとして検挙し、共産党が財政難で偽札を作ったと発表し、共産党非合法化への口実とした。

*20――四六年一〇月一日、大邱で反米軍政のデモ隊に警察が発砲したことに端を発した、左翼系の反米軍政の大衆闘争が、一二月にかけて瞬く間に南朝鮮全域に広がり、九月のゼネストまで含めて約一〇〇万人が参加した大衆闘争に発展した。

*21――南朝鮮での単独選挙に対抗して北朝鮮でも新国家建設にむけた南北両地域での統一選挙の方向がうちだされ、北朝鮮地域では、直接、国会にあたる最高人民会議の代議員を選出するものとされたが、これが困難な南では、地下選挙で選ばれた「人民代表」が北朝鮮に赴き「南朝鮮人民代表者会議」を開いて代議員を選出するという間接選挙方式がとられた。この「南朝鮮人民代表者会議」が三八度線に近い海州で開かれたことから「海州会議」と呼ばれているが、この会議には、済州島からも四・三蜂起のリーダー金達三《キムダルサム》などが「人民代表」として参加した。

*22――駐韓米陸軍司令部の『G-2報告書』や当時の『済州新報』には、四七年二月一〇日に済州市内の中・高生三〇〇〜四〇〇人が「洋菓子反対」のデモを起こしたと記されている。

ただ、金奉鉉『済州島　血の歴史』など一部の資料では同じデモが四六年五月に起こったものとされている。

＊23――朝鮮共産党は、一九四五年九月一一日、朴憲永を中心に結党。朝鮮人民党は、＊15のように呂運亨を中心に結党されたが、呂自身は、左右合作を追求して、この合党には参加せず、独自に勤労人民党を結成した。南朝鮮新民党は、中国延安の独立同盟の流れをくみ四六年七月に白南雲を中心に結党されている。白もやはり合党に反対し、いったんは社会労働党を結党するが、結局、呂の勤労人民党に合流した。

＊24――済州島の道制への「昇格」は、実際には、済州監察庁の新設、朝鮮警備隊第九連隊の創設など、左翼勢力を押さえ込むための警察・軍事・教育にわたる行政機能の拡大強化を意図するものだったと言える。

＊25――日本の敗戦後、在日朝鮮人は、在日本朝鮮人連盟（朝連）を結成し、奪われた言葉、文化、歴史を取り戻すために民族教育に力を入れ、民族学校は、四七年末には五七八校、六万人以上の生徒を抱えるに至った。GHQは、在日朝鮮人の民族教育を左翼偏向教育と決めつけ、四八年四月文部省を通して朝鮮人民族学校の全面閉鎖を命じた。これに対して大阪、神戸を中心に民族教育を守る闘いが起こり、四月末には大規模なデモが繰り返され、武装警官がこれを弾圧するなか、大阪府庁前でデモ中の金太一少年が警官に射殺された。

＊26――「乳房のない女」、前掲『幽冥の肖像』に所収。

＊27――この亡くなった金石範の叔父の記憶は、「遺された記憶」（『遺された記憶』河出書房新社、

一九七七年、所収）という作品のモチーフになっている。

第Ⅱ部　四・三事件とその意味

＊1――麗水・順天反乱事件。四八年一〇月一九日、済州島の鎮圧を命じられた麗水駐屯中の国防警備隊第一四連隊が、出動を拒否して反乱決起し、逆に麗水・順天の二都市を占拠した事件。鎮圧された反乱軍は、智異山に籠り、南労党パルチザン闘争を継続した。ただしこの反乱蜂起は、四・三蜂起と同様、南労党中央の指令によるものではないと考えられている。

＊2――金時鐘の「郵便局事件」以後の逃走と潜伏については、岩波新書『朝鮮と日本を生きる――済州島から猪飼野へ』（岩波新書、二〇一五年）二二六～二三〇ページに詳しい。今回、この新たな証言に従って修正した。

＊3――この人民代表者大会（海州会議）に、済州島から、四・三蜂起のリーダーである金達三《キムダルサム》が参加し、済州島パルチザン闘争の成果を報告して喝采を浴びた。しかし彼は、済州島に戻らなかったために、結果として済州島の闘争を混乱させたという戦線離脱の批判を受けることになる。

＊4――連合赤軍浅間山荘事件のこと。一九七二年二月、厳寒の軽井沢で連合赤軍のメンバー五人が、山荘に管理人を人質にとって一〇日間にわたって立て籠り、機動隊と銃撃戦を展開し警官二人が死亡、一三人が重軽傷を負った。五人の逮捕後、永田洋子ら連合赤軍の幹部が、

「総括」と称して「同志」を殺害していたリンチ事件が発覚した。

＊5――在日本朝鮮人連盟（朝連）　一九四五年の解放直後、各地に在日朝鮮人の民族的団体が数多く結成され、植民地支配協力者への批判、会社・工場・鉱山などでの賃金・旅費・退職金等の要求、帰国事業、保安隊・警備隊の結成などの活動を展開した。朝連はこうした下からの自発的な動きを集約する組織として、新朝鮮建設、在留同胞の生活安定、日本国民との友誼などを掲げて結成された（一〇月一五〜一六日結成大会）。しかし、結成初期から朝鮮人日本共産党員の強い指導力のもとで活動し、日本共産党も朝連を日本の民主民族戦線の一翼として位置づけた。

＊6――朝連が、四八年に成立した朝鮮民主主義人民共和国への支持を明確にすると、GHQと日本政府は四九年九月朝連の解散を命じた。五〇年六月、朝鮮戦争が起こると、旧朝連傘下の人びとは、五一年一月朝連の後継団体として「在日朝鮮統一民主戦線（民戦）」を組織し、反米・反李承晩・反吉田茂・反軍備のスローガンのもとに、「アメリカの朝鮮侵略」に反対し、祖国の統一独立、民族権利の擁護のために闘かった。

＊7――誌名の「ヂンダレ」は、朝鮮半島に広く見られる「朝鮮ツツジ」の意味であり、朝鮮語の音をより正確に表記すれば、「チンダルレ」とすべきであるが、当時刊行された誌名としては、「ヂンダレ」とされていたので、それにならった。『ヂンダレ』は、一九五八年一〇月の二〇号まで続いた。

梁石日は、『ヂンダレ』の発刊と『ヂンダレ』批判に至る転変を次のように回顧している。

「一九五三年二月に発刊された大阪朝鮮詩人集団『ヂンダレ』は、当時組織のオルグだった金時鐘を中心に在日同胞の若い世代が集まって創ったサークルである。文学活動というにはあまりにも拙劣であったが、朝鮮戦争という未曾有の民族的危機の中で在日同胞の若い世代を政治的に覚醒させるための磁場として『ヂンダレ』は発刊されたのである。しかし、一九五五年の六全協・路線転換は多くの若者に衝撃を与える。昨日まで信じて疑わなかった革命路線が、一夜明けてみれば誤りであったと宣告され、多くの若者が絶望と孤独の淵へ投げだされた。」（『アジア的身体』平凡社ライブラリー、一五二ページ）

＊8――当時、民戦では、日本共産党の指導方針の下で日本の民主革命を目指すのか、統一など民族的課題を重視するのかで、路線論争が起こり、五五年五月に民戦は解散し、「在日朝鮮人総連合会（朝鮮総連）」が組織された。朝鮮総連は、日本共産党の指導方針から離れ、北朝鮮の「海外公民」として、朝鮮半島統一と在日の民族的権利を守る運動を展開した。

＊9――「炸裂する闇」『すばる』一九九三年九月号に発表、『地の影』一九九六年、集英社、に所収。

＊10――この脱党と仙台行きについて、金石範は、「炸裂する闇」の主人公に次のように語らせている。

「当時の日共中央指導部の分裂、分派闘争の激化、極左冒険主義的路線、同志間の疑心暗鬼、不信が末端活動家にまで及び、在日朝鮮人運動も非合法の反米反李祖国防衛闘争を行なっていて、組織が統一的な態勢を保つことができずに混乱していた。それでも「党」は「党」なのであって、脱党は革命党を出る反革命的逃亡、裏切り行為であり、革命的政治生命を自ら絶つのだから、かなり勇気を要することだった。党から離脱することは、イコール革命からの離脱であり、革命を志向する者にとっては耐えがたい汚辱にまみれた脱落者になる。しかし日共を脱党しても、新しい組織、それこそ日本共産党の指導下でない祖国の党に直結している地下組織に参加することが、革命戦線に繋がるのだという自負と、そしていささかのヒロイズムさえ私はおぼえていた。」

＊11――「路線転換」の＊8でも触れたが、民戦は、日本共産党第四回全国協議会（五一年二月）で正式に採択された「軍事方針」にそくして極左的な実力闘争を展開したが、朝鮮戦争の停戦（五三年七月）以後の情勢変化をうけて、そうした極左路線を批判する潮流が台頭する。この潮流は、合法路線への運動の転換や民族的課題の重視（在日朝鮮人の、北朝鮮の公民としての立場の重視）を掲げて自らを「先覚分子」と称し、一九五五年の路線転換（朝鮮総連の結成）を主導した。「先覚分子」の立場から、旧来の民戦主流派は「後覚分子」、もしくは、金石範の発言にあるようにアッタリ（前足）に対するトィッタリ（後足）と呼ばれたが、両者の軋轢は、路線転換以後も（一九六〇年頃まで）続いたと言われる。

＊12――金石範や金時鐘がこだわる「朝鮮」籍を、大韓民国の韓国籍との対比で、北の共和国籍であると誤解する人がいるが、そうではない。日本の敗戦後、一九四七年に外国人登録令によって、在日朝鮮人はすべて外国人登録証の国籍の欄に「朝鮮」と記載され、その後、四

八年に大韓民国が成立すると、一部の在日朝鮮人は韓国籍となったが、五二年に日本は講和条約発効前に在日朝鮮人の日本国籍を剝奪したため、六五年の日韓国交正常化によって韓国籍が国籍として公認されるまで、すべての在日朝鮮人は無国籍状態に置かれた。北朝鮮との国交回復がない現在、「朝鮮」籍は国籍としての意味を持たない。しかも六五年以降の韓国籍への移籍が民団（在日本大韓民国民団）の総連切り崩し政策として進められたために、韓国籍への移籍が反共国家として成立した韓国への踏絵の意味を強く持った時代があった。ここで二人がこだわる「朝鮮」籍とは、日本から独立し、しかもそうした分断状況以前のわずかの時間の、そして回復されるべき半島統一後の「朝鮮」を示す、いわば記号であると思われる。

＊13――警務部長・趙炳玉のこと。「漢拏山一帯にガソリンを撒いて空から焼夷弾を落として放火すれば、済州島のアカを皆殺しにすることができる」という全く同趣旨の発言を、四八年六月一七日に第一一連隊隊長・朴珍景が済州農業学校でも行っている。

＊14――朴珍景は、和平派だった金益烈連隊長が四八年五月六日突然解任されると、その後任として第九連隊長に就任、強行討伐を実施し、一か月で老人・女性・子供を含む六〇〇〇人を捕縛し、現場での射殺、拷問など、残虐な行為を行った。五月二〇日、反発した第九連隊の兵士四〇余名が、脱営しゲリラに加担するという事件が起きた（第九連隊は解体され第一一連隊に編入）にもかかわらず、米軍政から討伐作戦の功労を認められ、就任後わずか一か月で大佐に昇進した。その昇進祝賀会の夜、朴は文相吉によって暗殺された。一九五

二年に済州市忠勲墓地に、一九九〇年には彼の故郷の慶南南海郡に、済州島討伐作戦での殉職を称える石碑と銅像が建てられている。

第Ⅲ部　悲しむ自由の喜び

＊1――この二〇〇三年一〇月の盧武鉉大統領の公式謝罪と、二〇〇六年の58周年記念慰霊祭でのスピーチの全訳は、本書巻末（三〇四～三〇九ページ）に掲げる。

＊2――かつて「在日」文学者の韓国行や韓国籍取得がいかなる問題をはらんでいたかについては、金石範『国境を越えるもの――「在日」の文学と政治』（文藝春秋、二〇〇四年）所収「鬼門としての韓国行」に詳しい。

＊3――この韓国行の経緯については、前掲書所収「再びの韓国、再びの済州島」の「二 〝無条件〟入国の経緯」に詳しい。なお、この場に同席した李恢成《イフェソン》氏が一九九八年に韓国籍を取得したことについて、金石範と李恢成の両氏の間で、論争が起こる。李恢成「韓国国籍取得の記」（『新潮』一九九八年七月号）、金石範「いま、〈在日〉にとって〈国籍〉とは何か　李恢成への手紙」（『世界』一九九八年一〇月号）、李恢成「「無国籍者」の往く道　金石範氏への返答」（『世界』一九九九年一月号）、金石範「再び、〈在日〉にとって〈国籍〉について　準統一国籍の制定を」（『世界』一九九九年五月号）。

＊4――韓国の旅券を所持しない「朝鮮」籍者が韓国へ渡航する場合、韓国大使館（領事館）で

「臨時パスポート」（正式名称「旅行証明書」）の発給を受けることが必要になる。金大中・盧武鉉政権時代には比較的容易に発給されるようになり、少なくない「朝鮮」籍者が韓国に入国した。その際にも国籍変更（韓国籍取得）が求められるなどの人権侵害が問題となっていたが、李明博政権以降は、ほぼ発給されなくなり、「朝鮮」籍者は再び韓国入国の途を閉ざされている。

*5――『海鳴りのなかを――詩人・金時鐘の60年』二〇〇七年九月二五日、NHK・BSハイビジョンで放映。

*6――済州島は巫俗《ふぞく》信仰（シャーマニズム）の島として知られる。朝鮮王朝の廃仏崇儒政策の下でシャーマンは賤民として差別され、巫俗信仰は半島では衰えたが、済州では今なお盛んで、シャーマンがクッ（巫女によって神霊を招き、村や家族の安寧、病気治療などを祈る儀式）を行う堂《タン》が、現在でも三四六カ所も確認されている。シャーマンも半島では、「巫《ムー》堂《ダン》」と呼ばれるが、済州島では「神房《シンバン》」と呼ばれる。

*7――『海の底から、地の底から』（講談社、二〇〇〇年）の冒頭部、『満月』（講談社、二〇〇一年）の終結部など、クッや神房は二〇〇〇年以降の金石範の小説の中で重要な要素となっている。

*8――金石範が叔父の依頼で、叔父の妻を迎えに対馬に行き、「乳房のない女」に出遭った年は、前回二〇〇一年の対談では一九四九年としていたが、本書で一九五一年と改める。

*9――本書七七ページでも、このモデルになった女性のことが語られている。このエピソードは、

金石範に強烈なイメージを与えたらしく、初期の作品でしばしば語られている。
＊10――金石範「私は見た、四・三虐殺の遺骸たちを」『すばる』集英社、二〇〇八年二月号所収。
＊11――金石範「地の底から」『すばる』集英社、二〇一四年二月号所収。
＊12――本書三二～三五ページ参照。
＊13――二〇一一年四月一六日、文京区民センターで開かれた「済州島四・三事件六三周年記念追悼の集い」での出来事。
＊14――『悲劇の島チェジュ――「4・3事件」在日コリアンの記憶』二〇〇八年四月二七日、NHK・ETV特集で放映。映画プロデューサー李鳳宇《リボンウ》が案内役、金石範が遺骸発掘現場を訪れる場面も紹介された。
＊15――二〇〇八年の李明博政権成立以後、四・三運動の達成を消し去ろうとする反共保守勢力による巻き返しも強まっている。四・三60周年には、「国家正体性回復確立国民協議会」が有力紙の新聞広告を通じて『済州四・三事件真相調査報告書』の是正、「四・三平和記念館」開館阻止を訴えた。四・三を「共産暴動」だとして島民の虐殺を正当化する時代錯誤的な見方がまたぞろ息を吹き返している。
＊16――吹田事件とは、朝鮮戦争が膠着状態にあった一九五二年六月二四日夜、大阪大学豊中キャンパスに集まった約一〇〇〇人が、翌朝にかけて「即時休戦」「軍需物資輸送反対」などを叫びながら、吹田操車場・国鉄吹田駅までデモを行い、警官隊と衝突した事件。金時鐘も、「軍需列車を一時間遅らすと、うちの国の同胞一千名の命が助かる」との思いから、

これに参加した（本書一六七ページ）。二〇〇二年六月「吹田事件」五〇周年記念シンポジウムで、金時鐘は初めて吹田事件との関わりについて講演し、この講演は、「吹田事件・わが青春のとき」というタイトルで、『わが生と詩』（岩波書店、二〇〇四年）に収録されている。なお、吹田事件については、西村秀樹『大阪で闘った朝鮮戦争——吹田枚方事件の青春群像』（岩波書店、二〇〇四年）に詳しい。

＊17——金時鐘訳『空と風と星と詩』は、もず工房の文芸誌『纜』（野口豊子主宰）の第二号（二〇〇二年三月）から三回の連載で完訳。二〇〇四年にもず工房から金時鐘訳・尹東柱詩集『空と風と星と詩』として刊行。二〇一二年に「空と風と星と詩」以外の作品も加え、金時鐘編訳として岩波文庫に収録された。金時鐘訳『再訳 朝鮮詩集』は、同じく、もず工房の『纜』の五号から二〇〇七年七月の一二号まで八回にわたって連載され、二〇〇七年一一月に岩波書店より刊行された。

＊18——『乳色の雲（朝鮮詩集）』（一九四〇年五月、河出書房）には、島崎藤村の序文、佐藤春夫による紹介の辞、扉に高村光太郎の素描が掲載されている。

＊19——『朝鮮詩集』再訳の経緯と所感については、金時鐘訳『再訳 朝鮮詩集』（岩波書店、二〇〇七年）の「『朝鮮詩集』再訳するに当たって」及び『わが生と詩』（岩波書店、二〇〇四年）の「日本語の未来、詩の未来」で触れられている。

＊20——本名、小野藤三郎（一九〇三～九六年）。戦時中、有名歌人が戦争協力的な歌を作ったことに対し、『詩論』（真善美社、一九四七年）などで、短歌・俳句の抒情を「奴隷の韻律」

として厳しく批判した。一九五四年に大阪文学学校を創設し、九一年まで校長を務めた。金時鐘は、『詩論』に強い影響を受け、一九六四年頃から大阪文学学校で詩作のチューター、講師、副理事長を務め、小野十三郎と親交を深めた。

*21――ここで話題になっている大韓民国憲法の前文の該当箇所は、次のような変遷を経ている。一九四八年建国時は、「……わが大韓国民は己未三一運動で大韓民国を建立し……」。一九六二年一二月二六日の第五次改憲（四月学生革命と五・一六軍事クーデター後）で、「……わが大韓国民は三・一運動の崇高な独立精神を継承して四・一九義挙と五・一六革命の理念に立脚して……」となり、八〇年には前文から「四・一九」と「五・一六」が外され、後に「四・一九」は復活し、八七年一〇月二九日の（「六・二九民主化宣言」を経た）第九次改憲で、「……わが大韓国民は三・一運動により建立された大韓民国臨時政府の法統及び不義に抵抗した四・一九民主理念を継承し、……」となり、今日に至っている。

*22――盧武鉉大統領（在任二〇〇三〜〇八年）は、韓国現代史の見直しと清算に熱心に取り組んだ。植民地時代から軍事政権期の事件について、真相究明・責任追及・補償を検討する「真実・和解のための過去事整理基本法」（二〇〇五年）を基本法として成立させたほか、「東学農民革命参加者の名誉回復法」「日帝占領下強制動員被害真相究明法」「老斤里事件犠牲者の審査・名誉回復特別法」（以上、二〇〇四年）、「軍疑問死の真相究明特別法」、親日派問題についても、「日帝占領下反民族行為真相究明特別法」「親日反民族行為者の財産の国家帰属特別法」（以上、二〇〇五年）などを制定した。しかし、大統領退任の翌年二

〇〇九年五月、在任中の不正献金疑惑のさなか自殺し死去した。

＊23――「道民連帯」（正式名称「済州四・三真相究明と名誉回復のための道民連帯」）とは、一九九九年に四・三特別法の制定を目標として設立された島民主体の市民団体。「済州四・三遺族会」「民芸総（韓国民族芸術人総連合会）済州支会」「済州四・三研究所」などとともに、四・三事件の問題解決に取り組んできた団体の一つ。

1948年当時の済州島

解説——済州島四・三事件とその後

文京洙《ムンギョンス》

済州島といえば、日本では、山海の自然豊かな有数の観光地として知られている。かつて司馬遼太郎が済州島を〝常世の国〟のイメージとダブらせたように（『耽羅紀行 街道をゆく28』）、この島がかもし出す独特の文化の香りや歴史のロマンに魅了される日本人も少なくない。だが、済州島は、そういう楽園やリゾート地としてのイメージからはほど遠い痛みを背負った島でもある。痛みの記憶は、大韓民国という分断国家の建国期にまでさかのぼる。悲劇は、朝鮮半島の南部がいまだ米軍政下にあった一九四八年四月三日、南北の分断に反対して済州島で起きた武装蜂起に端を発している。

「武装蜂起」とはいってもその規模は三〇〇人余り、銃火器は旧式のもの（日本製九九式銃など）が三〇挺ほどで大半は竹槍とか斧・鎌の類を所持していたにすぎない。だが、この小さな抗議行動が、その後一三〇余りの村を焼き三万人（当時の島の人口は二八万人余り）余りの島民が犠牲となる凄惨な殺戮劇のきっかけとなった。「四・三事件」として知られるこの悲劇の記憶は、固い地層になってこの島に生きる人びとの日常をいまなお呪縛し続けている。二〇〇七年、済州島は、新たにユネスコの世界自然遺産として登録されるが、自然遺産とされた漢拏山や溶岩窟も島を生きた人びとにとっては、軍や警察の討伐隊から逃げまどい隠れ潜んだ場、紛れもない殺戮《さつりく》の現場としてその記憶に刻まれているのである。

四・三事件は、私たちの生きるこの日本の過去とも深い関わりをもつ。後に述べるように、武装蜂起を起こした側も、これを討伐した側も、もとをただせば、植民地期の支配と抵抗にまつわる機構や運動を引き継ぐ存在であった。しかも、金石範・金時鐘の二人がそうであるように、済州島に縁をもつ多くの在日朝鮮人にとって、〝在日〟することを運命づけた原点となる出来事こそまさにこの四・三事件にほかならない。その意味で四・三事件は、戦後の在日朝鮮人の組織運動や思想的な営みにも深い影を落としている。

「四・三事件とは何か」、この本での二人の対談は、その問いに答えようとする一つの試みでもあるが、民主化され、問題解決への取り組みの進んだ韓国社会にあってもいまだに四・三事件の評価や意義づけは定まっていない。その呼称でさえ、単に「四・三」に始まり、「四・三事件」「四・三蜂起」「四・三抗争」「四・三暴動」など様々である。

ここでは、二〇〇三年暮れに確定した『済州四・三事件真相調査報告書』(以下、『真相調査報告書』)など四・三事件の真相究明をめぐる、これまでの成果や到達点を踏まえ、あらためて事件の背景や経緯、そしてその後の問題解決への取り組みや課題について紹介し、お二人の対談の理解を深めるための一助としたい。

Ⅰ　四・三事件への道のり

済州島という島

済州島は、朝鮮半島の南端からおよそ九〇キロ、日本からの最短距離で約一八〇キロの地点に浮かぶ火山島で、ほぼ中央には標高一九五〇メートルの漢拏山が聳え立つ。面積は一八四〇平方キロで、沖縄諸島を合わせた面積（二二六六平方キロ）よりはやや小さい。島全体が溶岩層におおわれ、日常的に強風にさらされるうえに、台風と低気圧の頻繁な通過など気象災害の要因にこと欠かない。一九六〇年代以降に観光地として拓かれる以前は、人口の九割近くが第一次産業に従事する貧しい村落社会であった。逆に貧しさ故に人びとは親密な共同体的な絆に結ばれていた。

そういう自然環境もさることながら、済州島は言語や文化の面でも半島部のそれに比べ独特である。朝鮮半島には桓因（帝釈天）の孫（檀君）を始祖とする建国神話があるが、済州島は、この壇君神話とは違って、高、良（梁）、夫の姓をもつ三人の神が地中から現れて国を興したとする固有の神話を語り継ぎ、独自の部族王国（耽羅王国）をつくっていた。一二世紀初めには、耽羅郡として高麗王朝の行政地域に組み込まれ、一三世紀の高宗（一二一三～五九）の時代にはその名も〝済州〟とあらためられる。朝鮮時代（一三九二～一九一〇）までは、中央での政争に敗れた両班（貴族）たちの流刑地、中央から見放された周縁地域として、島民たちは半島部とは相対的に独自な言語や習慣の下に暮らした。こうした島の伝統は、中央や外部に対する排外的な心情を島民の間につちかい、「反乱の島」「難治の島」とされて李在守《イジェス》の乱*1を筆頭に度重なる民乱がこの島の歴史を刻んできた。こうした民乱の記憶は、圧政に向きあうときの島民たちの心につねに呼び覚まされ、済州島社会に脈打つ伝統として日本の支配に抵抗する義兵闘争や社会主義者を中心とした抗日闘争にも引き継がれる。

一方、植民地期の済州島は、日本の大阪東部に成長した工業地帯の労働力をまかなう供給源となっていた。「君が代丸」*2が就航した翌年（一九二三年）から三三年の間に在日済州島人は一万人から五万人（在日朝鮮人全体の一〇％余りを占める）となって、三〇年代の半ば以降は、実に島の人口の四分の一余り（三万～五万人）が日本にいるという異常な事態となる。渡日した済州島人の中には金文準《キムムンジュン》（一八九三～一九三六）や姜昌輔《カンチャンボ》（一九〇二～四五）など日本の労働運動や社会主義運動で有力な指導者となる者も少なくなかった。四・三の武装蜂起を主導したのも、こうした植民地期の抵抗運動の流れをくむ人びとであった。

敗北が近づいていた一九四五年七月、日本は、沖縄につぐ米軍との決戦場を済州島に定め（決七号作戦）ここに八万人余りの兵力を配備した。もし、戦争が長引いていたら、二〇万人余りもの犠牲を出した沖縄戦がこの済州島で再現されていたかもしれなかったのである。

信託統治構想

日本の降伏によって済州島はそういう決戦場となることは免れたが、第二次大戦後の激動は、この辺境の島をも巻き込んで、〝冷戦〟という世界的な規模の対立の一つの焦点がこの地で形づくられる。よく知られているように、四五年の解放後、朝鮮半島は、米ソの分割占領の下に置かれ、済州島にも米軍の占領統治が及ぶ。もちろん、この分割占領は、日本軍の武装解除のための便宜的なものとされていた。だが、解放朝鮮の命運は、当然、日本を敗北に追い込むのに決定的な役割を果たしたこの米ソ両大国の朝鮮政策に大きく左右されざるを得なかった。分割占領にのぞむ米ソ両国が朝鮮半島の戦後構想として合意していた枠組みは「信託統治」という考え方であった。この一種の条件付き独立案——つまり全朝鮮をカバーする朝鮮人自身の臨時政府を樹立するが、これを五年間に限って四大国（米・英・中・ソ）の信託統治（後見）の下に置くという構想——が米ソ間で具体的に合意されたのは、解放の年もおしつまった一二月末のことであった。

信託統治案の発表は朝鮮半島にその賛否をめぐる激しい対立と混乱をもたらした。北では民族主義者の曺晩植が最後までこれを拒み、南では金九が重慶にあった大韓民国臨時政府を母体とする独立国家の即時樹立を掲げて猛反発した。これに李承晩ら反ソ・反共の右派も合流し、日帝時代のいわゆる親日派も便乗した。信託統治反対（反託）の運動は、すねに傷もつ親日派が民族独立の大義をもって政治的に復権する格好のチャンスを与えた。一方、当初、反託の立場を示した左派は、朴憲永の平壌への秘密訪問（四五年一二月二八日）以後、信託統治支持（賛託）にまわり、信託統治の賛否は、そのまま左右分裂となって解放後の朝鮮社会にとり返しのつかない亀裂をもたらした。一言でいえば、四・三事件とは、この「信託統治」の具体化に向けた米ソの話し合いがこじれ、便宜的な分割占領が、恒久的な南北分断へと向かうなかで起こった悲劇であった。

解放直後の南朝鮮には、全国各地で自然発生的に生まれた人民委員会を中心に人びとの自治や独立への熱気がみなぎっていた。そうした動きを主導したのは植民地時代の抵抗運動の実績からも共産主義者や社会主義者などの左派であり、解放から間もない頃ではそうした左派が右派を圧倒していた。だが、そういう草の根的な社会革命の気運を目の当たりにした現地の米軍政関係者たちは、朝鮮総督府時代の役人や機構を日本からそっくり引き継いでそうしたうねりに敵対した。「信託統治」の賛否をめぐって左右両派が激しく対立するなかでも、現地の米軍政は、本国政府の公式の方針に反して、事実上、右派と結びついて「反託」（反信託統治）世論をあおった。

一方、北朝鮮に進駐したソ連軍も、もっぱらその関心は北朝鮮での親ソ政権の樹立にあった。そこではソ連軍の後ろ盾を得た金日成によって中央権力機関（北朝鮮臨時人民委員会）が四六年二月という早い時期につくられていた。それは「信託統治」の具体化を協議する米ソ共同委員会の開催よりも先立っていたし、三月にその本会議が始まってからもソ連側は「民主改革」の名の下で自分たちに有利な既成事実の積み上げに余念がなかった。

北朝鮮での「民主改革」の進展は、南朝鮮での左右の対立、ひいては済州島の政治情勢にも深刻な影響を及ぼした。土地改革や重要産業の国有化、さらには男女平等などを盛り込んだこの「民主改革」は、ソ連軍の武力を背景に「問答無用に民族反逆者を処断」（本書七一ページの金時鐘の発言）するように強行され、一〇〇万人といわれる北から南への人口流出（いわゆる「越南民」）をもたらした。彼（彼女）らの多くは、南の地では徹底した反共主義者として警察や右翼による左翼攻撃の先頭にたった。西青《ソッチョン》（西北《ソブク》青年会）など済州島に投入されて島民を迫害した右翼集団もそういう「越南民」からなっていた。

こうして北朝鮮での民主改革がすすんだ時期は、「信託統治」を具体化する第一次米ソ共同委員会が決裂（四六年五月）して、南朝鮮での左右の対立が激化の一途をたどる時期でもある。米軍政の弾圧に直面した南の左派勢力は、それまでの合法路線の転換を迫られ、その対立は、慶尚北道の大邱を中心とする「一〇月人民抗争」を経て、決定的となる。

済州島の人民委員会

だが、こうした時代の荒波が直に済州島社会に及んでいたわけではなかった。半島部での左右の激突をよそにこの頃の済州島の政治情勢は比較的平穏に推移した。南朝鮮の各地で生まれた人民委員会が四六年初めまでにほぼ消滅したり、「民戦」（正式名称は民主主義民族戦線、四六年二月結成された左派中心の統一戦線組織）など大衆団体へと衣更えしたりしたのに対して、済州島のそれはほとんど唯一健在であった。解放から一年余りの期間を通して、済州島が直面していたのは、コレラの蔓延や食糧不足といった問題であり、その間、人民委員会は、島に進駐した米軍政とも協調的な関係を保っていた。

済州島の人民委員会は村社会にしっかりと根を下ろして強力であるばかりか、その路線も穏健であった。済州島は土地がやせ、自作および自小作が解放前後の段階でも八〇％以上（全国平均四〇パーセント前後）と高い比率を占めていた。このため小作料などをめぐる地主・小作間の対立も他の地域に比べて深刻ではなく、穀物徴集などをめぐる米軍政との対立もそれほど厳しいものではなかった。

済州島の人民委員会は、ソウルから遠い辺境という地理的な条件もあってか、共産党（一九四六年一一月に南朝鮮労働党に再編）中央の影響力も限られていた。もちろん、済州島にも早い時期から島レベルの党組織が結成されていたし、人民委員会のなかでも植民地期以来の筋金入りの社会主義者たちが重要な役割を果たしていた。しかし、彼らも初めのうちは前衛党の一員としてよりも主として人民委員会の一員として活動した。こうした島の左派勢力の独自性は、「一〇月人民抗争」への対応にも表れている。この「一〇月人民抗争」は、全国で一〇〇万人以上が参加した解放後最大規模の大衆闘争であったが、済州島はこれに巻き込まれなかった。そればかりか、済州島人民委員会は、当時、軍政延長や南朝鮮の単独政府の樹立につながるとして全国の左翼勢力がボイコットした「過渡立法議院」選挙（四六年一〇月二九日）に参加し、後に辞退したものの二人の当選者を出している。

三・一節事件

だが、この済州島にもやがて転機がおとずれる。四六年秋の大邱の暴動は、本土での左右の対立を決定的にするとともに前衛党組織に大きな打撃を与えたが、済州島の左翼勢力は、四七年に入るまでその力を温存することができた。しかし、そのことは逆に済州島を「アカの島」として際立たせることになり、昔ながらの差別感情とも微妙に絡み合いながら、右翼勢力と米軍政が一体となった攻撃の矛先がそこに向けられることになる。そして、この攻撃の重大な契機となるのが、四七年のいわゆる「三・一節事件」である。

三・一節事件は、三・一節二八周年を記念して四七年三月一日に済州邑（現在の済州市）内で開かれた集会後のデモに対して、軍政警察が発砲し、十数名の死傷者を出した事件である。一〇月人民抗争の苦い体験をへた南朝鮮の共産党は、一一月、南朝鮮労働党（南労党）に衣更えするが、一二月に済州島の党委員会もこれにならって、その名を変えた。四七年の初めには、民戦など本土ではすでに一年前に組織されていた左派の大衆団体や統一戦線組織が済州島でもつくられ、三・一節の集会やデモをリードしたのもこれらの大衆組織であった。

三・一節事件は、軍政庁と島民との間に深い亀裂を生んだ。南労党は発砲事件に抗議し、三月一〇日、軍政庁を始めとする島内の官公署の職員は、発砲事件抗議のゼネストに突入した。金融、通信、教育、企業、食糧機関など島内の一六〇の機関・団体がこれに加わり、一部の警察官まで含めて軍政庁官吏の七五%がこれに参加している。この済州島はじまって以来の大ゼネストに対して、米軍政は、本土から四〇〇人の応援警察を派遣して二〇〇〇人に及ぶ検挙者と六六人の警察官罷免を出すほどの強硬鎮圧で応えた。

さらに重要なのは、この強硬鎮圧の過程で西青を中心とする北朝鮮から追われた極右の反共集団が大量に投入されたことである。この西青は、済州島にあって警察官の手を縛っていた最小限度の法的制約さえもなく、「アカ狩り」を名分とするテロ行為はもとより、ゆすり、脅迫、婦女暴行など非道の限りを尽くした。そして米軍政は、陸地からやってきた極右集団のそういう横暴とテロを少なくとも黙認した。

この三・一節事件のあった四七年は、「トルーマン・ドクトリン」の発表（三月）など国際的にも米ソの対立が深まる時期である。東アジアでは、中共軍が反攻に転じ、中国情勢はアメリカにとって危機的な局面を迎えていた。朝鮮では五月に再開された第二次米ソ共同委員会も決裂し、アメリカは「信託統治」の合意を反故にして、朝鮮問題の戦後処理を国連にゆだねる。国連は、全朝鮮での総選挙の実施を決めるが、北側はこれを拒み、南だけの「単独選挙」が四八年五月一〇日に実施されることになる。北側は、金九など民族主義の巨頭を平壌に招請して事態の打開を図るが、「信託統治」が流産したいま、南北分断は、もはや動かしがたい歴史の趨勢となっていた。

アメリカが分断国家づくりに動き出した四七年八月以降、済州島軍政庁の左翼に対する弾圧と、警察と極右集団の活動はひときわ激しさを増す。もはや、済州島のみが南朝鮮全体の情勢の推移から無縁であることはできなかった。拷問やテロの横行は、米軍政に対する島民の不満や怨みをつのらせた。と同時に、それは済州島の左翼勢力を追い詰め、よりいっそう急進化させたといえる。米軍政の報告書は、八月、数十名の左翼指導者が漢拏山に入山したと記録している（『済州四・三事件資料集⑦〔米国資料編①〕』）。一三〇〇余りの自然洞窟を擁する漢拏山は、彼（彼女）らにとって、逮捕やテロから逃れる避難場所であるとともに、武装闘争の格好の拠点となりえた。

Ⅱ　四・三事件の勃発と展開

武装蜂起の二重の性格

一九四八年の済州島は、緊迫した空気のなかで幕を開けた。一月二二日、軍政当局は南労党の朝天面支部を襲撃し、一〇六名の党員を逮捕した。また、二月には、全国的に朝鮮問題への国連の介入に反対する「二・七ゼネスト」があり、済州島でも九〜一一日の三日間にわたってデモや警察署への襲撃が起こった。これに対して、軍政当局は、南労党本部の襲撃を含む左派勢力の一斉検挙で応えた。

三月には三件の拷問致死事件があり、五月の「単独選挙」実施に向けた米軍政の左派攻撃は一段と強まった。そして、こうした米軍政の攻勢が厳しさを増せば増すほど、南労党内では、古参の社会主義者を中心とする穏健派が退き、急進的な若手の発言力が高まっていった。『真相調査報告書』によれば、四月三日の武装蜂起の決断は、四八年二月末から三月初めに「新村（朝天面）のある民家」で開かれた会議で金達三《キムダルサム》など若手主導で決められたという。

四月三日の攻撃目標は、警察支署、右翼団体の事務所などに限られていた。この日、襲撃を受けたのは、島内に二四あった警察市署のうちの一二支署であり、そのほか右翼団体の宿所や要人宅も襲撃され、死亡者は、武装隊三人を含む一五人であった。決起とともに武装隊が散布したビラには、彼らが、「売国的単独選挙に死を賭して反対し、祖国の統一、独立と完全な民族解放のため」に決起したとされ、それがこの時期、「単独選挙」阻止闘争の一環として闘われたものであることが示されている。しかし、武装闘争という方式そのものに対する南労党中央の関与の有無はいまだに明らかではない。『真相調査報告書』は、ほぼそれが済州島党組織の独自の判断によるものであるとの結論に達している。

武装隊が散布したもう一枚のビラには、「骨髄に染みた恨みをはらすために」彼らが立ち上がったとも記されている。つまり四月三日の蜂起は、警察や右翼の横暴に対する左翼の自衛的かつ限定的な反抗・報復としての性格をも帯びていたし、村社会を基盤に血縁的絆に結ばれていた島民たちの多くも、そういう感情を共有していたといえる。

小規模の武装蜂起として始まった四・三事件が、数万の人命を奪うほどの大規模な流血に至るには、いくつかのきっかけや要因があった。『真相調査報告書』は、四・三事件の展開過程を、「一、武装蜂起と五・一〇選挙（四八年四月三日～五月一〇日）」、「二、初期武力衝突期（四八年五月一一日～一〇月一〇日）」、「三、住民集団犠牲期（四八年一〇月一一日～四九年三月一日）」、「四、事態平定期（四九年三月二日～五〇年六月二四日）」、そして「事件終結期（五〇年六月二五日～五四年九月二一日）の五段階に分けて記述している。ここでもこの時期区分に則して四・三事件の展開過程を跡づけることにする。

四・二八和平交渉

第一段階は、武装蜂起に始まり、五月の単独選挙の実施が済州島の二つの選挙区で阻止されるまでの時期であり、この第一期には、蜂起側の武装隊と国防警備隊の間で平和的な問題解決が模索されるが、ソウルの米軍政首脳部の来島と警察の妨害によって和平合意が水泡に帰した「四・二八交渉」がある。事件の勃発当初、米軍政は、これを「治安状況」と見なして警察力による解決を図ろうとしていた。済州の国防警備隊（第九連隊）は、当初は事態への介入を避け、米軍政の討伐命令が下されてからも討伐よりも宣撫活動を優先させた。そもそも第九連隊は、武装蜂起が警察、西青などに対する島民の不満が爆発したものと見ていたのである。

四月二八日、この警備隊と武装隊との間で事態の平和解決に向けた交渉があり、いったんは、戦闘中止、蜂起側の武装解除と首謀者の身辺保障などで合意し、済州島現地の軍政当局もこれを認めていた。ところが、急遽来島したディーン米軍政長官を含むソウルの軍政首脳部の圧力と警察や右翼の妨害工作によって交渉は水泡に帰し、命がけで事態の円満解決につとめた第九連隊長・金益烈も電撃的に解任される。[*3] 駐韓米陸軍司令部（米二四軍団）の『G－2報告書』によれば四月三日から二九日までの済州島での死亡者は六五名であるとされ、この段階で和平が実現していれば、その後のおびただしい流血は回避されていたのである。

こうして和平への芽を摘んだ米軍政は、投票日を間近にひかえ、警察・警備隊・右翼の増援部隊を済州島に投入し、その威信にかけて武装隊の制圧に乗り出す。だが、民心の離反と武装隊の激しい阻止闘争によって、島内三か所の選挙区のうち二か所で選挙無効となった。五月一〇日の単独選挙で投票が無効となったのは全国で二〇〇あった選挙区のうち済州島のそれだけであった。米軍政は、選挙後、軍政統治の最大の障害物となったこの島での討伐作戦をさらに強化し、平和的な問題解決の余地は、もはや、完全に閉ざされる。

海州会議

第二段階は、八月の大韓民国の建国を経て、済州島での鎮圧作戦を本格化させるための済州道警備司令部が設置されるまでの時期である。この間、北側は、南の単独選挙に対抗して、独自の議会と政府づくりを目指した南北両地域での統一選挙の方向を打ち出す。北朝鮮地域では、直接、最高人民会議代議員（国会議員）を選出するものとされたが、それが難しい南では地下選挙で選ばれた代表者が北朝鮮の海州《ヘジュ》で「人民代表者会議」を開いて代議員を選出するという間接選挙の方式が取られた。七月、済州島でもこの地下選挙が実施され、八月初めには、武装隊司令官・金達三など六人の南労党幹部が「人民代表」として密かに済州島を抜け出し、北に向かった。海州《ヘジュ》の会議（八月二一～二六日）

では金達三が演壇に立って済州島での「戦果」を報告したが、そのことは、済州島の蜂起勢力と北との結びつきを公然と示す結果となった。四・三事件は、その出発点では警察や右翼の横暴に対する自衛的な反撃という性格を帯びていた。しかし、いまやそれは、南北の分断政権の正統性をめぐる争いの文脈にはっきりと位置づけられ、国際冷戦の最前線に生まれた南北の分断政権が交えるかもしれない〝熱戦〟の前哨戦としての意味をもち始める。

一方、八月一五日に政府が樹立され、行政権が米軍政庁から韓国政府に移されたものの、討伐の主力をなす国軍の指揮権は、「韓米暫定軍事協定」(八月二四日締結)によって引き続き駐韓米軍司令官が握っていた。実際、凄惨な流血をともなったこの時期の第九連隊による討伐作戦についても、米軍の「臨時軍事顧問団(PMAG)」の関与が明らかにされている(咸玉琴「〈済州四・三〉の焦土化作戦と大量虐殺に関する研究」済州大学校修士論文、二〇〇四年)。

焦土化作戦

『真相調査報告書』で「住民集団犠牲期」と名づけられた第三段階は、一〇月一一日に済州道警備司令部が設置されたことに始まる。四月三日の蜂起直後に設置された済州道非常警備司令部は済州警察観察庁内に設置された警察組織であったが、こちらは軍隊組織であり、しかも鎮圧作戦の主体が連隊レベルから旅団レベルに格上げされたことを意味する

一〇月一七日、警備司令部の主力部隊となる第九連隊長の宋堯讃《ソンヨチャン》少佐は、「全島の海岸線から五キロメートル以外の地点、および山岳地帯の無許可通行禁止」を布告した。「焦土化作戦」の開始が告

げられたのだった。さらに、一九日には討伐戦に差し向けられた麗水駐屯の第一四連隊が済州島への出動を拒んで反乱する事件が起こる（いわゆる麗水・順天地域を中心に発生していることから麗順事件と呼ばれている）。この反乱そのものは、米軍事顧問の陣頭指揮によってほどなく鎮圧されるが、済州島の事態に連動した国軍の反乱は、新政権の正統性にまつわる危機感をつのらせ、済州島での「焦土化作戦」をよりいっそう苛酷なものとした。「通行禁止」地帯、つまり「敵性地域」とされた中山間地帯の村々での見さかいのない殺戮がこうして始まる。一一月、明確な法的規定を欠いたまま布告された「戒厳令」がこれに拍車をかけ、事態は極限的ともいえる段階を迎える。

表1　四・三事件の犠牲者数の時期別推移

		人数	%
時期別	47.3-12	17	0.1
	48.1-3	24	0.2
	48.4-6	542	4.0
	48.7-9	213	1.6
	48.10-12	5,349	39.4
	49.1-3	3,705	27.3
	49.4-6	329	2.4
	49.7-9	201	1.5
	49.10-12	423	3.1
	50.1-3	100	0.7
	50.4-6	613	4.5
	50.7-9	1,523	11.2
	50.10-12	62	0.5
	51～	234	1.7
	未詳	229	1.7
	計	13,564	100.0

四・三委員会が2000～2007年の審査の結果を踏まえて明らかにした数値

「焦土化作戦」が始まり、「戒厳令」の布告を経て第九連隊が済州島での任務を終えた一二月までの時期には、数十名単位の虐殺がほぼ連日のように続く。犠牲者申告に基づいて四・三委員会が明らかにした時期別犠牲者数（表1）によれば、四・三事件の犠牲者の大半が四八年の一〇月以降に発生したものであることをうかがうことができる。

軍警と西青による常軌を逸した殺戮は、さらに多くの住民を山へと追い込み、討伐隊側は、こうした難を避けての入山者をも武装隊

表２　加害者別現況　　（単位：名）

計＼区分	討伐隊	武装隊	その他	空欄
合計	10,277	1,353	209	404
比率（%）	84.0	11.1	1.7	3.3

と見なし、その家族を探し出して虐殺した。本書巻末の「四・三事件と暴力」（二七九〜二九五ページ）は、この時期の凄惨な虐殺劇の一端を示したものである。

もとより、虐殺は、軍・警や右翼によってのみなされたわけではない。武装隊側の報復も熾烈であった。武装隊の民間人への攻撃は、それまでは警察・右翼の家族・協力者などに限られていたが、一二月以降の段階では、疎開住民の集結地も「討伐隊陣営」とみなし無差別攻撃を加えた。『真相調査報告書』によれば、四・三事件の全期間を通じて武装隊と討伐隊双方の攻撃と報復の悪循環で多くの住民が犠牲となった村も少なくない。

第九連隊によって無辜の住民も巻き込んで強行された徹底した武力鎮圧も武装隊を壊滅させるまでには至らなかった。四八年も暮れようとしていた一二月二九日、第九連隊から第一一連隊への交代があったが、その機に乗じた武装隊側の反攻があり、年が明けて一月三日には二〇〇人規模の武装隊が済州市の近郊に迫っている。この一月攻勢に対して、討伐隊側は陸海空軍合同作戦で反撃し、住民を巻き込んでの流血事態も依然としてつづいた。朝天面北村里では「共匪と内通した」との疑いで村の三〇〇余りの家屋が焼き尽くされたうえに約四〇〇人が虐殺される事件が一月一七、一八日の両日にかけて起こっている。

〝平定〟から〝終結〟へ

「事態平定期」とされた第四段階は、新たに済州島地区戦闘司令部が設置された三月二日までの、

「武力鎮圧」と「宣撫活動」を並行させた最終的な討伐作戦が展開する時期にあたる。四月には李承晩の済州島訪問、五月には無効に終わった二区の再選挙の実施とタイム・スケジュールが設定され、それまでには是が非でも済州島の騒乱に決着がつけられねばならなかった。ジョン・メリルは、この最後の討伐作戦の期間（三月二日〜四月一二日）こそ「反乱が起こって以来最も血なまぐさい時期であったであろう」と述べ、作戦中の一日平均の死亡者が一〇〇人にも上ると推計している（『済州島四・三蜂起』）。この討伐作戦によって武装隊の勢力はほぼ壊滅し、北朝鮮に去った金達三の後を継いで武装隊司令官となった李徳九《イドック》も六月には戦死する。組織的な武装蜂起としての四・三事件は、この最終討伐戦によって事実上終わったとみてよい。

だが、朝鮮戦争の勃発（六月二四日）に始まる、『真相調査報告書』が「事件終結期」と名づけた第五段階には、虐殺が再燃し、住民の犠牲はその後もつづいた。四・三事件の期間に逮捕され即決裁判で大田など陸地の刑務所に送られていた多くの住民たちも処刑されたり行方不明となっている。さらに、いわゆる「保導連盟」員や四・三事件関連者が「予備検束」され、そのうちの多くが済州空港や沙羅峰などで処刑された。五〇年七月には、摹瑟浦で「予備検束」された住民一三二人が安徳面南端の松岳山の旧日本軍弾薬庫で集団虐殺されている（「四・三事件と暴力」参照）。

討伐作戦は、この朝鮮戦争中につづき、一九五三年一月二九日には遊撃戦特殊部隊の「虹部隊」が投入され、掃討作戦を展開して武装隊をほぼ一掃する。その後、漢拏山の禁足令の解除（五四年九月）を経て、武装隊の最後の一人といわれる呉元権《オウォングォン》が逮捕されたのは一九五七年四月のことであった。

Ⅲ　済州島のその後――沈黙を超えて

レッド・コンプレックス

『真相調査報告書』は、四・三事件の犠牲者の数を二万五〇〇〇～三万人と推定している。だが、金石範・金時鐘のお二人の実感はこれをはるかに上回る。四八年当時の済州の人口は二八万人余りであるから、少なく見積もっても住民の一割以上が犠牲になった。

四・三事件は済州島民の昔ながらの独立自尊の気風を打ちのめし、政治や社会に向き合う島民の姿勢を大きく変えた。四・三事件がもたらした島民の心理的な屈折の問題は、しばしば「レッド・コンプレックス」と表現される。四・三事件以後の済州島では「誰も〝アカ〟の悪霊から自由では」なく、「誰かが私を罠にかけてアカにしようとしている」とか、「アカが捕まえにくる」というのが、五〇～六〇年代における精神科の患者の最も多い訴えであった（黄サンイク「医学史的側面から見た四・三」『済州四・三研究』所収）、という。両親が罪もなく犠牲になった被害者でもそれが討伐隊の手で殺害された場合は、「暴徒」の家族として子や孫に至るまで韓国社会では日陰者扱いされた。連座制[*4]が陰に陽に幅を利かせるなかで、反共団体に身を投じたり、権力への過剰忠誠を通して「アカ呼ばわり」から逃れようとしたりする被害者の親族も少なくなかった。済州島の若者たちが韓国社会で身を立てるには、「田舎くさい故郷の訛りを軽々と払い捨て、情熱をもってソウル言葉を勉強し」、「人の目つきを窺って飯を食べ、ソウル言葉で卑屈に媚びる方法まで身につけ」、さらには「本籍まで移し変え」

(玄基榮『順伊《スニ》おばさん』)て、己の中の済州島的なものを徹底的に根絶しなければならなかったのである。

朝鮮戦争以後、韓国政府は、四・三事件を、「共産分子の跳梁」、「消極的な治安対策」、そして「国防警備隊内部への細胞の浸透」などによってなんと「八割以上の島民が赤化」したなかで、「全済州を共産系列の手に渡そうとする恐るべき暴動」(内務部治安局『大韓警察全史第一集 民族の先鋒』)と規定した。そしてこれが四・三事件について韓国社会で語ることが許された唯一の見方であったし、済州島は、そういう負い目を背負う島として朝鮮戦争後の復興や開発行政からも見離された停滞の島となった。

一九六〇年、四・一九学生革命によって李承晩政権が倒れ、そういう済州島にもつかの間の春が訪れ、四・三事件の真相究明への動きが芽吹き始めるが、六一年五月の軍事クーデターによってたちどころに捻りつぶされる。朴正熙、そして朴につづく全斗煥が最高権力者として君臨した軍事政権時代の韓国は、民主主義や言論の暗黒期であり、四・三事件について語ることはタブーとされた。七八年、一人の済州島出身の小説家が、『創作と批評』誌に「順伊《スニ》おばさん」を発表し、この沈黙の壁を打ち破ろうとした。だが、この作家・玄基榮《ヒョンギヨン》は、三日三晩の拷問と一か月にわたる拘留、そしてその後遺症に苦しまなければならなかった。

玄基榮は逮捕の際の家宅捜索で、隠し持っていた金石範の『鴉の死』[*5]が発覚し、押収されている。八四年、金石範は、韓国では発禁処分の解けていない「順伊おばさん」を訳出し、日本の文芸雑誌『海』に発表する。四・三の悲劇を歴史の闇から救い出す試みの一つに、こうした二人の作家の海を越えた暗黙の共振があった。

「四・三特別法」への歩み

民主化は、封じ込められた歴史の掘り起こしをともない、全斗煥政権を退陣に追い込んだ八七年の「六月抗争」による改憲と民主化は、四・三事件の議論の活性化や真相究明にとっても決定的な転機となった。八七年暮の大統領選挙で金大中が初めて四・三事件の真相究明を公約に掲げたことも大きな意味をもった。八八年には、東京とソウルで四・三事件四〇周年の記念行事が初めて開かれ、今日に至る四・三事件の取り組みの出発点となる。

だが、「六月抗争」から間もないこの頃は、四・三事件をめぐる済州島民の心もいまだ凍りついたまま溶き解《ほぐ》れてはいなかった。八七年の大統領選挙で「四・三事件」の真相究明を訴えた金大中の済州島での得票率は一八・六％（全国では二七・一％）にすぎなかった。八九年、梁祚勳《ヤンジョンフン》など心ある記者たちによって「四・三の証言」と題する『済州新聞』の四・三連載企画が始まるが、言論民主化を求めてきた同紙の記者たちが大量解雇されるという事態が起こり、連載も、中断を余儀なくされる。もっとも連載は、「四・三は語る」とタイトルを変えて翌年六月に創刊された『済民日報』に紙面を移して再開され、その後、九九年八月まで全四五六回の長期連載記録を打ち立てることになる。

九三年、金泳三・文民政権が成立して四・三事件をめぐる時代の空気もようやく和らぎ始めた。三月、済州道議会に四・三特別委員会が設置され、調査や慰霊事業に乗り出す。四・三特別委員会は、二年間の調査を経て、一万一六六五人に及ぶ犠牲者名簿を掲載した『四・三被害調査第一次報告書』

を発表した。犠牲者のうちの九六七四人（約八三％）が軍警など討伐隊によるものであり、武装隊による犠牲者は、一一％余りにすぎず、「暴徒による蛮行」だけが強調されてきた従来の見方を大きく覆すことになった。

九〇年代後半の四・三事件をめぐる議論や取り組みは、特別法制定問題に集約された。九五年一二月に光州事件の問題解決に向けた「五・一八特別法」（五・一八民主化運動等に関する特別法）が国会で可決されていたことも、そうした取り組みの良き道しるべとなった。金大中政権が出帆する九八年は、四・三事件五〇周年を迎える年でもあり、四月には済州島を始め、ソウル、東京、大阪など各地で記念行事が開かれた。

こうして五〇周年の記念行事で各地が沸いた三月末、金大中政権与党の国民会議は、党内に「済州島四・三事態真相調査特別委員会」を構成し、四・三事件の国会レベルでの取り組みが本格的に始まる。九九年三月には、済州島で「済州四・三真相究明と名誉回復のための道民連帯」が発足し、済州島の官民が一丸となって特別法制定促進に動き出した。公聴会、学術シンポ、集会、四・三の遺跡地紀行、講演会、マダン劇、絵画展、国会や大統領への請願などなど、九九年の済州島は、四・三特別法制定問題一色に染まった。

九九年一二月、四・三特別法案をめぐる与野党間の調整が電撃的に進み、一六日、法案はついに国会で議決され、翌年一月、大統領によって制定・公布される。

四・三特別法以後

四・三特別法は、「済州四・三事件真相究明及び犠牲者名誉回復委員会（以下、四・三委員会）」を国務総理の下に置くことを規定している。この委員会は、四・三事件の真相調査の機関でもあり、調査に基づく報告書の作成も義務づけられていた。調査は、米国、ロシア、日本などの各地で二年以上にわたって進められ、二〇〇三年三月、『真相調査報告書』が作成される。『真相調査報告書』は、「国家公権力が法を犯し民間人を殺傷した。討伐隊が裁判の手続きなしに非武装の民間人を殺傷したこと、特に子供や老人まで殺害した点は重大な人権蹂躙であり、過ちである」と国家の責任を認めた。「共産暴動説」に固執する軍警側の委員がこの報告書の内容に猛反発したが、一〇月一五日、報告書は最終的に確定し、三一日、済州島を訪れた盧武鉉大統領は、済州島民に対して国としての正式の謝罪を表明した（巻末三〇四―三〇五参照）。

四・三特別法に基づいて設置された四・三委員会は、『真相調査報告書』の結果を踏まえ、①政府による謝罪、②四・三追悼記念日の制定、③『真相調査報告書』の教育資料としての活用、④四・三平和公園作りの支援、⑤遺族に対する支援、⑥集団埋葬地の遺骸や遺跡地の発掘、⑦追加的な真相究明および記念事業など七項目を政府がとるべき措置として建議した。この建議によって歴史的な大統領の謝罪が実現し、犠牲者申告の期間が延長されその範囲も軍法会議による受刑者にまで拡大された。二〇一四年までに一万四二三一人が四・三委員会によって犠牲者として公式に認定されている。四・三平和公園については、済州市奉蓋洞の一二万坪の用地に二〇〇四年三月までに第一期工事（記念広場および位牌奉安室）が完了し、二〇〇八年四月までに四・三史料館など第二期工事が完了した。

『真相調査報告書』の確定以後、四・三委員会の建議をより長期的な視野で持続的に推進するために四・三特別法の改定問題が提起され、二〇〇七年一月、与野党合意でこれが実現した。改定法では犠牲者の範囲を受刑者にまで拡大すること、そして集団虐殺地の調査や遺骸発掘事業を進めることが改めて明記された。さらに政府の支援による四・三平和財団の設立などが規定され、四・三事件に関連する調査・発掘事業や慰霊行事は、二〇〇八年に設立されたこの済州四・三平和財団が行うことになった。この平和財団は、二〇一三年六月、四・三事件の全国化、世界化を掲げ、四・三事件の真相究明や平和・人権・民主主義の発展に貢献した人物・機関に済州四・三平和賞を授与することを決め、その二〇一四年四月に授与される第一回の受賞者に金石範を選んだ。

遺骸発掘事業は、二〇〇六年一一月からようやくその第一段階が始まる。この第一段階では済州市禾北洞一帯で発掘調査が行われ、完全遺体一〇体、部分遺体八〇点余りが収集された。四・三特別法改定後の二〇〇七年九月から、済州国際空港南滑走路の西北側地点での発掘が着手された。この地には一九五〇年八月の予備検束者の集団銃殺によって五〇〇〜六〇〇人が闇埋葬されたと推定されている。済州島の観光地としての発展を象徴する済州国際空港に、数百人に及ぶ四・三事件の犠牲者が闇埋葬され、半世紀以上にわたって放置されてきたという事実は、この島の解放後の歩みを最も逆説的に象徴するものと言える。

記憶をめぐる内戦――四・三の歴史定立をめぐって

すでに述べたように、『真相調査報告書』の確定にさいしても四・三委員会の内部で激しい論戦があった。二〇〇三年三月、『真相調査報告書』草案がこの委員会に初めて示されてこれが確定するまでに八か月を要し、中央委員の二人と専門委員がこれに反発して辞任するという波乱があった。そもそも、四・三特別法の制定当初からこれに対する右翼団体の違憲訴訟が起こされていた。憲法裁判所は、四・三特別法そのものについては合憲判断をくだしたものの、「南労党済州島党の核心幹部」や「武装遊撃隊と協力して鎮圧軍警及び同人たちの家族、制憲選挙関与者などを殺害した者、警察などの家屋と警察官署など公共施設に対する放火を積極的に主導した者等は決して現在われわれの憲法秩序で保護されることができないだろう。したがって、この法での犠牲者の範囲から除かれなければならない」という判断を示した。こうした憲法裁判所の判断を受けて二〇〇二年、四・三委員会は、四・三事件犠牲者の審議除外対象として、①四・三事件勃発に直接責任がある南労党済州島党の「核心幹部」、②軍警の鎮圧に積極的主導的に対抗した武装隊の「首魁級」を挙げた。要するに、蜂起を計画した南労党幹部や武装隊司令官など指導部については、犠牲者として認定できないというのである。

盧武鉉政権の時代は、進歩派の過去清算の取り組みが圧倒した時代であったが、二〇〇八年の李明博ハンナラ党政権の登場によって金大中・盧武鉉両政権期の民主化と過去清算の相乗的な進展に歯止めをかけるような気運が渦巻き始める。李明博政権下で在郷軍人会、星友会[*6]、ニューライト全国連合[*7]

など韓国の代表的な保守右翼団体が結集した「国家正体性確立国民協議会」による違憲訴訟を始め、李承晩の親族の行政訴訟など七件の訴訟が提起されている（すべて敗訴）。朴槿恵政権下（二〇一三年～）でも、二〇一四年にはソウルで西北青年会の再建の動きが明らかになる一方、済州島でも二〇一三年一一月に創立された「四・三定立研究・遺族会」が平和公園に祀られている位牌一万四〇〇〇余りのうち五三基について「不良位牌」と呼び、その撤去を求めている。この逆風のなかで四・三事件は、今後も韓国社会における記憶をめぐる内戦の主要な試金石の一つでありつづけるであろう。

韓国では、悪政に対する民衆の正当な抗議行動を〝抗争《ハンジェン》〟と呼び、例えば光州事件での学生・市民の抗議行動も〝抗争〟として公式に位置づけられている。だが、四・三をめぐる取り組み・運動は、四・三事件の〝歴史定立〟、つまり四・三の武装蜂起そのものの歴史的な意義づけについては、これをいわば棚上げし、あくまでも国家公権力による犠牲・受難の視点から進められてきた。そうした視点こそが、四・三特別法や『真相調査報告書』を貫く精神でもあった。しかし、それは、四・三事件を「共産暴動」とする反共右翼勢力の側からはもとより、四・三の武装蜂起を〝抗争〟と意義づける人びとからも少なからず批判に晒されてきた。そもそも四・三の被害者の多くは左翼や「共産暴徒」とは無縁な無辜の〝良民〟であったとする主張は、左翼や〝アカ〟であれば虐殺されても仕方がない、という論理に加担することにもなりかねない。むしろ、四・三の武装蜂起は、南北分断に反対し統一国家を目指す、まぎれもない〝抗争〟であったし、済州島民の多くもそういう左翼勢力の意志を分かち合っていたとする見方が今なお済州島社会では根強い。

こういう、いわば「民族解放闘争」的な見方に対して、同じ抗争説に立ちながらも、三・一節事件後のゼネストへの「全島的（地域）かつ全道的（階層）済州民の参加」に着目して、そこに示された「地域自治に対する熱烈な期待感」を重視する見方もある（朴賛殖四・三研究所元所長）。

すでに述べたように四・三の武装蜂起は、陸地からやって来た軍政警察や右翼の横暴に対する自衛的な反抗という側面と、単独選挙阻止にみられる民族統一運動という、二重の側面をもっていた。人民委員会に象徴される自治共同体への志向や反外勢の伝統という視点に立てば前者がクローズアップされ、南労党の革命戦略に象徴される反帝（反米）民族運動の視点に立てば後者がクローズアップされよう。両者の力点の相違は、犠牲者の特定をめぐって揺れ動く、四・三特別法以後の問題解決の在り方や方向づけをめぐる議論でも重大な論点となるであろう。

*

こうして、四・三の〝白碑〟にどのような〝正名〟が刻まれるのか、その問いは、四・三特別法が制定され一五年の歳月を経た今日もなお重い課題として私たちの前に置かれている。本書での金石範・金時鐘のお二人の語りの深部を貫いているのも、この〝正名〟、すなわち「四・三とは何か」をめぐる尽きることのない問いにほかならない。

二〇年以上の歳月をかけた執念の大作『火山島』に象徴されるように、金石範氏は、四・三事件という、氏が本来そこにいたはずの故郷に起きた歴史の悲劇を粘り強く問いつづけてきた。氏の作品には圧政に立ち向かい犠牲となった故郷の人びとから隔たった在日を生きることの無念さや自責感、さらには底深いニヒリズムの感触がただよう。

一方、金時鐘氏は、本書においても赤裸々に語られているように、南労党の若き党員として悲劇のただ中を生きた詩人である。氏は、身をもって体験した悲劇の度しがたい苛酷さ、歴史の事実の圧倒的な重さに打ちひしがれて、これについて語り詠うことを奪われた詩人である。逆にその半世紀の沈黙こそが四・三事件の真実を物語る一篇の詩として人びとの心を打つ。

ともあれ、お二人はともに在日を代表する作家でありながら、小説と詩、四・三にまつわる語りと沈黙という、互いに対照的な道を歩んでこられた。その対談は、四・三の真実を照らし出すうえで意義深いばかりではない。それは、在日とは何か、国家とは何か、東アジアの戦後とは何か、ひいては人間とは、世界とは、といった普遍の問いへと私たちを導いてくれる。

＊1――朝鮮時代末期の一九〇一年に不平等条約に便乗したカトリック系フランス人とそれに結びついた支配層の横暴に抵抗した民乱。

＊2――大阪・済州島間の直通航路で尼崎汽船会社によって一九二三年から運行された。同じ航路にはその後、朝鮮郵船、鹿児島郵船、さらに朝鮮人独自の東亜通航組合が参入した。

＊3――この四・二八平和会談については、会談の開催日時や場所、さらに交渉の成否についてこれまでの通説を覆すような研究があるが（金ヨンチョル『済州4・3事件、初期警備隊と武装隊交渉研究』（済州大学校大学院史学科修士論文、二〇〇九年）、これについては、四・三平和財団や済州四・三研究所でも明確な見解が示されていない（詳しくは、倉持和

雄「済州島4・3紀行――現場探訪によって四・三事件を考える〔上・下〕」『横浜市立大学論叢・人文科学系列』第64巻3号及び第66巻1号、二〇一三年）

＊4――韓国政府は、一九八四年一二月になって連座制の廃止を明らかにしているが、「暴徒」の家族であることは公職就任や昇進などでその後も事実上影響したといわれる。

＊5――「鴉の死」は、討伐隊の掃討作戦が終盤となる一九四九年二～三月の済州島の極限状況がスパイ（丁基俊）の視点から描かれている。本書の年表にあるように、当初「鴉の死」は『文芸首都』一九五七年一二月号に発表され、六七年に『鴉の死』（新興書房）に収録され、七一年に講談社の『鴉の死』などに収録された。

＊6――一九八九年に設立された陸海空軍及び海兵の予備役将校の団体。

＊7――二〇〇四年を前後して台頭した政治潮流で、従来の反共保守勢力（オールドライト）と運動圏の双方を批判し、民主主義や言論の自由を前提に、市場経済の擁護・植民地近代化論などを主張している。ソウル大学の安秉直名誉教授などに代表される。

四・三事件と暴力——証言と解説

四・三事件の渦中で引き起こされた暴力・テロ・虐殺は、想像を絶するものであり、統計・資料や論説をもってしてはその実相を伝えることは難しい。一九八〇年代末以降、済州島の心あるジャーナリストや研究者（研究機関）の手によって四・三の悲劇を直に体験した人びとへの取材や聞き取り調査が進んだ。ここでは、そうした地道な努力を通じて積み上げられた現場証言の一端を紹介し、読者の四・三事件へ理解の一助としたい。

なお、二〇〇三年には済州四・三委員会から『済州四・三事件真相調査報告書』が発表され、そこにも被害者の被害形態別の証言が掲載されている（日本語訳も二〇一四年に済州四・三平和財団より刊行された）。本書では四・三事件の展開を時系列に追って編集し、重複はないので、併せてご参照いただきたい。

（文京洙）

西青の暴力・テロ

一九四七年の「三・一節発砲事件」以後に猛威をふるった米軍政による左翼勢力や一般住民への検挙、拷問、テロなどの横行は、対談や解説でも明らかにされているように、四・三事件の一つの伏線を用意した。そうした暴力の先頭に立っていたのが西北青年会（団）であった。西北青年会とは、解放直後の北朝鮮での社会改革に逐《お》われ、南朝鮮に渡ったいわゆる越南青年によって一九四六年に組織された反共右翼団体である。李氏朝鮮時代以来、朝鮮北部が西北と呼ばれていたことにその名が由来し、当時、西北《ソブク》とか西青《ソチョン》などと略称された。結成当時の代表は鮮宇基聖であったが、四七年九月に右翼青年の結集を掲げた大同青年団が結成され、鮮宇基聖らはこれに合流し、残留派が文鳳済を団長に引き続き西青を名乗った。彼らは、武装した私設団隊員として、あるいは戦闘警察として、さらには国軍の特別中隊として、四・三事件以後の鎮圧作戦でも前面に登場し、「焦土化作戦」の段階では海岸村の疎開地に囲い込まれた住民へのテロをほしいままにした。以下は、この西青の性格や活動を記述した米軍資料、当時の西青団長へのインタビュー、そしてその脅威の下に置かれた住民の証言である。

「西青の財政状態は他の青年団体と同様、不安定な基盤の上にあり、そしてそれは組織員が制限されている理由を説明してくれるものだ。彼らの資金募集キャンペーンは、自分たちが北朝鮮から逃げてきた者であることをことさらに強調し、右翼政治家や事業家から寄付金を徴収するのと類似した形態をおびている。そのキャンペーンには、左翼のストライキに対抗して支援した企業家に対して貸した金を返せといわんばかりに謝礼を要求することも含まれている。……組織は小さいが大々的に活動しており、組織は拡大している。そうではないという彼らの主張にもかかわらず、左翼とおぼしき人士に対する彼らのテロは続けられるであろう。この組織員は有益であり、もし反託

デモをするよう要求すれば喜んでやるだろう。彼らは反米ではない。」（米二四軍団週間情報報告書）

「われわれは、ある地域で左翼が跳梁跋扈し始めたと聞けば、西北青年会を派遣しました。その地方で政治的ライバルの関係にある人物が、そのライバルを共産党員だといえば、われわれは何も知らないわけですから、そいつを処断してしまうことになりました。われわれにどんな客観的根拠があるというのですか。その一例が済州島でした。趙炳玉博士が（米軍政の）警務部長であったとき、四・三事件が起こりました。事件が勃発するや私を呼び出して、済州島で大きな事件が起こった、反共精神の貫徹した人物で警察戦闘隊を編成し、五〇〇名送ってくれと言うので派遣しました。」

（当時、西北青年会会長・文鳳済の証言、北韓研究所『北韓』一九八九年四月号）

「警察力が弱かったからといって、どうして、西北青年会のような民間組織を投入して応援をさせたのか。あの人たちは警察業務が何であるかを全く知らない青年たちだった。だから私の妻が家にいるといつも西青がやってきて嫌がらせや脅迫をした。テロ団体として住民を脅し、食べ物を出させたりした。それが彼らの職業だったから。あの人たちは、趙炳玉がわざわざ済州島事件に投入したんだ。西青たちは三・一事件が起きると応援隊として来たんだよ。二種類あって、一つは鉄道警察隊が入ってきたし、もう一つが私設団体として入ってきた西青だった。」

（大静面、金ドゥソクさんの証言、済州四・三研究所『四・三長征6』一九九三年）

中文面では一九四八年一一月五日未明、武装隊が中文面の中文支署を奇襲攻撃し三名の警官が犠牲となった事件があり、その後、西北青年会による報復テロが激しくなった。

「西青は、初めは非武装であったが、中文支署襲撃事件以後、武装して中文国民学校に駐屯しました。また、数も三十数人ほどにまで増えたんです。西青は、続々と住民を虐殺していきました。警察が統制できるものではありませんでした。私は当時、警官でしたが、今でも思い浮かぶ疑問は、いったい誰が私設団体である彼らに銃を与え武装させたのか、ということです。西青は、漢拏山討伐等の危険な作戦を行ったというより、主に村の非力な住民を苦しめ虐殺したんです。」

さらに、四八年の一一月一九日、二〇人近くの住民が西北青年会に一時に虐殺されているが、同じ証言者はその理由を次のように述べている。

「この日犠牲となった人びとのほとんどが、西青に睨まれた人たちでした。まず面事務所の職員であった林漢俊（会計課）と金君錫（産業係長）は、西青がお金とお米を要求したとき拒否したことが、災いの元となりました。また、林枝祐は理髪師でしたが、西青が毎回髪を切ってもお金を出さなかったので、そのことを抗議したからでしょう。ついには右翼団体員まで殺されました。安斗奎は、私と一緒に東・西広里まで巡察して回った大同青年団員でした。彼は力が強く、西青の数人ぐらいは素手で相手にできるほどでした。事態が悪化すると西青が報復したんです。穡達里出身の朴チャンホは、国民会のメンバーで完全な右翼でした。しかし、彼は西青を上から操ろうとしたんです。李承連は金持ちでしたが、西青がちょくちょく品物を押し売りするのを断ったのでやられたんです。」

（中文面、元警察官・李基鎬さんの証言、『済州島四・三事件 第四巻』二二三ページ）

城山面で一九四九年一月以降、特別中隊として編成された西北青年会による住民への虐待や虐殺が連日のように続いた。

「西青は本当にひどい連中でした。何しろ、住民を保護するために警察が一時住民を収監したほどですから。酒造工場の倉庫付近には婦女子と青年たちの悲鳴が絶えませんでした。西北青年会は、女性を強姦した後にサツマイモを突っ込んで嘲笑ったりしました。」

（城山面、元大同青年団・高成重さんの証言、『済州島四・三事件 第五巻』六〇ページ）

「飴売りなどをしていた西北青年会が武装してからというもの、犠牲者が続出しました。当時の私は教師で酒造工場の倉庫に閉じ込められたのですが、そこには兄もいました。銃殺場に連れて行かれる兄の足首を一度撫でたのが最後の別れの挨拶になりました。倉庫の中にはいろんな村の人が囚われていましたが、情け容赦のない暴力とともに目を覆いたくなるような場面が繰り広げられました。男女を呼び出して殴りつけながら無理やり性交をさせ、女性の局部を火であぶったりもしました。夜になるとその腐った匂いで眠れないほどでした。彼らはとてもまともな精神の持ち主だとは思えませんでした。あのとき私が助かったのは、ひとえに城山国民学校のチョン某先生のおかげでした。チョン先生は私の婚約者だったのですが、私が一か月後に釈放されて出てくると、彼女は車某という西北青年会の幹部と結婚していました。私を助けてくれるという条件で、自分を強姦しようとした男と結婚したのです。」

（城山面元教師・洪敬士さんの証言、『済州島四・三事件 第五巻』五七―五八ページ）

焦土化作戦

一九四八年一〇月、「焦土化作戦」が始まり、「戒厳令」の布告を経て第九連隊が済州島での任務を終えた一二月までの時期には、数十名単位の虐殺がほぼ連日のように続く。当時の済州島は一つの邑（済州邑）と一一の面からなっていたが、『済州道四・三被害調査報告書』に明らかにされた四・三事件犠牲者一万四五〇四人のうち、面で犠牲者が最も多いのは朝天面（一八七一人）である。朝天は、高麗時代以来済州島の関門、陸地との交流の拠点として、島内でも文化・教育の先進地域として知られ、日帝下では、多くの反日運動指導者が輩出した。解放後も南労党など左派勢力が強い基盤をもち、四・三当時は、武装隊と討伐隊の攻防や殺戮もひときわ激しかった。

朝天面で最初の大規模な殺戮が起こったのは一一月一三日。その日の深夜二時、討伐隊が朝天面の橋来里を襲撃して火を放ち、一〇〇戸余りの村が一夜にして灰と化した。二日前に武装隊が朝天支署を襲ったことに対する報復であったが、三〇人の犠牲者（死者）は全員が三歳から七〇歳までの老人、女、子供であった。

「あの日、明け方に銃声が鳴り響くと、若者たちは急いで逃げました。しかし、私は年端もいかない息子と娘のために、そのまま家に残っていました。「まさか、女と幼い子供まで殺すだろうか」と考えたんです。しかし、家に火を放つ軍人たちの態度が普通ではなかったのです。なりふり構わずに助けてくれと頼みました。その瞬間、銃弾が私の脇腹を貫きました。三歳（数え歳）の娘を背負ったままバタッと倒れると、九歳の息子が「オモニ！」と言って私に向かって走ってきました。すると、軍人が息子に向かって一発銃を撃ちました。「このガキ、まだ生きてるな！」と言って息子を撃った軍人の声が、今も耳元に残っています。息子は胸にもろに銃弾を受けて、心臓が飛び出たんです。彼らは人間じゃない。彼らが出ていってしまうと、まず息子が焼けてしまわないように庭に引き出した後、毛布を解いて背負った娘を見たんです。その時まで泣きもしなかったので、銃に撃たれたとは思いませんでした。だけど、背中から子供を下ろしてみると、毛布が裂けていて、娘の左脚の膝にポッカリ穴が空いていたんです。私の脇腹を貫通した銃弾が、毛布を貫いて娘の左脚までメチャメチャにしたんです。二回目の誕生日に身障者となった娘は、もう五〇になります。」

（朝天面・梁福天さんの証言、『済州島四・三事件 第四巻』三三六ページ）

一一月の二四～二六日には朝天面の善屹里でも、近隣の洞穴などで避難生活を送っていた住民六〇人以上が虐殺された。討伐隊は、銃殺後、ガソリンを撒き死体を焼却したと言われる。

「まともに目を開いて見ることのできない光景でした。死体にガソリンを撒いて焼いたままだったので、屍骸がもつれ合っていました。私たちは、カラスが襲いかかってくるのを防ぐために、屍骸を仮埋葬しました。そして、犠牲者の名前を記したノートを二冊作り、一冊は私が持ち、もう一冊を瓶に入れて土の中に埋めました。そして、一緒にいた人に「私が死んだら、この瓶からノートを出して、生き残った人に伝えろ」と言いました。善屹里は、大変な被害でした。善屹一区の場合、当時三〇〇戸のうち、一五七名が殺されました。」

（朝天面・金亨祚さんの証言、『済州島四・三事件 第五巻』三五六ページ）

一二月二一日には、「自首」の呼びかけに応じて朝天面の咸徳国民学校（小学校）に集まった住民一〇〇人余りを、討伐隊は、済州邑内の俗称「パクソンネ」という川辺に連行して集団虐殺した。

「軍人たちは、銃殺に先立って私たちのポケットから金や貴重品などを引っ張り出しました。まず、最初のトラックに載せられた人たちを順に引きずり下ろし、小川の横の畑を囲う石垣に並んで立たせて機関銃を乱射しました。私は二番目の車の二番目のグループにいました。二番目の車の住民たちは、川辺の岩の上まで連れていかれ、銃で撃って下に突き落とされました。

私は左の肩に二発、右腕に一発など三発の銃弾を受けました。私の次の人たちもそんなふうに撃たれて川に落ちたのですが、私は意識があり、軍人たちが次の住民たちを連れにいった隙に縛られていた針金を歯で噛み切りました。そして岩の陰に隠れれば、生き残れるかもしれないと思いそこに逃れました。人びとは銃殺されながらも叫んだり助けてくれと言う人もいませんでした。皆、恐怖に慄きながら死を直感したからか、地面ばかりを眺めているようでした。私のように生き残った人がいくらかいたようでしたが、のたくる人たちを軍人たちが見つけてはガソリンを撒いて焼き始めました。」

（朝天面・金テジュンさんの証言、済州四・三研究所『四・三と歴史』第二七号）

この一二月二〇日を前後する時期には、やはり海岸線から三キロの地点にある南元面新興里でも七〇人余りが虐殺され、「パクソンネ」でのそれもあわせて第九連隊による虐殺がピークに達した時期であると言える。大田に駐屯する第二連隊との任務交代を一二月末に控え、第九連隊が功を焦り、命じられるままに自首や疎開した無辜の住民をも虐殺してこれを〝戦果〟としたのだった。

北村里の大虐殺

四・三事件の過程で最大とも言える大虐殺が、第二連隊による討伐戦が展開した一九四九年の一月一七日に朝天面の北村里で起こっている。実に村の人口の三分の一にあたる五〇〇人以上が虐殺された。一月一六日、食糧を村に調達に来た三人の武装隊が討伐隊と遭遇し、銃撃戦となり討伐隊三人を射殺して逃亡するが、その際、武装隊が道に落とした飯から、村人が武装隊に内通したとされたのである。

「その翌日の一七日朝、主として民保隊員だった村の長老たちが一五人ほど集まり、前日に死んだ軍人たちの死体三体を引きずって咸徳大隊本部に行きました。多分、部落でこの事件の対策会議をした末に、村に禍が及ばないようにという方便で長老たちが買って出たのでしょう。彼らが行くと、「ご苦労」と言って飯も食べさせてくれた後に、待っていろと言っておいてみんな殺してしまいました。銃殺してしまったんです。

その日の午後二時頃、今度は軍人たちの方が村に来て、北村の国民学校の運動場にみな集まるようにという指示がおりた。皆が集まると、まず警察の家族は前に出よと言って別に立たせ、軍の家族も別に立たせ、三番目に民保団長は前に出よと言う。しかし、すでに民保団長は咸徳で死んだ後だったので副団長が代わり進み出ると、その場で射殺してしまいました。

その後は、前から次々に分けて一番目のグループは学校西側の丘の畑に行って殺し、二番目のグループはまた他所で殺し、その次に三番目のグループを殺そうとする時に、大隊本部から一足遅く報告を受け、駆けつけてくるかのようにジープに乗った大隊長が「止め」と命令しそこで止まったんです……。このとき咸徳の支署に勤務する玄某氏が遺体を四九八人まで数えたという話を聞きました。その日、生き残った部落の人たちはどうすればよいかと話し合いましたが、二つに意見が分かれました。一方は、どうせここまでなったのだからやるところまでやろうと入山を決心し、もう一方は一人でももっと生きなければならないと支署に行き、このとき支署に二〇〇人くらいが行きましたが、そこでまた八〇人が死に、山に行った人たちはみな生き残ったそうです。」

（北村住民、四・三事件当時一七、八歳、済州四・三研究所『四・三証言資料集　いまだから語る』ハヌル）

武装隊による虐殺

解説文でも述べたように武装隊側の報復虐殺も熾烈で、時には無差別な略奪や虐殺も行われた。焦土化作戦が展開中の一二月一日、中文面での武装隊の襲撃である。

「うちの村は、自警隊長の金ユンス氏を中心に村の警備を担当していました。若者は特攻隊、年寄りは義勇隊に編成され、毎夜見張りに立っていたのです。暴徒たちは私の家にも押し入り、母（康戊生）に槍を突きつけて「米を出せ」と迫りました。母がうっかり槍の先をつかんだので、それを振りほどこうと暴徒が槍を引いて、母の手が切り落とされました。彼らはそれに飽きたらず、母の胸を槍でめった突きにしたのです。」

（中文面、文秉圭さんの証言、『済州島四・三事件 第五巻』一六五ページ）

四九年の一月三日は武装隊の新年攻勢があり多数の住民が犠牲となった。南元面のある村は、「右翼の村」と言われ、住民が討伐隊に協力したとの理由で集中攻撃を受け、その日だけで二〇人以上が犠牲になった。

「襲撃の前から、暴徒は頻繁に村へ来て食糧を強奪していきました。すると次に、討伐隊がやってきて入山者の家に放火するのです。こんなことが繰り返されると住民たちは危機感を覚え、村を徹底的に警備するようになりました。あの日の夜一二時頃、夜食を終えて各自が担当の警備地域へ行こうとしていた矢先に暴徒の襲撃を受けました。初めは私たちの方が優勢で、暴徒一名を竹槍で刺殺しました。すると彼らは間もなく退却しました。完全に引き揚げたものと思って安心していたのですが、三〇分ほどたった頃、再び大々的に襲撃してきたのです。今度は銃を持った連中もいました。彼らの銃で一人が殺されると、私たちは怖くなって散り散りに逃げました。暴徒は一時間ほど居座り、道端の家十数軒を焼き討ちして、老人や子供をおぶった婦人まで手当たり次第に殺害しました。」

（南元面、金鶴培さんの証言、『済州島四・三事件 第五巻』一三〇ページ）

失われた村

軍・警や西青による常軌を逸した殺戮はさらに多くの住民を山へと追い込み、朝天面善屹里がそうであるように、討伐隊は、こうした難を避けての入山者をも武装隊とみなし、その家族を探し出して虐殺した。その代表的な悲劇が安徳面東廣里の虐殺である。東廣里は中山間の村であるにもかかわらず疎開令が明確に伝わっていなかったが、一一月一五日早朝、一〇人余りが犠牲になって以降、住民への捜索・虐殺が散発的に起きた。討伐隊は、虐殺が行われた現場に待ち伏せして、遺体を収容しに来た住民を虐殺した。

「夫とその弟、七〇歳の従兄、幼い甥たちまで死にましたが、私の甥にあたる金ドゥベクと何人かがその死体だけでも収容しようと夜が明けた頃にそこに行ったのだけれども、軍人たちが計画的に隠れていて、父親（の遺体）を収めようとする金ドゥベクと子供たちまですべて殺してしまいました。私はそこにいなくて幸い死ななくてすみましたが、そこにいた人たちは口で言うことができないほど凄惨に死んだといいます。」

（済州市在住、カン・チュナさんの証言、済州四・三研究所『四・三と歴史』第二八号）

討伐隊の虐殺を恐れた住民たちは近隣に散在する洞窟に隠れ住んだが、「クンノルケ」といわれる洞窟には一二〇人の住民が、冬の四〇日余りの間、隠れ住んだ。四九年一月になってこの洞窟も討伐隊に発覚し、住民たちは洞窟近くのオルムに逃れようとしたが、討伐隊に捕えられ、翰林面や正房瀑布（滝）付近でそのほとんどが虐殺された。

「その日（一九四九年一月一六日）正房瀑布の入口右側の地下室に閉じ込められた。そこでも大人たちを一人ずつ呼び出してやたらに殴った。私は怖気づいて泣くので、うるさいと言われて銃床で殴られ左目が見えなくなってしまった。そこで三日間閉じ込められた後、彼らは子供を助けたい者は手を挙げろと言った。誰も手を挙げる者がいなかったが、私の父が手を挙げ、それを見て半分以上の人が手を挙げた。他の人たちは、死ぬなら子供と一緒に死ぬと言う人も多かった。三日目の朝、最後のお握り半分ずつを持たせて子供と大人たち八六人を正房瀑布の横に立たせ、助ける子供たちは国民学校の運動場の真ん中に立って見ていろと命じた。見る距離は約二〇〇メートルだった。私はしっかりと見た。死体は正房瀑布の中に敷き詰められていた。私は姉の手を握り限りなく泣いた。私たち兄弟は行くあてもなく道をさまよった。」

（表善面在住、金福南さんの証言、済州四・三第五〇周年学術・文化事業推進委員会編、『済州四・三跡地紀行　失われた村を訪ねて』学民社）

これらの虐殺によって東廣里のムドゥンイワッと呼ばれる集落は、討伐隊の攻撃によって完全に消失し、現在も再建されないまま悲劇の爪あとのみを残す。済州島には、同じように四・三によって「失われた村」が七か所に及ぶ。

水葬

虐殺は、法曹、教育、言論など各界の有力者・知識層、ひいては軍・警、公社職員など官公吏の世界にまで及んだ。焦土化作戦の本格化を控えた一〇月末から一一月初めにかけて第九連隊の将兵一〇〇人余りが「赤色分子」や「細胞」として処刑された。これとほぼ同じ頃に（一一月一日）、警察でもいわゆる「済州島赤化陰謀事件」があり、八五人が「南労党のフラクション」として検挙される。そのうち二〇〜三三人は、正式な裁判に回付されることもなく即決処分され、遺体は済州沖に投げ捨てられたという。

一一月五日には、旧日本資産（敵産）の管理を行う新韓公社職員三〇人余りがやはり「左翼フラクション」として処刑され済州沖に沈められている。虐殺の痕跡を消すために行われたというこの「水葬」は、その後、とりわけ朝鮮戦争勃発後にしばしば用いられることになる虐殺の手法であった。「水葬」されたある新韓公社職員（金基有）の姉の証言である。

「私は当時、禾北に住んでいました。ある日、実家から、弟の基有が海に投げ捨てられたようだから、沙羅峰から三陽の海岸まで探してみろ、と言われました。どういうことなのかと問い返すと、何日か前、警察に連行されたんだが、どうやら「水葬」されたらしい、ということでした。弟はトラックに乗せられて東埠頭の方に向かっているとき、もうこれで殺される、と思ったのか、靴を脱いで道路脇の友人の家に投げ込んだそうです。その知らせを受けて、うちでは大騒ぎになりました。父は当時山地浴場を経営し、畜産組合長でもあった地域の有力者でした。子供たちの中でも、基有は賢く、人一倍期待されて育ちました。父はあちこち探し回った末、ついにあの時、弟たちを乗せた船の船員にこっそり会い、海に沈められた事実を確認したそうです。その船員の話によると、山地埠頭と冠脱島の間の海に、三三人が投げ捨てられたということでした。

（金基順さんの証言、『済州島四・三事件 第四巻』一五六ページ）

一一月中旬には、裁判長や現職検事を含む法曹、教育、言論の有力者が相次いで第九連隊の本部があった農業学校に連行され、現職検事を含むそのうちの大半が処刑された。済州邑で犠牲となったこれらの有力者・知識人は、「三・一節事件」後のゼネストに参加したり同調して検挙された経歴をもつ人物たちであり、それは明らかに朝鮮戦争勃発後に大量に発生する「予備検束者」の処刑の特徴を帯びていた。四・三事件はその後の復興を担う済州出身の知識人たちを根こそぎにするような惨事でもあった。

百祖一孫(朝鮮戦争時の虐殺)

朝鮮戦争勃発後の一九五〇年七月には、摹瑟浦で「予備検束」された住民一三二人が安徳面南端の松岳山の旧日本軍弾薬庫で集団虐殺されている。数年後、遺族たちは、遺体を収容し埋葬しようとしたが、それぞれの身元の識別が困難なことから「百人の祖父に一人の孫」という意味の「百祖一孫之地碑」を建て、九三年以降は、「予備検束」された七月七日(陰暦)を命日として合同慰霊祭がもたれている。

「李ドンウォンは、すぐ下の弟でした。一七歳で大静中学校に入って二〇歳で死にました。大静中学校のとき済州警察署に捕まって懲役をくらって釈放されました。そのうち六・二五(朝鮮戦争)が起きると、また捕まり、今の邑民館のあるお寺のジャガイモ倉庫に一〇日ほど閉じ込められていて死んだようです。そのとき、倉庫に行けば会えるかもしれないと、倉庫に行ってみると壁に穴が一つありました。弟はその穴にしがみついていて私が見えるとお腹がすいたと言うので、麦こがしを入れてあげました。

死んだ日の朝、倉庫にいた人たちを二台の車に乗せて飛行場の方に連れていったと誰かが教えてくれました。シンサドン山をちょっと越えると靴を一つずつ落としながら行ったようでした。いっぺんで捨てると探せないだろうと、ここに一つ捨て、またあそこに一つ捨てて、といった感じで、死んだ場所に近づくとたくさん脱いで捨てたようでした。それで結局、そこにたどり着きました。

私たちがそこを掘っていると警察が来て追いたてられたので、放置して逃げ出し、警察が行ってしまうとまた掘り、また警察に追われ、また掘り、また追われ……。それで仕方なくそのまま置いておいて三年が過ぎ、ようやく遺体を運び出しました。掘り出したのが夏だったのですが、遺体はまさに水に溶けたような状態になっていました。蚊帳の服を着た遺体が一つあったのですが、「それは李ジャイクのだ」とか、翰林の人は「自分のもの」だと言いながら遺体の奪い合いを始めました。金歯で区別したりもしました。陰暦の七月七日に法事をします。私は今も黒い服を見るだけで気が遠くなります。当時は、警官と西北青年たちが黒い服を着ていたのです。黒犬とか、猟犬とか呼ばれていたんです。」

（予備検束の後に犠牲になった李ドンウォンさんの姉の証言、済州四・三研究所『四・三長征』第一号二八ページ）

済州四・三事件真相究明および犠牲者名誉回復に関する特別法

二〇〇〇年一月一二日、制定（法律第六一一七号）／二〇〇七年一月二四日、一部改定（法律第八二六四号）／二〇〇七年五月一七日、一部改定（法律第八四三五号）

第一条（目的） この法は、済州四・三事件の真相を究明し、この事件と関連した犠牲者とその遺族の名誉を回復することによって、人権伸張と民主発展および国民和合に資することを目的とする。

第二条（定義） この法において用いられる用語の定義は、次の通りである。〔改定二〇〇七年一月二四日〕

1．「済州四・三事件」とは、一九四七年三月一日を起点とし、一九四八年四月三日に発生した騒擾事態および一九五四年九月二一日まで済州道で発生した武力衝突と鎮圧過程において住民が犠牲になった事件をいう。

2．「犠牲者」とは、済州四・三事件により死亡、行方不明になった者、後遺障害が残った者、または受刑者であり、第三条第二項第二号の規定によって済州四・三事件の犠牲者と決定された者をいう。

3．「遺族」とは、犠牲者の配偶者（事実上の配偶者を含む）および直系尊卑属をいう。ただし、配偶者および直系尊卑属がいない場合には兄弟姉妹をいい、兄弟姉妹がいない場合には四寸以内の傍系血族で犠牲者の祭祀を行ったり、墳墓を管理する事実上の遺族のなかで、第三条第二項第二号の規定によって遺族と決定された者をいう。

第三条（済州四・三事件真相究明および犠牲者名誉回復委員会）

① 済州四・三事件の真相を究明し、この法による犠牲者および遺族の審査・決定および名誉回復に関する事項を審議・議決するために、国務総理の所属下に済州四・三事件真相究明および犠牲者名誉回復委員会（以下「委員会」とする）を置く。

② 委員会は次の各号の事項を審議・議決する。〔改定二〇〇七年一月二四日、二〇〇七年五月一七日〕

1．済州四・三事件真相調査のための国内外の関連資料の収集および分析に関する事項
2．犠牲者および遺族の審査・決定に関する事項
3．犠牲者および遺族の名誉回復に関する事項
4．真相調査報告書作成および史料館造成に関する事項
5．慰霊墓域造成および慰霊塔建立に関する事項
6．済州四・三事件に関する政府の立場表明などに関する建議事項
7．この法で定めている家族関係登録簿の作成に関する事項
7の2．集団虐殺地、闇埋葬地調査および遺骨の発掘・収集などに関する事項
7の3．犠牲者の医療支援金および生活支援金の支給決定に関する事項

8. その他、真相究明と名誉回復のために大統領令が定める事項

③ 委員会は委員長一名を含む二〇名以内の委員で構成され、委員長は国務総理が務め、委員は済州道知事と関係公務員・遺族代表を含み、学識と経験の豊富な者の中から、大統領令が定めるところによって、国務総理が任命または委嘱する。

④ 委員会の組織および運営に関する必要な事項は大統領令で定める。

第四条（済州四・三事件真相究明および犠牲者名誉回復実務委員会）

① 委員会の議決事項を実行し、委員会から委任された事項を処理するために、済州道知事の所属下に済州四・三事件真相究明および犠牲者名誉回復実務委員会（以下「実務委員会」とする）を置く。

② 実務委員会は次の各号の事項を処理する。〔改定二〇〇七年一月二四日〕

1. 犠牲者と遺族の被害申告受付に関する事項
2. 被害申告に対する調査に関する事項
3. 医療支援金および生活支援金の執行に関する事項
4. その他、委員会から委任された事項

③ 実務委員会は委員長一名を含む一五名以内の委員で構成され、委員長は済州道知事が務め、委員は関係公務員と遺族代表を含み、学識と経験の豊富な者の中から委員長が任命または委嘱する。

④ 実務委員会の組織および運営に関する必要な事項は条例で定める。

第四条の二（秘密漏洩の禁止）

委員会および実務委員会の委員やその職に就いた者は業務上知り得た秘密を漏洩してはならない。

〔本条新設二〇〇七年一月二四日〕

第五条（不利益処遇禁止等）

① 誰でも済州四・三事件と関連して自由に証言できる。

② 犠牲者およびその遺族は、済州四・三事件犠牲者とその遺族であるという理由でいかなる不利益や不当な処遇を受けない。

第六条（済州四・三事件関連資料の収集および分析）

① 委員会はその構成を終えた日から二年以内に、済州四・三事件関連資料の収集および分析を完了しなければならない。

② 委員会または実務委員会は、第一項の資料収集のために、必要な場合には行政機関または団体（以下、本条で「関係機関または団体」とする）に対して、関連資料の提出を要求することができる。この場合、要求を受けた関連機関または団体は、特別な事由がない限り、これに応じなければならない。

③ 関係機関または団体は、済州四・三事件関連資料の発掘および閲覧のために、必要な便宜を提供しなければならない。

④ 政府は、第二項により提出要求を受けた資料を外国で保管している場合には、該当国家の政府と誠実に交渉しなければならない。

第七条（真相調査報告書作成）

委員会は第六条第①項の期間が終了した日から六か月以内に、済州四・三事件真相調査報告書を作成しなければならず、真相調査報告書の作成において客観性と作業の円滑を期すために、済州四・三事件真相調査報告書作成企画団を設置し運営することができる。

第八条（慰霊事業）

政府は、済州四・三事件の犠牲者を慰霊して歴史的な意味をかみしめ、平和と人権のための教育の場として活用し、慰霊祭礼などの便宜を図るための、次の各号の事業施行に必要な費用を予算の範囲内で支援することができる。

1. 慰霊墓域造成
2. 慰霊塔建立
3. 四・三史料館建立
4. 慰霊公園造成
5. その他、慰霊関連事業

第八条の二（済州四・三関連財団への出捐）

政府は、大統領令が定めるところにより、平和の増進と人権の伸長のために済州四・三史料館および平和公園の運営・管理と追加真相調査など、その他必要な事業を遂行する目的で設立される財団に基金を出捐することができる。〔本条新設二〇〇七年一月二四日〕

第九条（医療支援金および生活支援金）

① 政府は犠牲者中、継続して治療を要したり、常時介護または補装具の使用が必要な者に治療、介護および補装具の購入に要する医療支援金および生活支援金を支給することができる。
② 医療支援金および生活支援金が支給される権利は譲渡または担保としたり、差し押さえることはできない。
③ 医療支援金および生活支援金の支給範囲と金額の算定および支給方法などに関する必要な事項は大統領令で定める。

第一〇条（犠牲者とその遺族の申告所設置および公告）
委員会は本法の施行日から三〇日以内に、大韓民国在外公館に犠牲者とその遺族の済州四・三事件関連被害申告を受け付けるための申告所の設置を要請し、設置された申告所を公告しなければならない。

第一一条（家族関係登録簿の作成）
済州四・三事件当時、戸籍簿の消失で家族関係登録簿が作成されていなかったり、家族関係登録簿に事実と異なって記録された場合、他の法令の規定にかかわらず、委員会の決定により、最高裁判所規則で定める手続きによって家族関係登録簿の作成や記録の訂正をすることができる。

第一二条（再審議）〔本条新設二〇〇七年一月二四日〕
① 犠牲者および遺族の認定を希望する者は、第三条の規定による犠牲者および遺族決定または医療支援金および生活支援金の支給決定に関して異議のある場合には、委員会の決定通知を受けた日から三〇日以内に委員会に再審議の申請を行うことができる。

② 第一項の規定による再審議の申請および決定などに関する必要な事項は大統領令で定める。

第一三条（決定前置主義）〔本条新設二〇〇七年一月二四日〕

① 犠牲者および遺族の決定または医療支援金および生活支援金の支給に関する訴訟は委員会の決定を経た後に限って、これを提起することができる。ただし、申告または申請のある日から九〇日が過ぎても決定されない場合は適用しない。

② 第一項の規定に当らない訴訟の提起は、委員会の決定（再審議申請に関する決定を含む）の通知を受けた日から六〇日以内に提起しなければならない。

第一四条（罰則）〔本条新設二〇〇七年一月二四日〕

第四条の二の規定に違反し、秘密を漏らした者は二年以下の懲役または一〇〇〇万ウォン以下の罰金に処する。

附則〔第六一一七号、二〇〇〇年一月一二日〕

本法律は公布日から起算して、三か月を経過した日から施行する。

附則〔第八二六四号、二〇〇七年一月二四日〕

①（施行日）本法律は公布日から起算して、三か月を経過した日から施行する。

②（再審議に関する経過措置）第一二条の改定規定は本法律の施行当時、従来の規定による犠牲者および遺族の決定または医療支援金および生活支援金の支給に関する決定に対しても適用するが、この場合にはこの法律の施行日から九〇日以内に再審議を申請しなければならない。

附則（家族関係の登録などに関する法律）〔第八四三五号、二〇〇七年五月一七日〕

第一条（施行日） 本法律は二〇〇八年一月一日から施行する。〔但し書き省略〕

〔第二条から第七条まで省略〕

第八条（他の法律の改定）〔1から22まで省略〕

23．済州四・三事件真相究明および犠牲者名誉回復に関する特別法の一部を次のように改定する。

第三条第二項第七号のうち、「戸籍登載」を「家族関係登録簿の作成」にする。〔以下、省略〕

盧武鉉大統領の済州島民への公式謝罪の言葉

（二〇〇三年一〇月三一日　ラマダプラザ済州ホテルにて）

尊敬する済州島民と済州四・三事件遺族の皆様、そして国民の皆様。

五五年前に、平和な島であったここ済州島で、韓国現代史における大きな悲劇の一つである四・三事件が発生しました。済州島民たちは、国際的な冷戦と民族分断がもたらしたレールのもとで、計り知れない人命被害と財産の損失を被りました。

私はこのたび、済州島訪問を前に「済州四・三事件真相究明および犠牲者名誉回復に関する特別法」に依拠して、各界の人びとで構成された委員会が、二年余りの調査を通して議決された真相調査結果の報告を受けました。

委員会は、この事件により無辜の犠牲が発生したことに対する政府の謝罪と犠牲者の名誉回復、そして追悼事業の積極的な推進を建議してきました。

私は、今こそ、解放直後の政府樹立過程で発生したこの不幸な事件の歴史的な終結を果たさなければならないと考えます。済州島で一九四七年三月一日を起点として一九四八年四月三日に起きた南労党済州島党の武装蜂起、そして一九五四年九月二一日まで続いた武力衝突や鎮圧過程で、多くの人びとが無辜の犠牲を被りました。

私は、委員会の建議を受け入れ、国政に責任を負う大統領として、過去の国家権力の過ちに対し、遺族と済州島民の皆様に心からの謝罪と慰労の言葉を捧げます。無辜の犠牲を被った英霊たちを追悼し、謹んでご冥福をお祈りいたします。

政府は四・三平和公園造成、迅速な名誉回復など、委員会の建議事項が速やかに実行されるように、積極的に支援いたします。

尊敬する国民の皆様。

過去の事件の真相を明らかにし、憤懣やるかたない犠牲者の名誉を回復させることは、単にその犠牲者や遺族たちのためばかりではありません。大韓民国建国に寄与した人たちの真心を尊重すると共に、歴史の真実を明確にして過去の過失を反省し、真の和解を遂げて、より明るい未来を期するところにその意義があります。

いま私たちは、四・三事件の貴重な教訓をいっそう昇華させ、「平和と人権」という人類普遍の価値を広めなければなりません。和解と協力で、この地上からすべての対立と分裂を終息させ、韓半島の平和、さらには東北アジアと世界の平和の道を開いていかなければなりません。

尊敬する済州島民の皆様！　皆様は廃墟に立ち、素手でこのような美しい平和の島・済州を再建させました。済州島民の皆様へ、心からの敬意を表します。これからの済州島は、人権の象徴であり、平和の島として高く聳えるでしょう。そうなるように、全国民と共に応援いたします。ありがとうございました。

大韓民国大統領　盧武鉉

盧武鉉大統領の済州四・三事件58周年記念慰霊祭でのスピーチ

（二〇〇六年四月三日　済州四・三平和公園にて）

尊敬する国民の皆様、済州島民と四・三遺族の皆様。

私たちは本日、五八年前、分断と冷戦が招いた不幸な歴史の中で、無辜の犠牲になった方々の魂を慰めるために、この場に集まりました。

私はまず、深い哀悼の真心で、四・三の英霊たちを追悼し、ご冥福をお祈りいたします。長い歳月、言い表せない悔しさを胸に抱え、苦しみを味わってこられた遺族の皆様に、心から慰めの言葉を申し上げます。

同時に、武力衝突と鎮圧の過程で国家権力が不法に行ってしまった過ちについて、済州島民の皆様にもう一度、謝罪いたします。

済州島民と四・三遺族の皆様。

二年半前、私は四・三事件の真相調査報告を受け、大統領として国家を代表して皆様に謝罪を申し上げたことがあります。その際に、皆様にいただいた拍手と涙を私は鮮明に覚えています。そして、それが何を意味するのかを、常に胸に刻んでおります。

政府はこの間、犠牲者の名誉回復と追悼事業などに多大な力を注いでまいりました。先月も二八〇〇余名を四・三事件の犠牲者として追加認定し、ここ平和公園の造成を積極的に支援してまいりました。遺骨と遺跡の発掘も引き続き進めてまいりました。この間、四・三事件委員会が建議した政府の謝罪と名誉回復、追悼事業などはそれなりに多くの進展がなされたことと思います。まだ心惜しい部分も少なくないと思われますが、これについては国民的な共感を広めながら、できることから漸進的に取り組んでいかなければならないと思います。

これからも平和と人権の大切さを教えてくれた四・三事件を正しく認識して、罪のない犠牲が無駄にならないように最善を尽くしてまいります。

国民の皆様。誇らしい歴史であれ、恥ずかしい歴史であれ、歴史はあるがままに残し、整理しなければなりません。とりわけ、国家権力によって恣《ほしいまま》に行われた過ちは必ず整理して、乗り越えていかなければなりません。国家権力はいかなる場合においても、合法的に行使されなければならず、法から逸脱した責任は特別に重く問われなければなりません。同時に、赦しと和解を口にする前に、やりきれない苦痛を被った方々の傷を治癒し、名誉回復をなさねばなりません。これは国家がしなければならない最小限の道理です。そうしてからこそ、国家権力に対する国民の信頼も確保でき、相生と統合を言うことができると思います。

過去事整理作業が未来に進むにおいて障害になると思う方々が、いまだにいるようです。そうではありません。過去事がきちんと整理されなかったが故に、葛藤の障害物を乗り越えることができなかったと思います。誰かを罰して、何かを奪おうということではありません。

事実は事実として明らかにし、悔しい濡れ衣とわだかまりになった恨を解いて、そして二度とこのようなことが再発しないように誓いましょうということです。そうしてこそ、真の赦しと和解を通じて、統合への道に進むことができます。

過ぎ去った歴史に一つ一つけじめをつけていくとき、そのけじめは未来に向かって踏み出す足がかりになると思います。

済州島民の皆様。

済州島は大韓民国の宝です。我が国民をはじめ、人類が愛する平和の島、繁栄の島として力強く跳躍しています。私は済州島がそれを必ず成し遂げることができると確信いたします。

島民の皆様は、廃墟の中から美しい島を再建し、どの地域よりも高い自治力を示しております。住民自ら決議していつも中央政府の期待以上の成果を成し遂げてこられました。皆様が先頭に立って進めていかれるなら、政府もそれに応じて一生懸命に声援を送り、かつ、力の限り後援いたします。

共に力を合わせて、豊かで活力に満ちた済州を作ってまいりましょう。この平和の島を通じて、韓国と東北アジアの平和、さらに世界の平和を構築するようにいたしましょう。

そして、私は本日、この場でこの慰霊祭を見守りながら、果てしない苦痛と怒りが時間の流れと共に向き合うことができる歴史となり、歴史の現場で繰り広げられる公演を見ながら、数十年が流れれば、これが済州島の新しい文化として根をおろし、また、それが我が国民にとって怒りと不信と憎悪でなく、愛と信頼、和解を示してくれる、そのような大切な象徴物になると、期待を抱くようになりました。

共に努力してまいりましょう。

改めてもう一度、四・三の英霊たちを追悼します。永久に安らかにお眠りください。

大韓民国大統領　盧武鉉

参考文献（金石範・金時鐘の著作は、金石範の『火山島』を除き、二〇〇〇年以降の主要なものに限った）

【日本語文献】 欧文翻訳者も含め、五〇音順

伊地知紀子『生活世界の創造と実践——韓国・済州島の生活誌から』御茶の水書房、二〇〇〇年

カミングス、B・『朝鮮戦争の起源 1・2』Bruce Cumings, *The Origins of Korean War: Liberation and the Emergence of Separate Regimes 1945–1947*, Princeton University Press（鄭敬謨・林哲・加地永都子訳）明石書店、二〇一二年

金石範『火山島』Ⅰ巻〜Ⅶ巻、文藝春秋、一九八三〜一九九七年

——『海の底から、地の底から』講談社、二〇〇〇年

——『満月』講談社、二〇〇一年

——『虚日』講談社、二〇〇二年

——『国境を越えるもの——「在日」の文学と政治』文藝春秋、二〇〇四年

——『金石範作品集』Ⅰ・Ⅱ、平凡社、二〇〇五年

——『地底の太陽』集英社、二〇〇六年

——「私は見た、四・三虐殺の遺骸たちを」『すばる』（集英社）二〇〇八年二月号

——「悲しみの自由の喜び」『すばる』（集英社）二〇〇八年七月号

――『死者は地上に』岩波書店、二〇一〇年
――『過去からの行進』岩波書店、二〇一二年
――「地の底から」『すばる』(集英社)二〇一四年二月号
金時鐘『「在日」のはざまで』平凡社ライブラリー、二〇〇一年
――『わが生と詩』岩波書店、二〇〇四年
――『境界の詩』藤原書店、二〇〇五年
――『再訳 朝鮮詩集』岩波書店、二〇〇七年
――『失くした季節』藤原書店、二〇一〇年
――『猪飼野詩集』岩波現代文庫、二〇一三年
――『朝鮮と日本を生きる――済州島から猪飼野へ』岩波新書、二〇一五年
――編訳『尹東柱詩集 空と風と星と詩』岩波文庫、二〇一二年
金石範・金時鐘(文京洙編)『なぜ書きつづけてきたか なぜ沈黙してきたか――済州島四・三事件の記憶と文学』平凡社、二〇〇一年
金益烈「四・三の真実」、済民日報四・三取材班『済州島四・三事件 第二巻』(金重明・朴郷丘訳)新幹社、一九九五年
杉原達『越境する民――近代大阪の朝鮮人史研究』新幹社、一九九八年
徐仲錫『韓国現代史60年』(文京洙訳)明石書店、二〇〇八年
高野史男『韓国済州島――日韓をむすぶ東シナ海の要石』中公新書、一九九六年

済民日報四・三取材班『済州島四・三事件』第一～六巻（金重明・朴郷丘・文純実・文京洙・姜聖律・金蒼生訳）新幹社、一九九四～二〇〇三年

済州島四・三事件四〇周年追悼記念講演集刊行委員会編『済州島四・三事件四〇周年追悼記念講演集――済州島四・三事件とは何か』新幹社、一九八八年

済州島四・三事件を考える会（東京）編『済州島四・三事件　記憶と真実（資料集：済州島四・三事件60年を超えて）』新幹社、二〇一〇年

済州四・三事件真相調査報告書作成企画団『済州四・三事件真相調査報告書』（日本語版）済州四・三平和財団、二〇一四年

ヂンダレ研究会編『「在日」と五〇年代文化運動――幻の詩誌『ヂンダレ』『カリオン』を読む』人文書院、二〇一〇年

朴賛殖「済州島抗日運動と〈四・三〉の連関性」（村上尚子訳）『済州島⑩』耽羅研究会発行、二〇〇六年

――「抗争と隠蔽の四・三史――遺骸発掘の現場報告」日本平和学会二〇〇七年度秋季研究集会『東アジアにおける「民衆の平和」を求めて――日韓歴史経験の交差』、二〇〇七年

玄基榮『地上に匙ひとつ』（中村福治訳）平凡社、二〇〇二年

――『順伊おばさん』（金石範訳）新幹社、二〇〇一年

――「私の小説の母体は四・三抗争」『東アジアの冷戦と済州島四・三事件　白色テロル第二集』国際シンポジウム「東アジアの冷戦と国家テロリズム」日本事務局発行、一九九八年

藤永壮「済州四・三事件の歴史的位相」『岩波講座　アジア・太平洋戦争④　帝国の戦争体験』岩波書店、二〇〇六年

許榮善『語り継ぐ済州四・三事件』（村上尚子訳）新幹社、二〇一三年

細見和之『ディアスポラを生きる詩人　金時鐘』岩波書店、二〇一一年

村上尚子「プランゲ文庫所蔵の在日朝鮮人刊行新聞にみる済州四・三認識 1948－1949」『在日朝鮮人史研究』三五号、二〇〇五年

文京洙『韓国現代史』岩波新書、二〇〇五年

――『済州島現代史』新幹社、二〇〇五年

――『済州島四・三事件――島《タムナ》のくにの死と再生の物語』平凡社、二〇〇八年

メリル、J・『済州島四・三蜂起』John Merrill, "The Cheju-do Rebellion", *The Journal of Korean Studies*, Vol.2（文京洙訳『済州島四・三蜂起』新幹社、一九八八年）

梁祚勳「韓国における〈歴史の和解〉――〈済州島四・三事件真相調査報告書〉と盧武鉉政権」（文京洙訳）『世界』（岩波書店）二〇〇三年一〇月号

【ハングル文献】가나다라順

姜在彦「済州島の抗日運動概説」済州道《済州抗日独立運動史》1996

姜龍三・李京洙『大河実録・済州百年』《대하실록 제주백년》태광문화사 1984

国防部戦史編纂委員会『韓国戦争史　第一巻』《한국전쟁사　제1권》1967

金奉玉『増補・済州通史』《증보 제주통사》세림 2000
金奉鉉・金民柱編『済州島人民の四・三武装闘争史 資料集』《제주인민의 4・3 무장투쟁사 자료엮음》문우사 1963
金ヤンヒ「一九四九年木浦刑務所集団虐殺事件」《4.3 당시 목포 형무소 희생의 진상규명과 명예회복을 위한 도민연대 2006
金鍾旻「四・三以後五〇年」〈4・3이후 50년〉《제주4・3연구》1999
金昌厚『自由を求めて』《자유를 찾아서 金東日의 억새와 해바라기의 세월》선인 2008
文昌松『漢拏山は知っている——埋もれた四・三の真相（済州島人民遊撃隊闘争報告書）』《한라산은 알고 있다：묻혀진 4.3의 진상（제주도인민유격대투쟁보고서）》
朴明林『朝鮮戦争の勃発と起源 Ⅰ、Ⅱ』《한국전쟁의 발발과 기원Ⅰ・Ⅱ》나남출판 1996
——『韓国一九五〇——戦争と平和』《한국 1950 전쟁과 평화》나남출판 2002
朴賛殖「朝鮮戦争期済州四・三関連受刑人虐殺の実相」〈한국전쟁기 제주4・3관련 형인 학살의 실상—수형인명부를 중심으로〉《4・3과 역사》창간호 2001
　『四・三と済州歴史』《4・3과 제주역사》도서출판 각 2008
歴史問題研究所・歴史学研究所・済州四・三研究所・韓国歴史研究会編『済州四・三研究』《제주4・3연구》역사비평사 1999
麗水地域社会研究所『麗順事件実態調査報告書 第一集』여수지역사회연구소 1998
済州四・三事件真相究明および犠牲者名誉回復委員会『済州四・三事件資料集』①〜⑪《제주4・

3사건 자료집》2001－2003
済州道議会『済州道四・三被害調査報告書（修正・補完版）』《제주도4・3피해자 조사보고서（수정・보완판）》1997
韓国戦争学会編『韓国現代史の再照明』《한국현대사의 재조명》명인문화사 2007
咸玉琴「済州四・三と焦土化作戦と大量虐殺に関する研究――米国の役割と責任を中心に」〈제주4・3의 초토화작전과 대량학살에 관한 연구―미국의 역할과 책임을 중심으로〉제주대 교육대학원 석사 2004
許湖峻「済州四・三の展開過程と米軍政の対応戦略に関する研究――5・10選挙を中心に」〈제주4・3의 전개과정과 미군정의 대응전략에 관한 연구：5・10 선거 를 중심으로〉제주대정치외교학과 석사 2003

【映像】

『海鳴りのなかを――詩人・金時鐘の60年』ＮＨＫ・ＢＳハイビジョン、二〇〇七年九月二五日放映
『悲劇の島チェジュ――「4・3事件」在日コリアンの記憶』ＮＨＫ・ＥＴＶ特集、二〇〇八年四月二七日放映

関連年表（一九四五〜二〇一二）

＊なお、本文に正式名称が記されている組織名などは紙面の都合で略記を用いた場合がある。

	済州島四・三事件及び日韓・日朝関連	金石範	金時鐘
1945	2 ヤルタ協定（朝鮮信託統治案） 7 ポツダム宣言 8 日本敗戦、朝鮮解放 9 建国準備委員会（建準）結成、のち人民委員会に改編、朝鮮人民共和国樹立宣布 10 朝鮮半島で米軍政開始 11 全国人民委員会代表者大会（ソウル）、南朝鮮人民党結成、済州島で米軍政開始 12 朝鮮共産党済州島委員会結成	1925年10月、大阪に生れる 3 重慶亡命のためソウルへ、禅学院に寄宿 4 済州島で徴兵検査を受け、禅学院に戻る 5 発疹チフスで順化病院に入院 6 大阪に戻る 8 東京で解放を迎える 11 ソウルへ渡り、禅学院で張龍錫らと共同生活	1929年1月、朝鮮に生れる 8 済州島で解放を迎える 9 光州に戻る 10 越北に失敗、済州島帰郷。光州の中学校に戻る 12 中学校を中退。済州島人民委員会で活動
1946	2 北臨時人民委員会成立、民戦結成 3 第一次米ソ共同委員会。チャーチル、「鉄のカーテン」演説	4 国学専門学校国文科に入学	

年	月	事項	月	事項	月	事項
	8	済州道制実施、済州島コレラ猖獗		夏、日本に戻る		
	11	朝鮮共産党済州島委員会を南労党済州島委員会に改組				
1947	2	済州島民戦結成				
	3	済州島三・一節発砲事件、全島官民ゼネストに突入				
	5	日本国憲法施行				
1948	1	北、国連臨時朝鮮委員会の立入り拒否				
	4	済州四・三武装蜂起 四・二八和平協商	4	京都大学文学部に入学 阪神教育闘争に参加		
	5	南朝鮮単独選挙実施、済州道選挙無効				
	8	大韓民国政府樹立 南朝鮮人民代表者大会（海州）に金達三ら参加				
	9	朝鮮民主主義人民共和国政府樹立				
	10	麗水・順天反乱事件				
	11	済州島に戒厳令、焦土化作戦本格化				
	12	国家保安法公布				
1949	1	北村里集団虐殺事件			6	済州島脱出、日本へ
	10	中華人民共和国成立			8	日本共産党に入党
1950	6	朝鮮戦争勃発				

	7 済州島で予備検束、翌月集団処刑		
1951	4 サンフランシスコ講和条約・日米安保条約調印 10 共産党51年綱領（武装闘争方針）採択	早春、対馬へ行く 10『朝鮮評論』創刊、編集担当	10『朝鮮評論』創刊号に「流民哀歌」発表
1952	5/6 メーデー事件、吹田事件		6 吹田事件の渦中に
1953	7 朝鮮戦争休戦協定調印		4 民戦（在日朝鮮統一民主戦線）の常任委員に
1954	9 漢拏山禁足地域全面解除		12 詩集『地平線』（チンダレ発行所）
1955	5 在日本朝鮮人総連合会（朝鮮総連）結成 7 共産党六全協 10/11 社会党統一、保守合同		
1956	5 遺族が遺体百余りを「百祖一孫之地」に埋葬		
1957	4 最後の遊撃隊員逮捕	「看守朴書房」『文芸首都』8月号、「鴉の死」同12月号に発表	11 詩集『日本風土記』（国文社）
1958	5「百祖一孫之地」に慰霊碑建立 8 小松川事件発生		
1959	12 帰国船、新潟港を出港		2『チンダレ』解散 6「カリオンの会」結成
1960	4 四・一九学生革命、李承晩下野	4「糞と自由と」『文芸首都』4	

1961	5 済州大「四・三事件真相究明同志会」組織 6 安保闘争激化 韓国国会調査団、四・三遺族から聴取り調査 5 五・一六軍事クーデター、朴正煕最高会議議長 6 韓国警察「百祖一孫之地」の慰霊碑破壊	月号 10『朝鮮新報』編集局で働く	詩集『日本風土記Ⅱ』出版企画中断
1962	10 キューバ危機		
1963	10 朴正煕大統領		
1964	10 東京オリンピック	秋、文芸同『文学芸術』（朝鮮語）編集に従事	
1965	2 米軍北爆開始、ベトナム戦争激化 6 日韓条約調印		春、総連組織活動から離反
1966			7 大阪文学学校の詩作講師
1967	5 朴正煕大統領再選	9『鴉の死』（新興書房）	
1968	1 北朝鮮ゲリラ、青瓦台襲撃 2 金嬉老事件起こる	夏、朝鮮総連組織活動から離反 6 金嬉老事件の特別証人	6 金嬉老事件の特別証人
1969	1 東大安田講堂闘争		
1970	5 金芝河『五賊』発表		8 詩集『新潟』（構造社）
1971	4 朴正煕大統領三選 8 ニクソン・ショック（ドル・ショック）	10 新装版『鴉の死』（講談社） 11『万徳幽霊奇譚』（筑摩書房）	2 金嬉老事件の証人として出廷

1972	6 金嬉老に無期懲役判決 7 南北共同声明 10 維新クーデター、非常戒厳令布告	7『ことばの呪縛』(筑摩書房)	
1973	8 金大中拉致事件	10『夜』(文藝春秋社)	9 兵庫県立湊川高等学校教員となる
1974	4 民青学連事件 8 朴正熙狙撃事件	4『1945年夏』(筑摩書房) 7『詐欺師』(講談社) 11 金芝河死刑判決反対のハンガーストライキ	11 金芝河死刑判決反対のハンガーストライキ
1975	4 サイゴン陥落(ベトナム戦争終結) 11「学園スパイ団事件」で在日留学生逮捕	2 季刊『三千里』創刊に編集委員として参加 4『口あるものは語れ』(筑摩書房)	2 季刊『三千里』に「猪飼野詩集」連載開始 8『さらされるものとさらすもの』(明治図書)
1976	4 第一次天安門事件	11『民族・ことば・文学』(創樹社)	
1977		1『遺された記憶』(河出書房新社)	
1978	9 玄基榮「順伊おばさん」、『創作と批評』に発表	7『マンドギ物語』(筑摩書房)	10 詩集『猪飼野詩集』(東京新聞出版局)
1979	2 イラン革命	11『往生異聞』(集英社)	
1980	5 五・一八光州民主化抗争 8 全斗煥大統領就任		11 エッセイ集『クレメンタインの歌』(文和書房)
1981	1 金大中死刑確定、即日無期減刑	2 季刊『三千里』編集委員辞任	

1982　1983　1984　1985　1986　1987　1988　1989　1990　1991　1992

---

6 日本の教科書「侵略」記述で問題化

9 全斗煥大統領来日

指紋押捺拒否運動活発化

6 盧泰愚大統領「六・二九民主化宣言」

11 大韓航空機爆破事件

4 ソウルと東京で四・三40周年記念行事

9 ソウル・オリンピック

4 韓国初の「第一回四・三追慕祭」開催、『済州新聞』「四・三の証言」連載開始

5 済州四・三研究所創設

6『済民日報』創刊、「四・三は語る」連載

4 遺族会主催「第一回四・三慰霊祭」

6『祭司なき祭り』（集英社）

12『「在日」の思想』（筑摩書房）

10『幽冥の肖像』（筑摩書房）

6『火山島』Ⅰ〜Ⅲ（文藝春秋）

10『火山島』で大佛次郎賞受賞

11 川口市で指紋押捺拒否

9『金縛りの歳月』（集英社）

4 済州島四・三事件40周年記念集会で講演

11 四二年ぶりの韓国・済州島訪問

8『故国行』（岩波書店）

---

11 詩集『光州詩片』（福武書店）

6 エッセイ集『「在日」のはざまで』（立風書房）

11『原野の詩』（立風書房）

1993	3 金泳三大統領就任 3 済州道議会「四・三特別委員会」設置	7『転向と親日派』（岩波書店）	
1994	4「四・三犠牲者合同慰霊祭」「四・三芸術祭」		
1995	12 全斗煥逮捕、五・一八特別法成立	6『夢、草深し』（講談社）	
1996		6『地の影』（集英社） 10 金時鐘と共に二回目の韓国訪問	10 金石範と共に四七年ぶりの韓国訪問
1997	12 金大中大統領に当選	2『火山島』全七巻完結（文藝春秋）	8『草むらの時』（海風社）
1998	4「四・三50周年慰霊祭」「四・三学術シンポジウム」開催		10 四九年ぶりの済州島訪問 『化石の夏』（海風社）
1999	3「道民連帯」結成 12「四・三特別法」国会通過		
2000	6 南北首脳会談	2『海の底から、地の底から』（講談社）	
2001	1「四・三特別法」公布 8「四・三委員会」成立	8『満月』（講談社） 11『なぜ書きつづけてきたか なぜ沈黙してきたか』（平凡社）	11『なぜ書きつづけてきたか なぜ沈黙してきたか』（平凡社）
2002	5 日韓共催ワールドカップ開催 9 日朝平壌宣言、金正日「拉致」謝罪	12『虚日』（講談社）	
2003	2 盧武鉉大統領就任		

2004	10『四・三事件真相調査報告書』最終確定、盧武鉉大統領公式謝罪	11『国境を越えるもの』(文藝春秋)	10『わが生と詩』(岩波書店)
2005	5 過去事整理基本法成立	9/10『金石範作品集』全二巻(平凡社)	8『境界の詩』(藤原書店)
2006	4 盧武鉉大統領、58周年慰霊祭に出席 11 第一次遺骸発掘事業(済州市)	11『地底の太陽』(集英社)	
2007	1 四・三特別法改定 9 第二次遺骸発掘事業(済州空港)		9 NHK『海鳴りのなかを――詩人・金時鐘の60年』放映 11『再訳 朝鮮詩集』(岩波書店)
2008	3 済州四・三平和記念館開館 4 済州四・三60周年記念式典開催 11 済州四・三平和財団設立		
2009		4『異郷の日本語』(共著、社会評論社)	
2010		10『死者は地上に』(岩波書店)	2『失くした季節』(藤原書店)
2012		2『過去からの行進』(岩波書店)	

編集後記──本書の編集にかかわった唯一の日本人として

「なぜそこに居なかったのか」「なぜそこから離れてしまったのか」──解放の日に、故郷が血塗られた時に、祖国が分断に喘《あえ》いでいるさなかに、なぜ祖国ではなく、祖国を侵した国に居たのか。祖国への「不在」と「離脱」が、悔悟と自責の響きのなかで、その意味を求めて繰り返し問い返される。しかし、答えの代わりに否定しがたい逆説に逢着する。南であれ北であれ、祖国への「残留」「帰国」は恐らく死を意味し、祖国への「不在」「離脱」こそが、今「在る」ことに連なっている。しかも「日本に在る」、すなわち「在日」であることが、問いかけの足場になり、「日本語」が問いかけの言葉になっている。

日本の植民地支配と米ソの冷戦に身を引き裂かれ、終《つい》にいずれの国家にも帰属することなく、統一朝鮮に祖国を幻視しつつ、「日本語」文学にディアスポラとしての自らの歴史と思想を構成した二人の文学者。その対談の中で通奏低音のように終始響いているのは、こうした逆説と不条理に身をねじるように搾り出される、「不在」と「在日」、「離脱」と「残留」とのねじれた意味の問いかもしれない。植民地支配から「解放」されたはずの人びとが、なぜ解放された祖国で生きることができず、植民者の国家で、しかも再び差別の下に生き延びなければならなかったのか。植民地を解放したはずの「解放軍」は、なぜ植民地支配の同調者と結託し、解放された人びとを殺戮《さつりく》したのか。戦後の「ねじれ」をいうならば、日本の戦後の内部ではなく、まさにこうした朝鮮半島と日本列島のはざまにこそ、それは指摘されるべきだったのではないだろうか。

「ねじれ」とは、同じものが反転した姿を示すことをいう。「戦後日本における米占領政策（日本政府を介しての非軍政）による天皇制の温存と合わせての民主化政策は、南朝鮮における徹底した暴力装置のもとでの、反共親日右翼以外の諸勢力に対する弾圧と反民主化、反革命政策とはまさに対極的だった」（金石範『転向と親日派』）。この言葉のとおり、戦後の東アジアにおけるアメリカの占領政策は、一方では「解放者」「民主主義の教師」として振る舞い、他方では「赤狩り」の容赦ない殺戮者として振る舞った。同じ米軍の占領統治下にありながら、日本と南朝鮮に加えられたアメリカの暴力の偏りは、沖縄を間に置きながら、一見極端なコントラストを見せている。

しかし同時に、「親日派」と「戦犯」とが、裁きの場からともに復権を果たし、アメリカのパートナーとして戦後体制を形作り、アメリカが授けたはずの民主主義は、「反共」という冷戦の枠組みの中に封じ込められてしまう。植民地の解放者は、解放された民とではなく、植民地支配者やその協力者と結託し、冷戦下の新たな支配構造を再編成する。解放者が「解放」したのは、抑圧されてきた人びとではなく、抑圧してきた人びとだったというイロニー。こうした逆説とイロニーが、玄界灘を挟んだ民主主義と暴力との強烈なコントラストの陰で、東アジアの戦後に共通する構図として、そのグロテスクな姿を刻印し、対照的な二つの国の戦後は、そうした戦前と戦後を結ぶ奇怪な連続性において通底している。

しかし日本人の戦後史の語りは、こうした朝鮮半島と日本列島を結ぶ奇怪な「ねじれ」の構造について、ほとんど沈黙してきたのではないだろうか。内戦と経済成長という著しいコントラストを、常に時空をずらしながらまだら模様に浮き上がらせた東アジアの戦後史という時空間を、私たちはどのように語るべきだったのだろうか。

マッカーサーは、敗戦直後の日本を一二歳の少年に譬《たと》えたと言われる。この譬えに倣えば、その時恐らく、朝鮮半島は抑えつけられた自立の野心に溢れた二十歳《はたち》の青年であったと言えるかもしれない。本書の対談にも見られるように、八月一五日の悄然《しょうぜん》とした日本人の姿と解放に沸き立つ朝鮮人の姿に、悲劇の予感を見出すことも可能だろう。日本はいわば天皇制を担保にすれば間接的な米軍政に従順に従うかに見えたが、朝鮮半島にはすでに米軍上陸の前に「共和国」を宣言する動きがあった。しかも、それがアメリカの最も恐れる共産主義の色を帯びていることを告げたのは、紛れもなく日本人であった。アメリカと「抱き合うembrace」（J・ダワー）ように戦後を築いた日本と、アメリカの直接的暴力を被らざるを得なかった南朝鮮の戦後とは、そこにおいて反転しながらも皮肉な接点で繋がっている。

日本は自らの植民地支配によって「日本人」にした朝鮮半島の人びとを、一九四七年の外国人登録令によって外国人とし、占領からの独立を果たしたサンフランシスコ講和条約発効の五二年には、一方的に日本国籍を奪い日本国民から除外した。その時から日本は、日本人だけを国民とする国家として、植民地支配の過去を忘却し、朝鮮半島の内戦を踏み台にして、太平洋の彼方へ大きく身を開きながらアジアには体を閉じつつ、経済復興への道を踏み出した。今年は、奇しくもそのサンフランシスコ講和条約締結の五〇周年にあたる。しかも、その五〇年代において、日本人は経済復興ばかりか、「革命」までもを自らの国民国家の枠組みの中に閉じてしまった。その時、戦争の過去は語られることはあっても、植民地支配の記憶は消し去られ、同時にコロニアリズム（植民地主義）から、植民地人と植民者が共に解放される道筋をも、見失われてしまった。

それ以後、「われわれ」（＝日本国民）の戦後史は、日本列島四島に縮減され（済州島と同様、沖縄も「忘れられた島」となった）、その「歴史を失った空間」に新たに描かれた、民主化と経済成長という直線《シンプル》的な歴史の物語となった。そして日本の戦後政治は、アメリカが戦後に見せた「権威主義」と「民主主義」の二面性をそのまま分有した「保守」と「革新」の二派の、このリニアな歴史の成果と評価をめぐる抗争としてしか語られなくなってしまった。（そしてまさに今、そのアメリカが「民主主義」を守るために「新しい戦争」へのグローバルな動員を呼びかけ、日本がそれに同調するに至って、戦後の時空間が孕んだ、こうした逆説とイロニーとしての両義性は、その矛盾と同時にその可能性すらも「新しい戦争」の中に閉じてしまおうとしている。）

しかし、東アジアの戦後史とは、本当は東アジアの諸地域（今や中東、南・中央アジアもその視野に収めるべきなのかもしれないが）の間に横たわる、暴力の偏在と、解放と抑圧の逆説とイロニーを、共に生きた「われわれ」（＝日本と朝鮮半島のみならず、アジアの民衆）の歴史として、描かれるべきだったのではないだろうか。そうした歴史の可能性は、済州島で蜂起した人びととそれを支持し無残な死を遂げた人びとの、縁類とその記憶が生き延びている限りは、そして日本人にとっての「戦後」という時代を、内戦さなかの時代として記憶する人びとの、その記憶が生き延びている限りは、今においても決して失われていないのではないだろうか。

編集者記

二〇〇一年一〇月二四日

平凡社ライブラリー版 編者あとがき

本書の初版のための対談から一四年の歳月を経て、改めてお二人が向かい合う姿に、私はなにか言葉に尽くし得ない感慨を覚えた。一四年を経てお二人は相当なご高齢となられたが、四・三を語り、歴史や世界を語るときの気迫は少しも衰えていない。ときには憤りに近い感情がお二人の語りに滲む。歴史にまともに向き合おうとしない者たちへの怒りや不正義への告発が対談の随所で炸裂する。

初版の対談は、二〇〇〇年の「四・三特別法」制定という、四・三をめぐる取り組みが一つの節目を迎えた直後にもたれている。新たに収録されたお二人の対談（第Ⅲ部）でも触れられているように、その後、「四・三特別法」に基づいて、四・三の犠牲者の申告とその承認、国家の責任を認めた『済州四・三事件真相調査報告書』の確定と大統領の謝罪、四・三平和公園の造成、遺骸発掘や追加調査の進展、四・三平和財団の創設、さらには最近の「四・三国家追悼記念日」の指定などの事業や取り組みが、行政や市民団体、遺族会など様々な主体によってすすんできた。だが、「解説」でも書いたように、四・三を「共産暴動」とする新旧の右翼陣営からの反動やバックラッシュも激しく、四・三事件は勃発から六七年目を迎える今日でも韓国政治のホットな争点としてありつづけている。

そもそも四・三の武装蜂起は、大韓民国という国家の建国そのものに反対した決起であり、その評価次第では、大韓民国の憲法秩序やアイデンティティを揺るがしかねない意味をもつ。実際、「四・三特別法」以後の韓国での四・三の取り組みは、「受難と和解」をかかげながらも、「南労党済州島党の核心幹部」や「武装隊の首魁級」などは「自由民主的基本秩序に反する者」として名誉回復はおろか、犠牲者からも排除することを前提にすすめられてきた。お二人の憤り、とりわけ金石範氏のそれは、直接的には、こうした「四・三特別法」以後の問題解決をめぐる生煮えの状況への苛立ちに発している。

さらに「受難と和解」という視点は、夥《おびただ》しい「受難」を生み出した「国家暴力」の、さらにその背後で作動していた帝国の秩序形成や暴力への知覚を鈍らせてきたともいえる。建国以前の米軍政期はもちろん、一九四八年八月の建国から四九年六月の米軍撤退まで、米軍は韓国軍に対する指揮権を掌握し(「解説」二六四ページ参照)、その間の凄惨な殺戮《さつりく》をともなう鎮圧作戦に責任を負う立場にあった。しかも、戦後東アジアの帝国秩序のなかで、そうした韓国の国家暴力と日本の平和国家は一つの対をなして相互に前提にし合う関係にあったといっても過言ではない。

四・三の意味を改めて問うことは、帝国の暴力をテコにつくりだされた戦後東アジアの秩序形成そのものの意味を改めて問い直すことにつながる。さらに今日の南アジア・中東にかけてのイスラーム世界が、先進諸国の住民を巻き込みながら陥っている暴力の悪循環を起動させたのも、まさしく帝国の暴力にほかならないことを改めて浮き彫りにせずにはおかないであろう。

本書でのお二人の語りは、そうした帝国の暴力に抗《あらが》う世界の人びとへのこのうえないエールとなるに違いない。最後に、初版の頃から本書の刊行に並々ならぬ熱意で取り組まれた関正則さんに感謝したい。本書は、関さんの熱い思いなしには日の目を見ることはなかったであろう。

二〇一五年二月一五日

文京洙

平凡社ライブラリー　828

増補《ぞうほ》　なぜ書《か》きつづけてきたか　なぜ沈黙《ちんもく》してきたか

済州島四・三事件の記憶と文学

発行日………2015年4月10日　初版第1刷

著者…………金石範・金時鐘

編者…………文京洙

発行者………西田裕一

発行所………株式会社平凡社

〒101-0051　東京都千代田区神田神保町3-29

電話　東京(03)3230-6579[編集]

東京(03)3230-6572[営業]

振替　00180-0-29639

印刷・製本 …株式会社東京印書館

DTP………大連拓思科技有限公司＋平凡社制作

装幀…………中垣信夫

ISBN978-4-582-76828-2

NDC 分類番号221.07

B6変型判（16.0cm）　総ページ334

平凡社ホームページ　http://www.heibonsha.co.jp/

落丁・乱丁本のお取り替えは小社読者サービス係まで

直接お送りください（送料、小社負担）。

平凡社ライブラリー　既刊より

【日本史・文化史】

網野善彦……増補　無縁・公界・楽――日本中世の自由と平和
網野善彦……日本中世の百姓と職能民
網野善彦＋阿部謹也……対談　中世の再発見――市・贈与・宴会
西郷信綱……古代人と夢
服部幸雄……大いなる小屋――江戸歌舞伎の祝祭空間
前田　愛……近代日本の文学空間――歴史・ことば・状況
高取正男……神道の成立
鶴見俊輔……柳宗悦
林　淑美 編……中野重治評論集
松下　裕……増訂　評伝中野重治
安丸良夫……日本の近代化と民衆思想
石母田正……歴史と民族の発見――歴史学の課題と方法
伊波普猷……沖縄歴史物語――日本の縮図
伊波普猷……沖縄女性史
ジョン・W・ダワー……容赦なき戦争――太平洋戦争における人種差別

【世界の歴史と文化】

【思想・精神史】

エドワード・W・サイード……知識人とは何か
野村 修……ベンヤミンの生涯
K・マルクス……ルイ・ボナパルトのブリュメール18日［初版］
マルティン・ハイデッガー……形而上学入門
マルティン・ハイデッガー……芸術作品の起源
埴谷雄高……影絵の世界
Th・W・アドルノ……不協和音——管理社会における音楽
G・C・スピヴァク……デリダ論——『グラマトロジーについて』英訳版序文
A・グラムシ……グラムシ・セレクション
K・バルト……ローマ書講解 上・下
西川長夫……増補 国境の越え方——国民国家論序説
テッサ・モーリス＝スズキ……批判的想像力のために——グローバル化時代の日本
尹健次……「在日」を考える
金時鐘……「在日」のはざまで
梁石日……アジア的身体
四方田犬彦……われらが〈他者〉なる韓国
ダグラス・ラミス……経済成長がなければ私たちは豊かになれないのだろうか